차트박사의

승률 80% 新 매매기법

차트박사의
승률 80% 新 매매기법

초판 1쇄 발행 2007년 5월 15일
개정판 1쇄 발행 2010년 10월 10일
7쇄 발행 2024년 8월 16일

지은이 성경호

펴낸곳 (주)이레미디어
전 화 031-908-8516(편집부), 031-919-8511(주문 및 관리) | **팩스** 0303-0515-8907
주 소 경기도 파주시 문예로 21, 2층
홈페이지 www.iremedia.co.kr | **이메일** mango@mangou.co.kr
등 록 제396-2004-35호

편 집 공순례 | **디자인** 정유정, 박정현 | **마케팅** 김하경
재무총괄 이종미 | **경영지원** 김지선

ISBN 978-89-91998-45-2 13320

· 가격은 뒤표지에 있습니다.
· 잘못된 책은 구입하신 서점에서 교환해드립니다.
· 이 책은 투자 참고용이며, 투자 손실에 대해서는 법적 책임을 지지 않습니다.

당신의 소중한 원고를 기다립니다.
mango@mangou.co.kr

차트박사의 승률 80% 新 매매기법

이레미디어

“ 나는 예언하거나 예측하려 하지 않는다.

그냥 주식시장이 내게 보여주는 행동에 반응하려 할 뿐이다.”

– 제시 리버모어 –

추천사

과거 종합지수가 1,000p 돌파하며 많은 투자자들에게 꿈을 안겨 주기도 하였으나 번번이 개인 투자자들은 외국인과 기관 투자자들의 기세에 밀려 쓴 술잔만을 기울였던 경험에 비춰 보면 2005년 이후 1,000p를 지지기반으로 지속적인 상승세를 보인 최근의 증시 환경은 그만큼 향후 경제적, 정치적으로 새로운 기반 위에서 성장할 것이라는 신뢰를 갖기에 충분합니다.

1990년대 초반 외국인 투자자들에게 주식시장이 개방된 이후 2004년 적립식펀드 투자 붐과 함께 주식투자는 이미 확고한 재테크의 수단으로 거듭나고 있습니다.

선진국들의 과거 금융환경의 변화와 주식시장 성공사례에서 보듯 현재 중국을 중심으로 아시아경제의 성장과, IT 환경변화를 주도하고 있는 국내 증시를 고려할 때 저자의 성공 경험은 새로운 투자 패러다임의 기초를 세우는 데 꼭 필요한 밑거름일 것입니다.

성공한 사람들의 이야기를 들어보면 자기와의 싸움에서 이기는 사람이 진정한 강자로서 살아남아 그 자리에 올랐다고 합니다.

시장이 상승할 때마다 수많은 전문가들이 철새처럼 등장하고 사라지면서 '진정으로 개인 투자자들의 수익에 도움이 될 수 있는 실천적 처방을 주었는가?' 라는 점에서 저자는 10여 년간 자신만의 투자 노하우를 기반으로 각종 증권사 실전투자 대회에서 수상을 하며, 수익을 낼 수 있는 실증적 기법을 연구하고 테스트한 노하우를 이론이 아닌 실전기법으로 이 책에 소개하였다는 점에서 이 책이 갖는 의미는 충분할 것입니다.

부자가 되기 위해서는 부자의 방법을 알아야 하듯 성공 투자를 위해서는 성공한 이들의 발자취를 확실하게 이해해야 하고, 이를 적은 수업료로 체험할 수 있는 기회를 제공하고 있습니다.

이 책은 우리가 친숙한 차트를 이용하여 투자하는 법, 이제는 유행이 되어버린 가치투자에 대한 사례와 분석방법, 새로운 신규주에 대한 투자방법, 수급분석을 통한 세력주 판별법 등 전문가들의 노하우를 엿볼 수 있다는 점에서 개인투자자들의 투자테크닉을 한 단계 업그레이드할 수 있는 계기가 될 것입니다.

한때를 풍미하고 사라지는 투자기법이나 유행이 아닌 초보투자자부터 전업투자를 생각하는 투자자들에게 실전투자 지침서가 될 수 있도록 저자는 이 책에 자신의 땀과 노력 그리고 많은 경험들을 담고자 노력하였습니다.

성공을 원하는 모든 개인 투자자분들을 응원합니다.

이트레이드증권

마케팅본부장 표 순 도 拜

▌책을 집필하면서

이 책은 필자가 3년 넘게 연구한 끝에 나온 노하우와 新 매매기법들을 주로 다루고 있고 상당한 가치가 있는 내용들을 포함하고 있다.

新 매매기법 하나하나가 강의 형식으로 자세하게 서술되어 있어 두세 번만 반복해서 읽는다면 실전거래에서도 충분히 꾸준한 수익을 올릴 수 있을 거라 자부한다. 즉 이 책은 이론서가 아닌 실전 기법서라고 보면 된다.

이론을 어설프게 많이 아는 것과 실전 주식투자에서 수익을 올리는 것과는 상당한 괴리가 있다는 것을 필자는 뼈저리게 느꼈기 때문에 개인 투자자들이 쉽게 이해할 수 있도록 실전기법을 비교적 자세하게 서술하였다. 또한 이 책에는 Stockstory 증권아카데미에서 실전거래 경험이 풍부하고 탄탄한 고수들로 이루어진 강사들의 매매기법들도 포함되어 있다.

하지만, 여기서 거론된 매매기법이 아무리 좋은 것이라 할지라도 책을 읽고 바로 실전투자에 임하기보다는 소액으로 충분히 연습하고, 숙지한 다음 실전거래에 임하기를 부탁드린다.

필자는 8년이 넘는 동안 거래대금이 총 2조 원에 가까운 실전거래 경험을 한 순수 개미투자자이다. 이 많은 거래대금이 의미하는 것은 주식시장을 이해하고 보는 눈이 여느 이론 전문가들과는 틀리다는 것을 말한다.

증권사 수익률 게임대회에서 2회 연속 우승했으며, 많은 수익률을 올렸던 新 매매기법 강의에서는 기초가 없는 초보투자자들도 이해가 쉽도록 글을 구성하고, 설명을 자세히 하고자 노력하였으며 필자가 주식투자에서 가장 중요하게 여기는 마인드 컨트롤(Mind Control), 계좌관리, 80% 승률의 매매기법 등 주식투자 성공의 3대 요소에 대해서도 서술하였다.

특히 직업적으로 주식투자를 하는 재야 중 · 고수 전업투자자들은 꾸준한 수익 창출이 없으면 다시 생활전선으로 뛰어들어야 하는 압박감이 항상 잠재해 있고, 늘 수익률에 얽매일 수밖에 없다. 이런 전업투자자들의 마음을 잘 알기 때문에, 필자는 전업투자자들에게 이 책을 꼭 권하고 싶다.

처음으로 주식투자하는 초보자들은 필자가 직접 운영하는 네이버 증권분야 랭킹 1위의 카페('증권투자의 길잡이 주식차트연구소' : 회원수 4만 명)에 가입만 해도 주식의 모든 기초 자료들과 실전매매 경험담 등 주식의 기초와 함께 고수들의 매매기법들을 배울 수가 있다. 초보자들은 카페의 가입을 통해 기본기를 익히도록 권하고 싶다.

지인의 소개로 2006년 4월 12일 카페 '증권투자의 길잡이 주식차트연구소'를 개설한 이래 많은 발전이 있었던 바, 그동안 아낌없는 수고와 지원을 해주신 스텝들의 공로에 감사드리며 또한 회원님들께서 보내주신 성원과 격려에 대해서도 이 자리를 빌려 감사의 말씀을 전한다.

특히 Stockstory 증권아카데미와 법인 설립 등 여러 가지 일로 바쁜 필자에게 많은 조언과 도움을 주신 이용문 사장님께 진심으로 고마운 마음을 전하고 싶다.

책이 나오기까지 함께한 Stockstory 증권아카데미 직원들과 도서출판 이레미디어 대표님에게도 감사의 말을 전하고 싶다. 이 책의 출간으로 인한 인세 수익금의 일부는 어려운 장애우들과 소외계층을 위해 기부될 것이다.

"나는 반드시 주식투자로 성공할 수 있다."는 강한 신념을 가지고, 세력들에게 더는 당하지 않는 개인 투자자가 되기를 진심으로 바란다.

Stockstory 증권아카데미 집무실에서

차트박사

현재 우리 주식시장은 상장종목 수 세계 8위(약 1,689개), 거래대금 세계 10위(1조 3,396억 달러), 시가총액 규모 세계 16위(8,344억 달러)의 괄목할 만한 성장을 이루며 선진 금융권 국가들이 무시하지 못할 수준에 이르렀다.

삼성전자의 수출액이 국내 단일기업 가운데 처음으로 지난 2006년 한 해 500억 달러를 돌파하기에 이르렀다. 이는 베트남의 국내 총생산(GDP)과 비슷한 규모이며 쿠웨이트, 이스라엘의 연간 전체 수출액보다도 큰 규모이다. 지난해 연결기준으로 87조 원의 매출 중 88.5%인 77조 원이 해외에서 이루어질 만큼 글로벌 기업이 되었다니 실로 놀라운 성장이 아닐 수 없다.

그러나 우리의 시가총액 규모는 도쿄 증시의 4조 6천억 달러보다 훨씬 낮으며, 홍콩의 1조 7,149억 달러의 절반 수준에 불과한 실정이고 여전히 북핵 리스크 등 지정학적 요인과 정부의 규제, 노사간의 상호신뢰 부족 등의 영향으로 인해 우리 주식시장은 고질적 저평가 상태에서 벗어나지 못하고 있다.

또한 올해 한 달간 베트남의 32%, 중국의 9.9% 등 아시아 주요 증시의 상승에도 불구하고 우리 증시는 오히려 5% 가까이 하락하면서 아시아에서 뿐만 아니라 전 세계적으로도 최하위권에 머물러 있다.

이런 가운데 베트남, 중국, 인도 3개국에 투자하는 펀드에는 국내자금 10조 원 이상이 몰리는 과열현상이 나타나고 있어, 우리 스스로 우리 증시에 대해서 낙관하거나 긍정적이지 못하면서, 우리 기업의 경쟁력 저하를 질타하고 기업의 저조한 투자집행에 대해 기업가 정신이 실종되었다는 비난을 쏟아내는 것이 과연 앞뒤가 맞는 것인지 되묻지 않을 수 없다. 필자는 지금이야말로 우리의 투자

철학을 다시 정립해야 하며, 깊이 있는 성찰이 필요한 시점이라고 생각한다.

주식시장과 함께한 10여 년의 세월 동안 우리 경제의 희로애락을 몸소 겪으며 울고 웃어 왔던 수많은 시간들이 주마등처럼 스쳐 지나간다. 변화무쌍한 주가의 부침과 함께 내 기억 속에 차곡차곡 저장되어 있는 셀 수 없이 많은 삶의 편린(片鱗)들은 어느 것 하나 나에게 소중하지 않은 것이 없다.

매매가 잘 되지 않고 손실을 볼 때면 수 없이 나 자신에게 되물으며 손실의 원인을 분석하려 노력했고, 두 눈을 부릅뜨고 한참을 몰두하다 동이 트는 모습을 보고 나서야 겨우 잠자리에 들곤 하였다. 하나를 발견하면 반드시 수백 번의 똑같은 매매를 통하여 검증을 시도하였고, 그럼에도 불구하고 손실이 발생할 때는 너무도 화가 나서 벽에 머리를 부딪히며 자책하기도 하였다.

주식에 입문한 초기 몇 년 동안은 손실이 제법 커 아이 분유 값도 없게 되자, 가장으로서의 역할을 제대로 못하고 있다는 미안함에 차마 집에 들어가지도 못한 채 매서운 겨울 밤거리를 홀로 방황하기도 하였다. 그러나, 내가 절망에 몸부림칠 때마다 묵묵히 나를 응원하며 가정을 꿋꿋이 지켜낸 고마운 아내 덕분에 나는 더욱 주식 연구에 전념할 수 있었고, 주식에 입문한지 5년 정도 지나자 하나 둘씩 매매기법을 완성해 나가기 시작하였다.

주식시장에서 개인 투자자를 끊임없이 괴롭히는 수많은 리스크를 효율적으로 관리하기 위해서는 어떠한 상황 하에서도 확실히 수익을 얻을 수 있는 매매기법의 개발이 절대적이라고 생각했다. 매매의 승자가 되기 위해서는 건강한 심리상태, 논리적인 매매기법, 체계적인 자금관리가 필수적이다.

누적 거래대금이 2조 원에 이를 정도로 수많은 매매 경험을 축적하여 왔고, 80% 이상의 높은 승률을 가진 매매기법을 다수 개발하게 되었으며, 이를 통해 증권사 수익률대회에서 우승을 거머쥐며, 기법의 우수성을 실전에서 입증해 내게 되자 나머지는 저절로 해결되어 갔다. 더 이상 주가를 가지고 자기합리화 시키는 환상에 빠지지 않았다. 현재는 일부분만을 보지 않고 선물과 옵션시장까지 분석하는 툴을 개발하였으며, 국내 뿐만 아니라 해외 증시와 경제 동향을 분석하는 경제 전체의 큰 틀을 파악한 후 투자의사 결정을 하고 있다.

위험한 스포츠를 즐기고자 하는 사람은 안전수칙을 잘 지켜야 한다. 리스크를 줄일 때 우리는 더 많이 즐길 수 있고 상황을 잘 통제하게 되는데, 주식매매도 이와 마찬가지이다. 주식매매는 냉정한 이성적 판단과 내가 세운 매매원칙을 준수할 때 비로소 성공할 수 있다. 감정적이고 즉흥적인 뇌동매매는 실패의 지름길이며, 나와 내 가족, 친구와 친지들을 모두 고통의 도가니로 몰아넣는 결과를 낳게 된다.

주식에 올인하면서 겪어 왔던 남모르는 고통과 환희의 순간들을 이 한 권의 책에 모두 담기에는 불가능함을 알지만, 목숨과도 같은 돈을 투자하고도 손실의 악순환에서 헤어나지 못하고, 고통의 늪 속에 있는 많은 사람들을 만나고, 그들 개개인의 사연을 들으면 내 지옥과도 같았던 과거가 떠올라 그냥 외면할 수가 없었다. 더는 개인 투자자들이 그러한 고통을 겪지 않도록 작은 희망의 디딤돌을 놓고 싶었다.

주식투자에 임할 때 빠르게 변화하는 시장의 다양한 현상들을 제대로 간파하지 못하면 결코 주식시장에서 살아남을 수 없다. 경제란 매일, 매시간 변화하는, 마치 살아 움직이는 유기체와도 같아서 미래를 정확히 예측하기란 거의 불가능하다. 또한 미래의 불확실성으로 인해 경제적 리스크가 가져오는 문제에 대해 적절한 조치를 취하기도 힘들다.

이러한 이유로 우리는 역사상 유례없는 IMF 구제금융의 치욕을 맛보았으며 수많은 실직자와 가정의 파탄, 기업의 도산이라는 쓰라림을 겪었다. 그러한 과정을 거쳐 우리 기업들도 더는 과거의 주먹구구식 경영에 안주하지 않고 혹독한 구조조정을 통하여 건실한 재무구조를 갖추게 되었고, 세계 유수의 기업들과 경쟁을 통하여 서서히, 그러나 강한 체력으로 글로벌 경영환경에 적응해 나가고 있다. 우리 경제의 펀더멘털은 더욱 더 견고해진 것이다. 상황이 이러하다면 우리의 투자습관도 달라져야 할 것이다. 과거처럼 주변의 솔깃한 소문에 현혹되어 투자하거나 과도한 자기만족(self-fulfillment) 혹은 자기파괴(self-destruction) 심리에 휘둘려 주식을 매매한다면 하루빨리 시장을 떠나는 것이 좋다.

투자자들이 변해야 한다. 시대가 변하고 조건이 달라진 것을 감안하지 못하고, 10년 전이나 지금이나 변하지 않는 행태를 반복하는 각주구검(刻舟求劍)[주)]의 어리석음을 빨리 벗어나야 할 것이다.

경제의 빠른 변화는 어떤 사람에게는 기회를 제공하지만 어떤 사람에게는 경제적 어려움을 가져다 줄 것이다. 현재 우리는 누가 성공하고 실패할지 알 수

주) 중국 초(楚)나라 사람이 배를 타고 강을 건너다가 들고 있던 칼을 물 속에 빠뜨렸다. 그러자 그는 곧 칼을 빠뜨린 뱃전에 칼자국을 내어 표시를 해 두었다. 이윽고 배가 언덕에 와 닿자 칼자국이 있는 뱃전 밑 물 속으로 뛰어들었다. 그러나 그곳에 칼이 있을 리 없었다. 이와 같이 옛것을 지키다 시세의 추이도 모르고 눈앞에 보이는 하나만을 고집하는 처사를 비유해서 한 말이다.

없다. 주식시장에서의 불확실성을 완화하기 위해 우리는 새로운 리스크 관리방법을 도입하고, 끊임없는 '창조적 파괴' 활동을 통하여 보다 향상된 삶의 질을 누려야 한다.

개인 투자자가 시장에서 기관과 외국인을 상대로 이익을 취하는 것은 매우 힘들지만 그렇다고 전혀 불가능한 것도 아니다. 그들의 행태를 숙지하고 상황에 따라 적절히 대응한다면 충분히 많은 수익으로 결실을 맺을 것이다. 이를 위해서는 시장에 대한 미래 예측능력과 현실 대응능력을 키워야 할 것이다.

다음은 여러분들이 알고 있는 도종환 시인의 '흔들리며 피는 꽃' 이라는 제목의 시이다. 아름다운 꽃은 시련과 역경을 딛고 피어나기에 더욱 아름답다고 한다. 세상 사람은 누구나 시련을 겪으므로, 어려움에 처한 사람들이 이 시를 통해 위안을 받고 역경을 극복하여 희망을 갖게 되기를 바라는 메시지를 담고 있다고 한다.

저자 역시 이 시를 읽고 많은 위안과 희망을 가졌다. 독자 여러분께서도 현실의 역경 속에 결코 좌절하지 말고 다시 화려한 꽃을 피우기를 진심으로 바란다.

차트박사

흔들리며 피는 꽃

도종환

흔들리지 않고 피는 꽃이 어디 있으랴
이 세상 그 어떤 아름다운 꽃들도 다 흔들리면서 피었나니
흔들리면서 줄기를 곧게 세웠나니
흔들리지 않고 가는 사랑이 어디 있으랴

젖지 않고 피는 꽃이 어디 있으랴
이 세상 그 어떤 빛나는 꽃들도 다 젖으며 젖으며 피었나니
바람과 비에 젖으며 꽃잎 따뜻하게 피웠나니
젖지 않고 가는 삶이 어디 있으랴

사이트 '도종환의 詩' 에서 인용
(http://poem.cbart.org)

Part 1 성공적인 주식투자를 위한 무한도전

C . O . N . T . E . N . T . S

Part 2

차트박사의 승률 80% 新 매매기법

C . O . N . T . E . N . T . S

Part 3

Stockstory 증권아카데미 강사들의 新 매매기법

C.O.N.T.E.N.T.S

Part 1

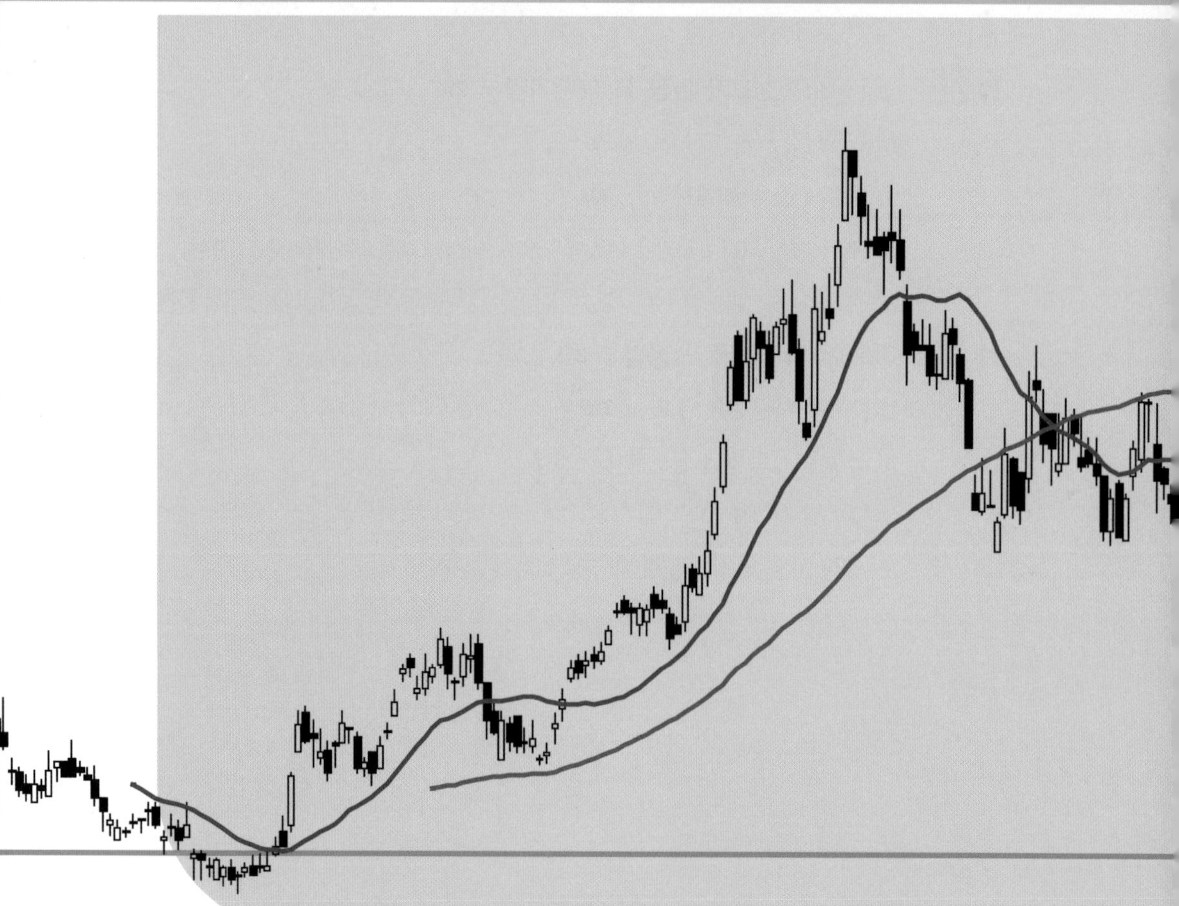

성공적인 주식투자를 위한 무한도전

1장 주식투자를 성공으로 이끈 비결

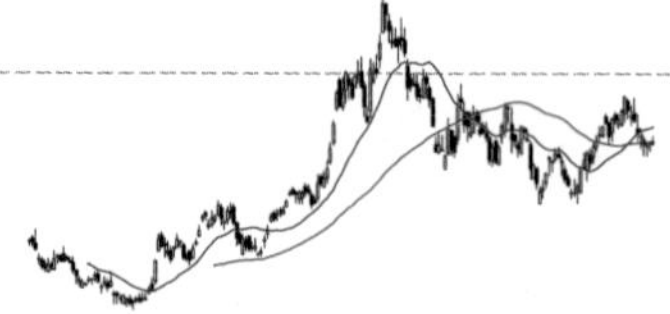

1. '깡통'이 '입문'이라는 격언의 뜻을 알게 되다

1998년 코스닥지수가 바닥을 찍고 있을 무렵, 공무원으로 안정적인 생활을 하고 있던 나는 직원들의 권유로 주식과 처음 인연을 맺게 되었다. 주식을 처음 시작할 때 대부분의 개인 투자자들이 그러하듯이 주식거래의 기초나 용어도 모른 채, 무작정 증권사 지점에 가서 계좌를 만들고 집에서 홈 트레이딩(Home Trading System: HTS)으로 시작하였다.

거래일 수가 늘수록 수익과 관계없이 나는 차츰 주식의 마력에 중독되어 빠져들기 시작했다. 깡통계좌가 될 때마다 돈을 다시 입금하는 악순환의 연속이었다. 이래서는 안 되겠다 싶어, 주식관련 책을 읽고 어느 정도 공부한 다음에 거래하기로 작심하고, 서점에 가서 주식관련 책을 모조리 사서 탐독한 후에 실전 주식거래에 적용하기 시작했다.

처음 한 권을 볼 때는 몇 시간이 걸렸지만 100여 권 정도를 읽은 다음부터는 한 권 보는데 30분이 안 걸릴 정도로 이론이 점점 쌓여 갔다. 하지만 쌓여 가는 지식과는 상관없이 내 계좌 잔고는 손실과 수익이 반복되기만 했다. 내가 주식투자 초반에 실패한 또 하나의 이유는, 이미 코스닥지수가 사상 최고치를 경신하고 본격적인 하락세로 접어드는 시기적인 악조건과도 맞닿아 있었다.

새롬기술(지금의 솔본)과 핸디소프트 등 벤처 바람을 업고 급등한 기술주의 버블이 심하던 시절이었다. 그 당시 파워텍 인수 4개월 만에 리타워텍(지금은 상장 폐지) 최유신 회장은 코스닥시장에서 가장 주목받는 경영자가 되었으며, 리타워텍의 주가는 연일 상한가를 기록해 주당 360만 원이라는 국내 최고가를 경신하는 등 눈길을 끌었다.

코스닥시장에서는 리타워텍의 이 같은 A&D를 표방하는 테마주가 형성되었고, 동특(리드코프) · 바른손 · 엔피아 · 삼한콘트롤스 · 한일흥업 등이 커다란 A&D 주를 형성하며, 2005년 바이오 열풍이 불던 때와 유사한 대박 종목들이 속출하였다.

하지만 정작 대부분의 개인 투자자들은 큰 수익을 내지 못하였고, 급등을 주도한 세력들과 해당기업들만 대박의 영광을 안았던 것이다. 너도나도 할 것 없이 대박에 대한 환상을 가지며 주식시장에 진입하였지만, 대부분 개인 투자자들은 엄청난 손실을 보고 시장의 뒤안길로 사라져 갔다.

나 또한 이 당시 코스닥의 기술주 버블 붕괴의 희생양이 되어 1억을 잃게 되었다. 코스닥시장은 이로 인한 후유증으로 지금까지도 사상 최고치인 2,925포인트의 5분의 1인 580~600p 근처에서 맴돌고 있다. 그에 반해 종합주가지수(KOSPI)는 그 당시 사상 최고치인 1,000포인트를 넘어 현재는 1,400~1,450p 전후로 움직이고 있다.

나는 그 이후로 2002년도까지 손실과 수익의 반복 속에서 결국 2억의 손실을 입으며 좌절하게 되었다.

2. 확률! 주식 책 100권을 읽고도 몰랐던 것을 깨닫다

주식투자 4년 만인 2002년도까지 2억의 주식투자 손실로 깊은 좌절과 그 후유증으로 필자는 당시 대인기피증이 생겼었으며, 정신적으로나 물질적으로 힘든 시절을 보내야만 했다. 그래서 음악 감상이나 낚시와 같은 취미활동에 눈을 돌리며, 주식과의 인연을 끊고자 노력하였다.

낚시를 하는 동안 주식에 대해 생각하기도 싫었지만, 아이러니하게도 내 머릿속은 온통 주식으로 꽉 차 있었다. 주식이라는 질긴 인연은 결코 나를 놓아주지 않았던 것이다.

내가 주식투자에서 실패할 수밖에 없었던 이유를 주식과 거리를 두고 낚시 등 취미활동을 하는 동안 차분히 생각해 보게 되었다. 그동안 정말 많은 주식관련 책을 읽어 보았고, 경제신문의 중요한 주식관련 내용들을 스크랩해서 공부하고, 유명 증권사이트에 유료 가입을 해 얻은 정보로도 매매해 보았지만. 계속 실패할 수밖에 없었던 원인과 이유를 생각하게 되었다.

그러던 중, 나의 뇌리를 스치는 것이 있었다.

그동안 책으로 공부하면서 기존에 나와 있던 매매기법들을 알고 있는 터였고, 차트를 조금은 알고 있다고 자부하고 있었지만 80% 이상의 높은 성공 확률이 나오는 매매기법은 찾을 수 없었다. 기존 책에 나와 있는 기법들은 그 시대나 당시에만 국한된 기법이거나, 단지 지나간 차트만을 가지고 꿰어 맞추기 식의 설명이 되어 있었던 것이다. 그러므로, 실전거래에서는 잘 적용되지 않았고, 확률도 나오지 않았던 것이다.

결국, 주식투자에서 수익을 낼 수 있는 비결은 나에게 맞는, 80% 승률이 나오는 新 매매기법을 만들어 하락장이나 상승장에 관계없이 수익을 창출하는 것이라는 깨달음을 얻었다.

3. 나만의 새로운 매매기법을 연구하다

나는 낚시를 접고는 곧바로 집으로 가서 HTS를 열어놓고 확률에 도전하기 시작했다. 주식투자에서 10번 거래하여 8번의 승률만 올릴 수 있다면… 특히 단기매매인 데이트레이딩에서 8번 이상의 승률은 주식투자에서 성공의 열쇠라는 것을 그때 비로소 인지하게 되었다.

그래서 각종 주식관련 지표, 보조지표, 해당종목의 뉴스, 기업분석, 세력의 습성 등을 차트와 함께 연관시키면서 '어떻게 하면 승률 80% 이상의 新 매매기법을 만들어 낼 수 있을까' 를 고민하였다. 주가의 움직임을 알기 위해 전 종목의 몇년 치 차트를 보면서 언제 매수 · 매도하여야만 시장의 상황과 관계없이 최고의 승률을 올릴 수 있는가에 대해서 연구하기 시작했다.

이 新 매매기법은 심리, 주가 상승의 원리, 통계 등 모든 요소들을 일일이 적용하는 가운데, 수없는 시행착오를 거쳐 만들어 낼 수가 있었다. 차트가 이럴 때는 왜 이렇게 움직일 수밖에 없는가를 단순히 차트 분석만이 아닌, 기관 · 외국인 수급과 공시, 뉴스, 그리고 재무제표 등의 정보를 수집하여, 차트가 그렇게 형성될 수밖에 없는 원리와 원인을 찾고 분석하였던 것이다.

나의 친동생인 확률승부(필명, 순수 주식경력 13년)와 함께 연구하면서 하나의 新 매매기법이 만들어질 때까지 날이 새는 줄도 모르고 연구에 전념하며, 확률 80% 이상의 新 매매기법을 찾아내기 위해서 3년 넘게 피나는 노력을 하였다.

하나의 新 매매기법이 만들어지면 소액으로 실전투자에 적용시키면서 테스트하고, 때론 증권사 '실전투자대회' 에 참가하여 新 매매기법의 우수성을 검증하기도 하였다. 필자는 하락장이든 상승장이든 변함없이 실전거래에서 꾸준한 수익을 낼 수 있는 것만을, 진정한 新 매매기법으로 인정할 수 있었다.

그래서 2003년도 종합주가지수가 또 다시 폭락하던 때 당시 최고의 고수들이 참여하고, 많은 주식 스타를 배출하며 국내 최고 수익률게임의 명성을 얻고 있었던 '한화증권 실전 수익률게임' B그룹(1,000만 원 이상)에 참가하였다. 전 참여자 90% 이상이 마이너스 수익률을 기록할 때, 나는 3개월 동안 진행되던 대회에서 2달 반 동안 1위를 유지하였다. 그때, 나는 하락장에서도 수익을 낼 수 있는 新 매매기법을 이용하였던 것이다.

하지만 마지막에 2위의 추격세가 막강하였고 1등에 대한 욕심 때문에 매매기법과 맞지 않는 거래를 하면서, 마인드 컨트롤이 되지 않아 막판에 1위 자리를 내줘야만 했다. 그때 깨달은 것이 마인드 컨트롤과 계좌관리의 중요성이었다.

이 부분도 추후 설명하겠지만 마인드 컨트롤과 계좌관리가 잘 되지 않으면 아무리 좋은 新 매매기법을 가지고 있어도 완벽한 수익을 장담할 수 없다는 것을 알게 되었다.

4. 승률 80% 매매기법 완성의 마지막 관문을 통과하다

수익률 게임대회에 참가한 이후 新 매매기법의 추가 개발과 함께 계좌관리, 마인드 컨트롤 등을 계속 수정 · 보완하고 노력하여 완벽한 투자자가 될 수 있도록 끊임없는 질주를 하였다.

그에 대한 결실로 2004년도 말부터는 월 단위로 정산할 때, 계좌에서 마이너스가 나지 않았다. 즉 마인드 컨트롤과 계좌 운영, 80% 이상의 新 매매기법으로 꾸준하게 수익을 내었던 것이다.

나에게 주식의 성공과 완성을 알리는 계기가 된 것은 2005년도 9월부터 2006년 1월까지 2회에 걸쳐 진행된 '키움증권 & 팍스넷'에서 공동 주최하는 '주식영웅전 실전수익률 게임' 이었다. 1차대회에서 新 매매기법의 하나인 세력주 新 매매기법으로 25여일 만에 650%를 올리는 등 마인드 컨트롤과 新 매매기법의 무장, 계좌관리 능력 등이 종합된 완성본으로 1차 실전수익률 게임에서 가장 높은 수익률로 전체 1위를 차지하였다.

1차대회에 이어 각 순위 상위자 중에서 진검 승부를 가르는 왕중왕 전이 11월부터 다음해 1월까지 개최되었다. 주최측 법인계좌로 운영되는 각 순위 상위자 50여 명이 참가한 대회에서 1차대회에 이어 2차대회에서도 수익금 부분에서 1위를 차지하여 명예의 전당에 'The First'로 입성하였다.

또한 이 게임에서 회전율 1위, 총 거래대금 1위 등 스캘, 데이, 스윙, 중기투자 등 모든 新 매매기법 등을 이용하여 1위를 연속 두 번 함으로써 험난한 주식시장의 진정한 개미투자자로서, 비로소 나는 주식투자를 완성할 수 있었던 것이다. 그러나, 나에게 수익률 게임에서 연속 1위 한 것보다 더 큰 수확은 이제 언제든지 주식투자를 하더라도 돈을 벌 수 있다는 확신과 자신감이 생겼고, 나 자신을 스스로 인정하게 되었다는 것이다.

결혼생활 10여 년 동안, 나를 묵묵히 지켜보며 남편의 주식투자로 인해 마음속이 새까맣게 탔을, 나의 아내에게 참고 기다려줘서 고맙다는 말을 이 지면을 통해 전하고 싶다. 주식투자하는 동안 아이하고 제대로 놀아준 기억도 별로 없는 것 같다. 사랑하는 아들 민재, 그리고 태어난 지 얼마 안 된 둘째 귀염둥이에게 이제는 아빠의 역할을 제대로 할 것이라고 말해주고 싶다.

지금도 Stockstory 증권아카데미 운영 등 新 매매기법으로 무장된 노하우를 바탕으로 법인을 설립하며, 후진을 양성하느라 바쁘다는 이유로, 가정에 소홀해지는 것 같아 항상 가족들에게 미안한 마음이다. 나는 어쩔 수 없는 주식장이인 것 같다.

2장 개인 투자자로 총 2조를 거래하다

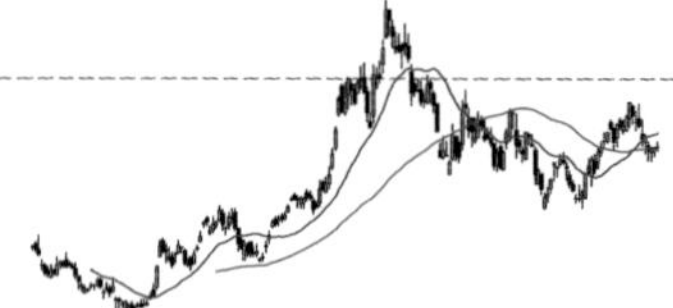

많은 금액을 움직이는 외국인, 기관, 세력들에게 2조의 거래대금은 아무것도 아닐 수 있으나, 철저한 개미투자자인 내게 그동안의 총 거래대금이 2조라는 것은 그 의미가 크다.

나는 처음 주식투자를 시작할 때부터 단기매매를 하였다. 8년이 넘는 순수 주식투자 기간중 코스닥지수가 최고의 상승기에 있을 때, 중기 투자를 일부 해보았지만 반등 없이 한 종목에서 거의 -80%의 손실을 본 적이 있다. 중장기 투자에 대한 두려움과 폭락에 대한 뼈아픈 경험이 있기 때문에 나는 더욱 단기매매에 치중하게 되었다.

우리나라처럼 주가의 급등락이 심하고, 투기적 요소가 강한 주식시장에서 단기매매를 하지 않을 수가 없었다. 거의 단기매매를 하다 보니까 하루 수수료만 500만 원이 넘을 때도 많았다. 이 많은 거래경험은 국가와 증권사에 거래세와 수수료를 몇 십억 갖다 바친 나에게 있어서는 소중한 자산이자 무엇과도 바꿀 수 없는 재산이다.

그동안 수만 번의 거래 속에서 세력들의 거래형태와 움직임을 파악할 수가 있었으며, 사람의 성격이 다양하면서도 일정한 부분은 비슷하듯이 세력들의 패턴이나 거래행태도 비슷한 패턴을 만들 수밖에 없다는 명제가 도출되었던 것이다.

R. N. 엘리엇도 "삼라만상 자연은 이미 정해진 법칙에 의해 반복된다."고 말하였고 "인간의 행동 또한 우주의 부분으로써 동일한 법칙에 의해 움직이며, 그러므로 인간의 피조물인 주식시장 역시 정해진 메커니즘에 의해 결정된다."고 말했다.

그 의미를 그동안 수만 번의 거래 속에서 알게 되었다. 세력들의 움직임 또한 학습효과에 의해 일정부분 똑같고, 비슷한 형태로 거래할 수밖에 없다는 것을 배우고 느꼈던 것이다.

그래서 필자는 강조한다. "주식투자는 반드시 소액으로 하는 많은 거래 경험과 연습이 필요하다." 아무리 다양한 주식이론과 캔들의 의미, 차트를 안다고 해도 실전거래 경험이 풍부한 것처럼 좋은 것은 없다. 공부한 기법과 이론을 실전에 적용하기 위해 장중에 소액 거래를 반복하며, 몸으로 부딪혀 봐야만 실전거래에서 성공 확률을 높일 수 있다.

여기서 중요한 것은 주식투자를 시작할 때, 처음부터 큰돈이 아닌 소액으로 시작해야 한다는 것이다.

Tip

주식거래는 80% 이상의 확률이 나오는 매매기법으로 거래해야 한다. 여기에 마인드 컨트롤과 계좌관리, 나만의 투자원칙이 반드시 정립되어야만 주식투자에서 성공할 수 있다.

이것은 단기 투자든, 중장기 투자든 모두 포함되는 정형화된 틀이라고 보면 틀림없을 것이다. 그 이유는 한 번 운이 좋아서 수익을 낸 투자자들은 또 다시 전에 수익을 내었던 환상만을 가지고 투자할 것이고, 자신만의 투자원칙과 정립이 없다면 다음 투자 때는 손실 입을 확률이 높기 때문이다.

또한 반대로, 시작부터 손실이 난 투자자들은 원금을 회복하기 위해서 조급증과 눈앞에 보이는 것만 거래하고 무모한 도전을 하게 되어 실패할 가능성이 높다.

실전거래는 이론과 달리 우리들의 피 같은 돈이 움직이는 곳이고, 피비린내 나는 전쟁터와 같은 곳이다. 외국인 · 기관 · 세력 · 개인 투자자들은 모두 자기 자신의 이익을 위하여 수단과 방법을 가리지 않고, 하나의 목표인 수익 창출과 생존을 위해 짐승들처럼 으르렁거리며 말없는 혈투를 벌이는 곳이다.

주식시장은 모르면 당하는 곳이라는 것을 깊이 인식하는 것부터 시작해야 한다. 왜냐하면 나의 피 같은 돈을 그 누구도 지켜주지 않기 때문이다. 스스로 지키고 방어해야 하며 당하지 않으려면 배워야 하는 것이다.

이 험난한 시장에서 살아남기 위해서는 주식이론보다 더 중요한 것이 실전매매 경험이다. 손실을 여러 번 반복했던 투자자들이라면 투자금액을 줄이고, 원금의 10분의 1만 가지고 불꽃 튀는 실전에서 풍부한 거래 경험을 쌓는 것이 반드시 필요하고 아주 중요하다고 할 수 있다.

원금의 10%를 가지고도 수익을 못 내면서 많은 돈을 가지고 수익을 낼 수 있을 것이라 생각하는 것은 어불성설이며, 이것은 욕심에서 비롯된 잘못된 습관이며 환상인 것이다.

한 번 손실이 발생하였을 때 더 많은 금액을 투입하여 빨리 손실 난 금액을 복구하고자 하는 마음을 갖는 개인 투자자들을 가끔 만나는데 조급증 때문에 성공 확률이 극히 낮다는 것을, 그동안의 수많은 실전거래 경험을 통해서 나는 알고 있다.

Tip

일단 투자하고자 하는 원금의 10분의 1만 가지고 많은 실전매매를 해보고, 최소 3개월 이상 꾸준한 수익이 발생하였을 때 좀 더 투자 비중을 높이라고 권유하고 싶다.

어느 날 필자는 특정 종목을 언급하며, 그 종목의 향후 전망에 대해 문의하는 이메일을 하나 받은 적이 있다.

내용인즉 세력과 돈을 주고받은 정보인데, 앞으로 이 종목이 3배에서 5배까지 올라갈 것이라고 매수를 하라고 했다는 것이다. 그동안 주식투자에서 5,000만 원 정도의 손실을 입었는데, 복구하기 위해서 대출까지 받고 2억이 넘는 돈을 이 한 종목에 투입하였다고 했다.

"만약 이 돈마저 잃는다면 남편에게 이혼당할 것은 뻔하고, 다니던 좋은 직장까지도 위태로울 수 있기 때문에 차트박사님께서 이 종목에 대해서 꼭 조언해 주기를 바란다."는 내용이었는데, 종목을 살펴보니 이미 그분의 손실률이 -20%가 넘은 상태였고, 일봉 차트로 봤을 때 단기간에 바닥권에서 13배 이상의 상승을 보인 상투지점이었다. 게다가 고점에서 최대 거래량이 터진 악조건의 상황이었다. 그래서 나는 세력들이 2차 물량 털기를 시도할 때 매도하라고 조언했다.

하지만, 그 회원은 세력들이 분명 3배 이상 올린다고 했으니까 믿어야지 매도해서는 안 된다고 했다. 그후 세력들은 2차 물량 털기에 들어갔고, 내 조언을 따랐다면 손실 안 보고 매도할 수 있었는데, 그 회원은 계속 보유하고 있다가 결국은 3배 이상의 큰 손실이 난 후 매도했다고 한다. 내가 두 번째 이메일을 받았을 때 그 회원은 이미 많은 충격을 받은 상태였고, 그때 필자의 조언을 듣지 않은 것이 후회가 된다며 지금은 매일 눈물로 밤을 지새운다는 내용이었다. 그때 나 또한 안타까운 심정 이루 말할 수 없었다.

아래는 그때 문의받았던 종목의 차트이다.

〈차트 1-2-1〉 일봉 차트

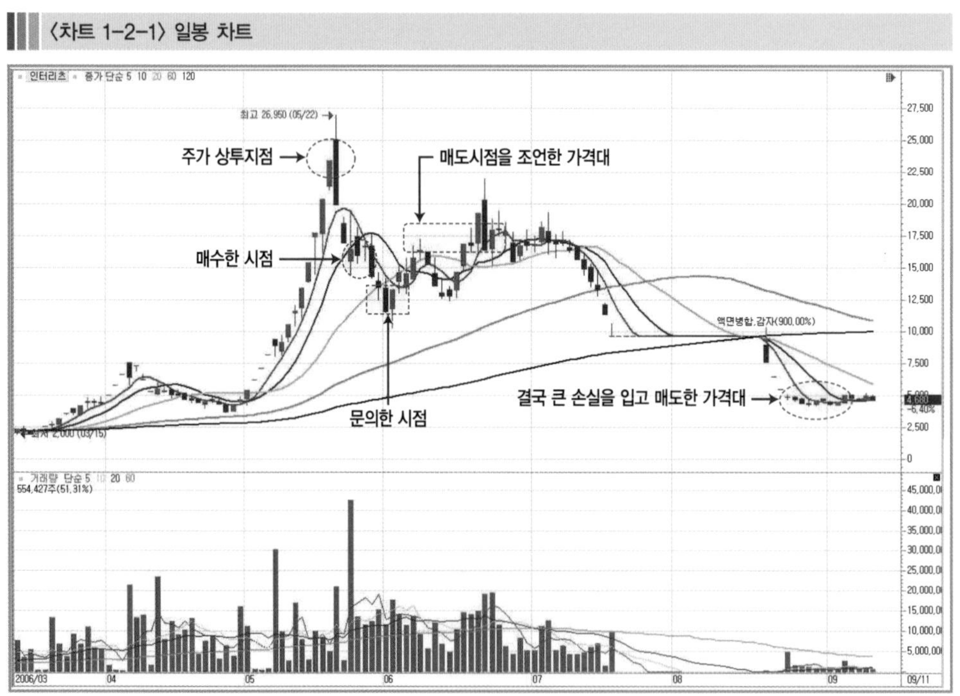

3장 주식투자 성공의 3대 요소

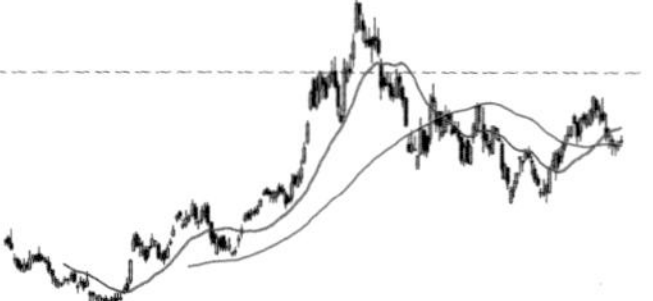

1. 자신만의 80% 승률 매매기법

필자가 운영하는 네이버 카페 '증권투자의 길잡이 주식차트연구소'에 회원으로 가입하고 나서 4개월 만에 원금에서 7배의 수익을 낸 초보회원의 사례를 소개하고자 한다.

이 글은 실제 회원과의 대화지만 독자들이 쉽게 이해할 수 있도록 필자가 약간의 기술적 매매기법을 가미시킨 글이다. 대화의 내용 중 일부만 기술하고자 하며, 회원을 '정석투자'라고 명명한다.

차트박사 : 요즘 주식거래는 잘 되시고 수익도 잘 내고 계세요?

정석투자 : 어제 매수한 종목 두 개가 상한가에 들어갔습니다.

차트박사 : 축하드립니다.

정석투자 : 아직도 주식에 대해서 잘 모릅니다. 차트박사님께서 많이 가르쳐 주세요.

차트박사 : 주식투자 하신지는 언제부터인가요?

정석투자 : 2006년 4월부터 거래했습니다.

차트박사 : 아, 그러시군요.

정석투자 : 200만 원으로 시작해서 현재 1,500만 원으로 불어났는데, 내일 상한가에 들어간 두 종목을 매도하면 수익이 조금 더 늘 것 같습니다.

차트박사 : 아, 대단하시네요.

정석투자 : 종목들이 눈에 잘 들어와서 미수를 쓰면 더 수익이 날 것 같은데, 미수를 써도 되는지요?

차트박사 : 아니요. 절대 쓰지 마세요. 현재로써도 꾸준하게 수익이 잘 나는데 미수는 왜 써요?

정석투자 : 사람 욕심이라는 것이… ㅎㅎ

차트박사 : 어떤 식으로 투자하셨기에 주식투자 4개월 만에 7배의 수익을 내셨는지요? 혹시 전에 투자한 경험이 많으신 것 아니에요? 초보님이 불과 몇 개월 만에 7배의 수익을 내셨다는 것이 대단하시면서도 의문이 드네요.

정석투자 : 그러게요. 저도 운이 많이 따랐다고 봅니다. 제가 투자하는 방식을 말씀드리면, 전 주식투자를 처음부터 소액으로 투자해야겠다고 마음먹었어요. 내가 후일에 현재 하고 있는 일을 그만둔다거나 하면 노후대책이라도 세워 놔야 할 것 아니에요? 그래서 주식이라는 것을 배워 두려고 했어요.

차트박사 : 네에.

정석투자 : 주식투자 시작한 지 얼마 안 되어서 차트박사님이 운영하시는 카페에 가입하게 되었고, '주식투자는 공부를 해야만 되겠구

나!' 생각하고 공부하기 시작했습니다.

차트박사 : 네에.

정석투자 : 캔들의 봉이 의미하는 것을 달달 외웠습니다. 차트를 연구하고, 어떨 때 주식이 잘 올라가고, 거래량이 어떨 때 매수 · 매도 포지션을 잡는지 연구했습니다. 바닥권에서 탈출하는 종목 중에서 5일선 위로 올라온 종목에 관심을 가졌죠. 5일선을 기준으로 '5일선이 무너지면 손절매해야겠다.' 생각하고 매수를 했는데, 많이 올라서 수익도 많이 났고 잘 맞아떨어진 것 같아요.

차트박사 : 네에.

정석투자 : 또는, 기업의 내용이 충실한 종목 중에서 기존에 알려진 20일선 돌파 후 눌림목[注)]에 와 있는 종목에 관심을 가지기 시작했어요. 여기에 패턴을 보니까 20일선 돌파도 강하게 상한가로 돌파한 다음, 조정을 받으면서 다시 20일선에 닿고 거래량이 바닥권일 때 분할로 매수했지요. 그러면 잘 올라가더라구요. 여기서 5% 이상 밀리면 자동 손절매가 되는 자동 스탑로스로 매도를 걸어 놓았습니다. 전 올라갈 때 빨리 팔지 않습니다. 종가상 양봉이 나온다거나 5일선이 살아 있다거나 하면 계속 홀딩합니다. 상승중 거래량이 없는 음봉이 나올 때도 추세가 살아 있다면 홀딩을 합니다. 대량 거래량이 터진다 싶으면 바로 매도합니다. 저는 제가 직접 연구한 종목만 들어갑니다. 즉흥적 매매는 하지 않습니다.

注) 눌림목 : 바닥을 확인한 주가가 거래량 증가와 함께 수일 혹은 수주간 단기 급등한 다음에는 차익 매물을 소화하기 위한 일정 폭의 단기 조정을 거치는데, 이를 '눌림목' 또는 '되돌림' 과정이라고 말한다.
눌림목 과정에서 나타나는 조정 폭은 그리 크지 않고 중장기 이동평균선 등 의미 있는 지지선에서 재반등하는 경우가 대부분인데, 이러한 조정을 거치면서 시장은 추가 상승을 위한 에너지를 보충하게 된다.
한편 눌림목 매수란 이러한 되돌림을 이용한 저가 분할매수 전략을 말하는데, 비교적 안전한 매수 시점 중의 하나로 여겨진다.

차트박사 : 네에.

정석투자 : 얼마 전에 글로비스를 매수했는데, 예상과 다르게 움직이기에 바로 손절매했습니다.

차트박사 : 제가 봤을 때는 현재 꾸준하게 수익을 내고 있기 때문에 하시고 있는 방식대로만 하시면 됩니다. 매수 · 매도 포지션을 잘 알고 있고, 예상과 다르게 움직일 때 손절매도 잘하시고 카페에 오셔서 4개월 만에 많은 것을 배우고, 수익도 많이 내신 것 같아서 저도 흐뭇하고 운영하는 보람을 느낍니다.

정석투자 : 그래도 주식에 대해서 더 많이 알고 배우고 싶어요. 전 선물 · 옵션에 대해서도 알아야 할 필요성을 느꼈어요. 꼭 선물 · 옵션을 거래하지 않더라도 배워 둔다면 지수의 움직임을 어느 정도 알 수 있을 것 같아서 지금은 선물 · 옵션에 대해서 공부하고 있습니다.

차트박사 : 아, 그러세요. 대신 선물 · 옵션에 대해 공부는 하셔도 직접 거래는 하지 마세요. 선물 · 옵션 거래는 위험성이 큽니다. 하지만 지수의 흐름을 볼 때는 아주 많은 도움을 줍니다.

Tip

1. 주식투자 초보 때는 배우는 단계라고 생각하고 처음부터 소액으로 투자했다.
2. 매수를 했는데, 예상과 달리 주가가 움직일 때는 과감하게 손절매했다.
3. 시중에 나와 있는 패턴을 이용하여 자기 것으로 만들었고, 매수 포지션을 거의 정확히 알고 있다. 즉, 시중에 나와 있는 매매기법을 자신의 것으로 만들어 상승 확률을 높였다.

4. 주가가 올라갈 때는 빨리 팔지 않고, 추세가 살아 있으면 손절매 선을 상향으로 수정하면서 거래량이 터질 때 매도한다.
5. 스윙[주)]투자를 기본으로 하면서, 단타거래는 하루에 한 번 정도 오전에 하고 끝마친다.
6. 캔들의 봉을 며칠 동안에 달달 외우고, 선물 · 옵션관련 책을 공부하고, 모든 것에 대해 연구하는 자세를 봤을 때 주식투자의 기본이 잘 되어 있다.
7. 이렇게 정석으로 주식투자를 하는데 많은 수익을 못 낼지언정 절대 손실 날 이유가 없고 주식투자로 돈을 벌 수가 있다.

'왜 정석투자님은 수익을 낼 수밖에 없는가' 를 연구하여 보자.

이 분은 처음 주식투자를 시작할 때부터 마인드 구축이 아주 잘 되어 있고, 먼저 충분한 공부를 한 다음에 실전거래를 소액으로 하였다는 것이다. 누구나 다 알고 있는 중국의 유명한 병법서의 하나인 〈손자병법〉에 나오는 "지피지기면 백전백승이다.(知彼知己 百戰百勝) : 적을 알고 나를 알면 백 번을 싸워도 백 번을 이긴다."라는 글귀처럼 뭐든지 충분히 알고 이해한 다음 실전거래에 도전을 한 것이다.

5일선 돌파 후 눌림목이나 20일선 돌파 후 눌림목은 누구나 알고 있는 기본 상식이다. 상식은 상식일 뿐 수익을 보장하지는 않는다. 어떤 종목이 20

주) 스윙매매(swing trading) : 주식 매수 후 2~3일 정도 주식을 보유하는 매매 방법이다. 초단기매매 또는 스캘핑(scalping)은 분 또는 초 단위로 주가 흐름을 지켜보다 단기 시세차익을 먹고 나오는 매매 방법이다. 위의 두 가지 방법을 데이트레이딩이라 하고 데이트레이딩의 유형에는 하루에도 수십 번 또는 수백 번 매매를 하는 스캘핑(scalping), 하루에 종목당 거래를 몇 차례 정도만 하는 통상적인 트레이딩, 하루에서 2~3일 정도까지 주식을 보유하는 스윙트레이딩(swing trading) 등으로 구분되는데, 모두 목표수익률을 낮게 잡고 자주 매매에 나서는 것이 공통된 특징이다.

일선 돌파 후 눌림목에서 강한 상승을 해 주었는가를 연구 · 분석하여 자기 것으로 만들었다는 것이다.

단지 20일선 눌림목에서는 반드시 상승한다는 논리가 아니라는 것이다. 주식은 대응의 영역이라고 했다. 상승할 것을 예측하고 매수하였지만 하락한다면 손절매로써 빨리 대응해 주고, 상승할 때도 너무 빨리 전량 매도할 것이 아니라 추세가 살아 있다면 수익의 일부는 챙겨 놓고, 나머지는 상승 시 손절매 선을 상향하면서 추세가 무너지는 것을 보고 매도하는 행동이야말로 높은 수익과 직결되기 때문이다.

Tip

주식거래 시 80% 이상의 수익을 줄 수 있는 확률 높은 매매기법이야말로 주식투자 성공의 열쇠이다.

주식투자는 고위험, 고수익 자산이기 때문에 상승 확률 80% 이상의 수익을 낼 수 있는 매매기법과 맞지 않은 20%를 손절매로써 대응해 주어야만 장기간 꾸준하게 주식투자에서 수익을 올릴 수가 있다.

하지만 그동안 주식시장에 나온 매매기법들은 이미 쓸모없어졌거나 80% 이상의 확률이 나오지 않았으며, 설사 80% 이상의 상승 확률이 나온다 하더라도 그런 승률이 나올 수밖에 없는 원리를 상세히 설명해 주지 않았다. 또한 기법의 설명들이 너무 이론에만 치중한 나머지, 실전거래에서는 적용이 어려운 것들이 많았다.

따라서 이미 주식시장에 널리 퍼진 기법들을 기본적으로 마스터하고, 여기에 더해 80% 이상 승률이 나오는 자기만의 매매기법을 반드시 가지고 있어야 주식시장에서 살아남을 수 있다. 우량주를 거래하든, 세력주를 거래하든, 단기 투자든, 중장기 투자든 어떠한 거래 형태라도 좋다. 반드시 자기만의 확률 높은 매매기법, 이것이야말로 주식투자의 알파요, 오메가인 것이다.

언제든 주식투자로써 수익을 낼 수 있다는 강한 확신을 가지고 있어야 한다.

Tip

매매기법들이 모든 투자자에게 똑같이 적용되지는 않는다고 생각한다. 직장인들과 전업투자자들의 거래 패턴이 다르고, 개개인이 처한 환경도 다르기 때문에 반드시 자기에게 어울리는 투자 매매기법이 필요한 것이다.

예를 들어서 손절매를 잘 못하는 투자자가 급등락이 심한 단기매매를 한다면 그것은 큰 손실로 연결될 수가 있다. 또는 성격이 급하고 손이 매일 근질근질해서 하루라도 거래하지 않으면 병이 나는 사람이 가치투자나 중장기 투자를 한다면 이것 또한 절대로 옳은 것이라고 말할 수 없다.

그래서 중요한 것은 자기 자신에게 맞는 투자 포지션을 정하고, 자신의 성향에 맞는 매매기법과 투자패턴이 정해져야 할 것이다.

어떻게 하면 자신에게 맞는 매매기법를 만들 수 있는지는 먼저 고수들이 걸어온 길과 그들의 매매기법을 배우는 데서 시작되어야 한다. 그래야만 시행착오가 적고 이 매매기법들 속에서 자신에게 맞는 매매기법을 스스로 찾아내고, 찾아낸 매매기법의 확률을 점차 높여 나가는 노력을 기울여야 한다.

강조하건데, 자신만의 매매기법 없이는 단기 투자든 중장기 투자든 꾸준한 수익을 내는 것이 하늘의 별따기만큼 어렵다는 것을 꼭 인지하기 바란다. 그 이유는 큰손들이 절대 개인 투자자들에게 쉽게 이익을 주지 않을뿐더러, 어떻게 하면 개인 투자자들의 피 같은 돈을 빼어 갈 수 있을까 골몰할 뿐이기 때문이다.

필자도 그동안 수많은 실전거래 경험을 통하여 주식시장의 원리와 심리 등을 이해하게 되었다. 예를 들어 일봉에서 시가와 종가는 누가 결정하는가? 시가와 종가는 동시호가로 만들어진다. 일반개미들은 만들 수 없고 세력들만 만들어 낼 수가 있다.

동시호가 때 가격변동 폭이 커지는 종목들은 자금이 많은 사람이 동시호가 때 끌어올리거나 밀어버리거나 하면서 가격을 결정하게 된다. 매수세를 유발시키기도 하고, 투자심리를 악화시켜 매도세를 유도하기도 하며, 다음날 주가에 영향을 미치는 것이다. 이처럼 세력이 시가와 종가를 만든다. 이런 현상처럼 주가가 형성되는 것에는 어떤 습성과 법칙, 원리가 있다는 것이다.

차트에서 양봉의 캔들이 계속 나온다는 것은 세력들이 어떤 정보나 회사의 내부사정을 알고 계속 유지시킨다고 볼 수 있다.

떨어져야 할 자리에서 떨어지지 않고 유지되는 힘… 이는 아무나 할 수 없는 일이다.

차트를 볼 때는 그 속에 숨어 있는 세력의 심리를 파악하려는 노력과 차후 상황 전개에 대한 이해를 하면서 분석해야 한다.

세력들의 여러 가지 습성과 패턴을 찾아내고 수많은 학습효과를 통해서 이해한 다음, 이 학습효과를 발전시키고 연구해서 80% 이상의 승률을 이끌어 내는 것이 곧 매매기법이다.

나는 기존 매매기법들의 확률이 그리 높지 않았기 때문에 새로운 접근방식으로 新 매매기법들을 만들어 냈다. 이 기법을 연구하는 동안 시중에 나와 있는 책이나 신문, 인터넷 매체에는 들어가 보지 않았다.

처음 매매기법을 하나 만들어 낼 때는 정말 많은 기간이 걸렸고, 힘든 작업이었다. 확률이 80% 이상 나오지 않으면 잠을 자지 않고 계속 연구에 몰두했으며, 그런 날이 부지기수였다.

하나의 매매기법을 만든다는 것은 차트의 움직임, 주가의 원리, 통계, 세력들과 증권사와의 이해관계 파악, 뉴스 내용, 세력들의 심리 등 모든 것을 이해하고 적용해야만 하는 어려운 작업이다. 하지만 매매기법을 처음 완성하기가 힘들지 두 번째부터는 재미도 있고, 노하우가 쌓여 비교적 쉽게 풀어나갈 수 있었다. 어렵게 만든 만큼 지금의 나에게는 그 무엇보다 소중한 재산이 되었다.

지금은 80% 이상의 확률이 나오는 매매기법을 하나 만들어 내는데, 1주일이 채 걸리지 않는 경우도 있다. 독자들도 꼭 자기 자신만의 매매기법을 완성하기 바란다.

주식시장에서는 개미들이 5%밖에 돈을 벌 수 없는 구조라고 알고 있다. 거래할 때마다 거래세와 수수료란 명목으로 국가와 증권사에서 의무적으로 걷어가므로, 주식을 매수하면 마이너스 수익률로 시작하게 된다.

여기에다 주식시장은 외국인들과 기관들이 꾸준하게 수익을 내며 막대한 자금으로 시장과 종목을 좌지우지하고 있으며, 또한 증권교육을 받은 막강한 전문가들이 포진하여 있는 곳이므로 그들은 당연히 돈을 벌 수밖에 없다. "돈이 돈을 번다." 세력들이 손실 보는 경우는 그리 많지 않다. 아주 특이한 장세를 빼고는 …

서로 Win-Win할 수 있는 그런 주식시장이었으면 좋을 텐데… 세력들이

멍청하거나 바보가 아닌 이상 돈을 잃지 않는 구조의 주식시장인 것이 참 아쉽다. 이런 관점에서 볼 때, 자본주의의 특성이 여실히 드러나는 곳이 바로 주식시장이 아닌가 하는 생각을 하게 된다.

그렇기에 개인 투자자들이 직접 주식투자를 할 경우에는 이러한 구조를 인식하고, 반드시 자기만의 정립된 마인드 구축과 확률 높은 매매기법을 가지고 대응해야만 세력들에게 당하지 않고 꾸준한 수익을 낼 수 있는 것이다.

Tip

평범한 일반 소시민이 부자가 될 수 있는 경우는 극히 드물며, 힘이 들고 많은 노력이 따른다.

그래서 우리는 더욱, 성공하면 부자의 대열로 올라갈 수 있는 주식투자라는 고위험, 고수익에 도전하는 것인지도 모른다.

이 책을 읽는 독자들은 반드시 주식투자로 성공하는 상위 5%의 대열 안에 포함되어 꼭 부자 되기를 진심으로 바란다.

2. 성공 투자는 증권계좌 관리부터

돈을 지키는 계좌 운영과 관리야말로 나의 소중한 돈을 보호할 수 있는 필수조건이다.

필자도 주식투자 초기시절에는 증권사 계좌에 돈을 입금하고 나면 어떤 종목이 되었든 빨리 주식부터 매수하려고 했다. 올라갈 만한 종목을 신중히 선택하고 매수해야만 처음 투자부터 마이너스가 나지 않을 텐데, 계좌에 마이너스 나는 것을 피하기보다 일단 수익 내는 것을 목표로 삼았기 때문에 실패를 여러 번 맛보았던 것이다.

필자가 주식투자에서 가장 강조하는 말이 있다.

"잃지 않고 있으면 기회가 올 때 벌 수 있다."

이를 주식투자에서 철학으로 삼고 있으며 원금에서, 일단 마이너스 5% 이상이 발생하지 않도록 최대한 노력한다. 그러기 위해서는 최대한 확률 높고 안전한 주식에 들어가서 먼저 10% 이상의 수익을 낸다.

그리고 최대한 안전한 주식이라고 판단이 들더라도 매수한 가격보다 -2%가 되면 무조건 손절매하며, 내일 그 주식이 올라간다 하더라도 일단 손절매하고 본다. 추가 하락을 아무도 예상하지 못하기 때문에 손절매로써 대응해 주고, 다시 그 종목의 추세가 살아난다거나 차트가 형성되면 매도한 가격대에서 다시 매수하면 되기 때문이다.

즉 수수료를 아까워하지 않는다. 그리고 "어떠한 종목이라도 절대 미련을 두지 않는다." 미련은 곧 죽음이라는 신념 또한 머릿속에 깊이 새기고 있다. 아무리 그 종목의 차트가 예뻐 보이고 저평가되어 있다 하더라도 지수가 하락할 때는 당할 장사가 없기 때문에 일단 빨리 손절매하고 보는 것이다.

그리고 다시 10%의 수익을 올릴 수 있을 만한 주식을 신중하게 선별하기 위해 서두르지 않고, 新 매매기법에 나오는 종목을 원칙에 따라서 매수하고, 그런 다음 10% 이상의 수익이 발생되면 그때부터 필자의 특기인 단타매매에 들어간다.

Tip

왜냐하면 일단 주식계좌에서 플러스가 나 있는 상태에서는 많은 거래를 해도 일단 심리적으로 안정이 되고, 급등락이 심한 단기매매에서 약간의 손실을 보아도 일단 원금에서 10% 이상의 수익이 나 있어 마음이 편한 상태에서 거래를 할 수 있기 때문이다.

느낌이 좋고 수익률에 탄력이 붙기 시작하면 과감한 거래로 단기간에 고수익을 올려 버린다. 그러다가 단기간에 고수익을 올린 상태에서 가끔 한방씩 당할 때가 있다. 제 아무리 날고 긴다는 고수라 할지라도 매일 수익만 내는 것이 아니며, 보유한 종목이 전날 미국 지수의 폭락으로 아침부터 갭 하락하는 경우나 해당종목의 예상치 못한 악재가 발생하여 큰 손실을 보는 경우가 발생한다.

예를 들어, 단기 100% 이상의 고수익이 창출된 상태에서 비교적 큰 손실인 10% 정도의 마이너스가 발생되면 이때부터는 거래를 극도로 조심한다. 정신을 가다듬고 거래금액을 최소화하면서 다시 탄력이 붙을 때까지 소극적인 매매를 한다. 때론 낚시, 산행 등의 취미를 즐기며 머리도 식혀 줄 겸해서 잠시 시장에서 떨어져 있으려고 한다. 그동안 수많은 거래 속에서 계좌관리의 중요성을 뼈저리게 느꼈기 때문이다.

한 번 10% 이상의 마이너스가 발생하면 심리적으로 위축이 되고, 다시 복구하려고 서둘다 보면 그동안 수익 난 것이 금세 없어져 버리는 경우를 주식투자 초기에 많이 겪어봤기 때문이다. 그래서 나의 신념인 "잃지 않고 있으면 기회 올 때 벌 수 있다."라는 것을 머릿속에 다시 각성시키면서 마음을 차분하게 가라앉힌다.

손절매의 중요성을 모든 사람이 말한다. 예를 들어서 마이너스 10%가 넘는 주식을 계속 보유하고 있다고 한다면, 우리가 HTS 프로그램을 열 때마다 손실 난 주식을 봐야 하기 때문에 스트레스를 받을 것이다. 항상 플러스되어 있는 주식을 가지고 있어야지 기분도 좋고, 주식투자할 마음이 나지 않겠는가? 마이너스 10% 이상 된 종목이 반등해 주어서 올라가면 좋겠지만 언제 더 추가 하락할지도 모르는 상황이기 때문이다.

그래서 우리가 단기매매의 마인드와 중장기 투자의 마인드를 달리 가져야 한다. 단기매매를 하는 사람들은 올라갈 때 조금만 수익나도 팔아 버리면서, 왜 떨어질 때는 두고만 보는 것인가? 어차피 중장기로 보유할 것도 아니기 때문에 떨어질 때도 재빨리 손절매해야 한다.

하지만 중장기 투자는 달라진다. 중장기 투자는 지수나 주가가 폭락할 때 저점에서 분할로 매수하면서 중장기로 보유하고, 기업가치가 높거나 앞으로 성장성이 있는 주식을 일시적인 실적 악화라든가 악재가 나올 때 분할 매수하는 요령이 필요하다. 즉, 중장기 투자는 주가가 많이 하락하고 여러 번 바닥을 다진 주식을 매수해야 하고, 아무리 좋은 우량주라 할지라도 상투에 매수하면 몇 년간 고생해야 한다는 것을 우리나라 대표기업인 삼성전자 차트를 보면서 알아보자.

〈차트 1-3-1〉 월봉 차트

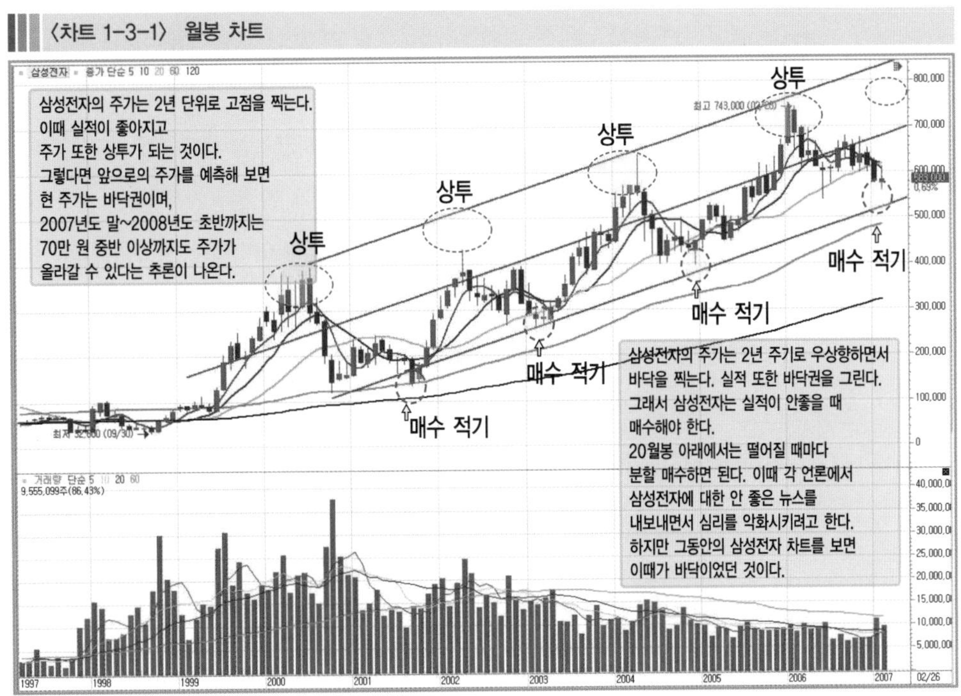

우량주의 경우 폭등이 있으면 항상 폭락과 조정이 있으며, 늘 파동을 그리면서 올라가는 구조이다. 즉 해당 주식이 아무리 우량해도 영원히 쉴 틈 없이 상승하는 주식은 없으며, 삼성전자 같은 경우도 2년 주기로 상승과 하락을 반복하면서 점점 고점을 높여 가고 있다.

"지수 하락에는 장사 없다."

이 말은 지수 하락기에서는 중장기투자나 가치투자도 수익 내기가 어렵다는 것을 말해주는 것이다. 즉, 일반투자자들이 하락장에서 수익 내기란 어렵지만, 이를 역설적으로 말하면 하락장이라 하더라도 확실한 승률 80% 이상의 매매기법만 있다면 하락장이든 상승장이든 꾸준하게 수익을 창출할 수 있다.

Tip

돈을 증권계좌에 입금한 다음부터 HTS에 보이는 현금은 인출하기 전까지는 사이버 머니(Cyber Money)에 불과하다.

'실제 돈을 가지고 해당 주식을 산다면 과연 지금처럼 무모하게 투자하고 배팅할 수 있을 것인가?' 라는 생각을 심도 있게 할 필요가 있다.

온라인 포커 게임처럼 쉽게 배팅하는 그런 머니가 아니라는 자각을 항상 가져야 한다.

이 돈을 잃으면 나와 우리 가족들이 고통받을 수도 있다는 생각을 해야 하고, 그래서 항상 여유자금으로 주식투자를 해야 만이 가정의 경제생활이 위험에 빠지지 않는다는 것을 꼭 명심해야 할 것이다.

3. 마인드 컨트롤

필자가 가장 중요시하는 것 중에 하나는 마인드 컨트롤(Mind Control)이다. 이 마인드 컨트롤이 잘 되지 않고서는 장기적으로 꾸준한 수익을 창출하기란 쉽지 않다.

주식투자도 마찬가지이다. 수익을 낼 수 있을 것만 같은데도 실패의 연속이라면 마인드 컨트롤이 부족하다고 말할 수 있다.

즉, 몰라서 손실을 보는 것이 아니라 수익에 대한 끊임없는 욕심과 잘못된 투자습관, 조급증, 불필요한 미련 등으로 마인드 컨트롤이 되지 않아서 손실을 반복하는 경우가 많다.

필자 또한 손실을 내었던 지난 4년간의 투자에서 주식이론과 차트에 대해 어느 정도는 스스로 자신 있다고 자부하였지만, 왜 수익을 내지 못하고 실패했던가를 곰곰 생각해 보면 잘못된 마인드를 가지고 있었기 때문이다.

눈에 보이는 당장의 수익과 손실 앞에서, 마음의 평정심을 유지한다는 것은 정말 어려운 일이다. 긍정적인 마인드야말로 실천하기 어렵지만 반드시 정립해야 할 부분이다.

필자가 꾸준하게 수익을 내었던 지난 4년을 회상해 보면, 좋지 않은 마인드와 거래습관을 긍정적으로 점차 바꾸어 가면서, 100% 완벽하게 지키지는 않았더라도 비교적 잘 지키면서 거래하였기 때문에 당당히 재기할 수 있지 않았나 생각하게 된다.

이제 마인드 컨트롤에 대해서 알아보자.

예를 들어 1,000만 원의 투자원금에서 100%의 수익이 발생하여 2,000만 원이 되었다고 가정하여 보자. 그럼 1,000만 원의 수익금이 발생한 것으로 생각해야 하는데, 자신의 원금이 2,000만 원이 되었다고 스스로 자기암시를 하는 것이다. 그렇게 자기암시를 하다 보면 만약 2,000만 원에서 20%의 손실이 발생하여 1,600만 원으로 내려갔을 때 낙담하게 되고, 언제 또 원금 2,000만 원을 만드나?… 하면서 조바심을 내게 되고 조그마한 수익에도 만족하지 못한다. 또한 미련 때문에 손절매해야 할 시기를 놓쳐서 손실이 더욱 더 발생하고, 그러다 보면 원금회복 심리로 다시 무리한 투자를 하게 되고, 또다시 힘들어지는 것이다. 그러다 보면 주식투자도 재미없어지고, 될대로 되라는 식으로 거래하게 되는 경우가 많다는 것이다.

개인 투자자들은 처음 주식투자를 시작할 때, 대부분 손실을 보는 경우가 많다. 원금 1,000만 원에서 50%의 손실이 발생하여 500만 원이 되었을 때, 자기의 원금은 1,000만 원이었으니까 다시 원금을 복구하려면 100%의 수익이 발생해야 한다는 강박관념에 시달려 거래를 그르치는 경우가 많다. 이런 경우에도 자신의 원금은 처음부터 500만 원이었다고 긍정적인 생각을 갖고 다시 시작하는 것이 좋다.

Tip

손실 난 것은 빨리 잊어버리자.

비록 손실에 대해 마음은 아프지만 지난 것은 잊어버리고, 긍정적 마인드로 바꾸면서 "내가 왜 이렇게 손실을 봤지?" 반성해 보고, 금전적 손실로 끝나는 것이 아닌, 다음 투자 때는 이런 실수를 두 번 다시 되풀이하지 않아야겠다는 생각이 더 중요하다.

또 한 가지 예를 들면, 단기매매를 할 때 하루 종일 거래하고 점심 먹을 때도 컴퓨터 앞에서 식사하며 거래하는 투자자들이 많으리라 생각한다. 점심시간(11시-13시)에는 세력들도 식사해야 하기 때문에 움직임이 거의 없고, 단타매매로 움직임이 없는 종목을 거래해 봤자 수수료만 날아갈 뿐이다.

게다가 모니터를 보면서 식사하면 소화도 안 되므로, 차라리 움직임이 없는 시간대는 잠깐 낮잠을 자서 머리를 맑게 해 주는 것이 오히려 좋을 것이다. 주식거래도 맑은 정신으로, 머리 회전율이 높을 때 거래해야 실수를 줄일 수 있다. 즉, 올바른 투자습관을 길러야 꾸준한 수익 창출이 가능하기 때문에, 안 좋은 거래습관은 스스로 고치고 버려야 한다.

저에게도 잘 나가던 때가 있었답니다

필명 : 동해나루

소 뒷걸음에 쥐 밟힌다는 말이 있죠. 9년 전인가, 저에게도 많이 상승한 종목이 한 번 있었는데, 참 허술하게 잡았습니다.

목욕재계를 하고 신문 중에 주식 현재가를 보여주는 면을 쫘~~~악 펴고 종목들을 훑어봅니다. 그때 액면가라는 것을 처음 알게 되었는데, 5,000원짜리 액면가 중 현재가가 5,000원이 안 되는 놈을 고르기 시작했죠.

'현재가가 5,000원이 안 되고, 3,000원은 넘는 것을 골라야지' 하고 생각하며 쳐다보고 있었는데, 딱 하나가 3,000원이더군요. 종목은 다우기술…

"그래, 기술이 얼마나 좋으면 회사 이름이 기술이겠어." 그냥 다음 날 샀습니다. "허걱~~~ 그래 바로 이 기법이었어." 다음 날부터 쪼금씩 계속 오릅니다. 100원, 다음 날은 150원, 이렇게 꾸준히 오르는 겁니다.

저녁만 되면 얼마나 벌었나? 하고 계산기 두드리는 재미가 쏠쏠했죠. 그렇게 한참을 올라서 6,000원에 가깝게 되어 가고 있었습니다. 두 배죠. 그러더니, 그 다음부터는 상한가 행진을 시작하더군요.

12,000원까지 쭈욱~~ 상한가 깨질 때 팔았는데, 4배가 조금 못되게 벌었더군요. 흐~~ 아싸! 가오리.

또 다시 신문 펼치기 기법을 구사했습니다. 나름대로 신중하다고 생각했기 때문에, 신문을 펼치기 전에 반드시 목욕을 하고 깨끗한 마음으로 했습니다.

말도 안 되는 이 기법, 결과는 다들 아시죠?

.

.

.

며칠 후 신문 끊었습니다.

Part 2

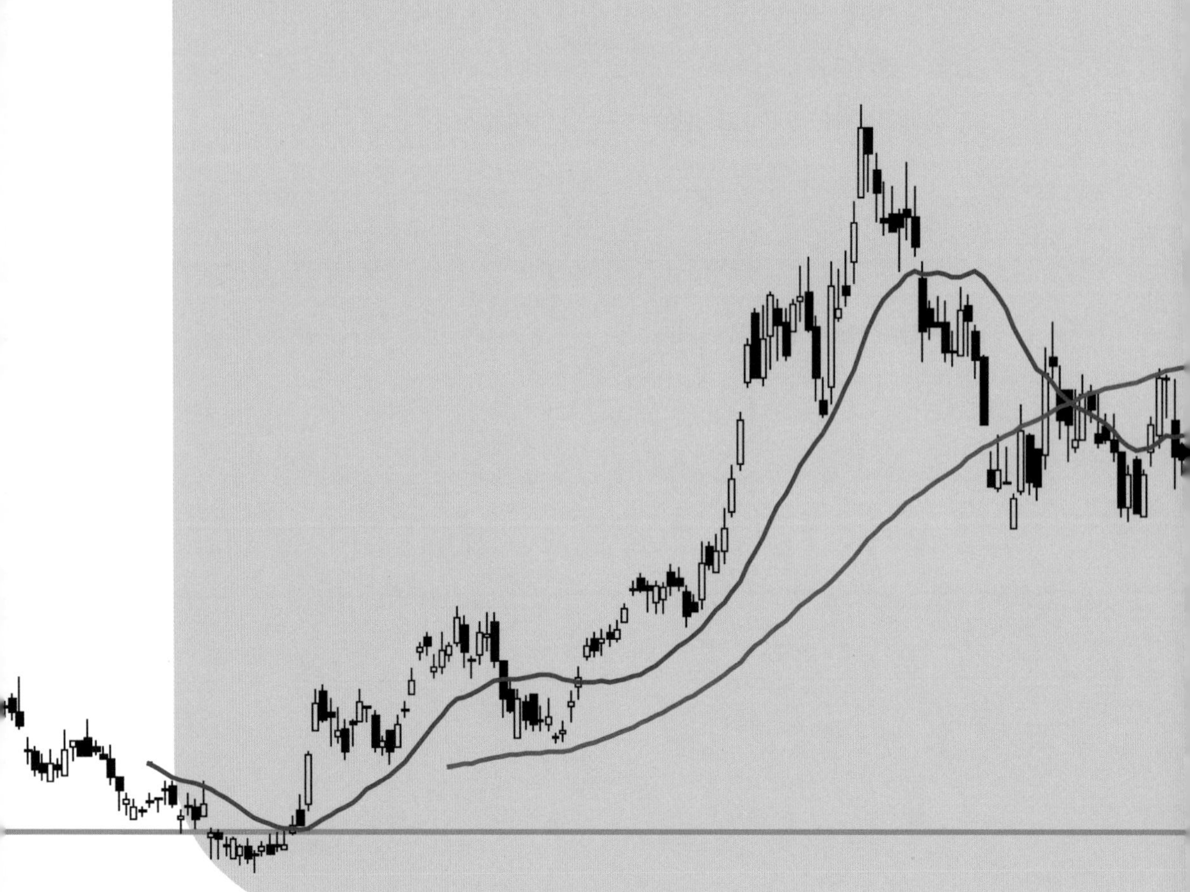

차트박사의
승률 80% 新 매매기법

Part 2

1장 증권사 실전 수익률게임대회 2회 우승한 기법

1. 세력주 新 매매기법의 의미

〈차트 2-1-1〉 시가 갭 상승 예시

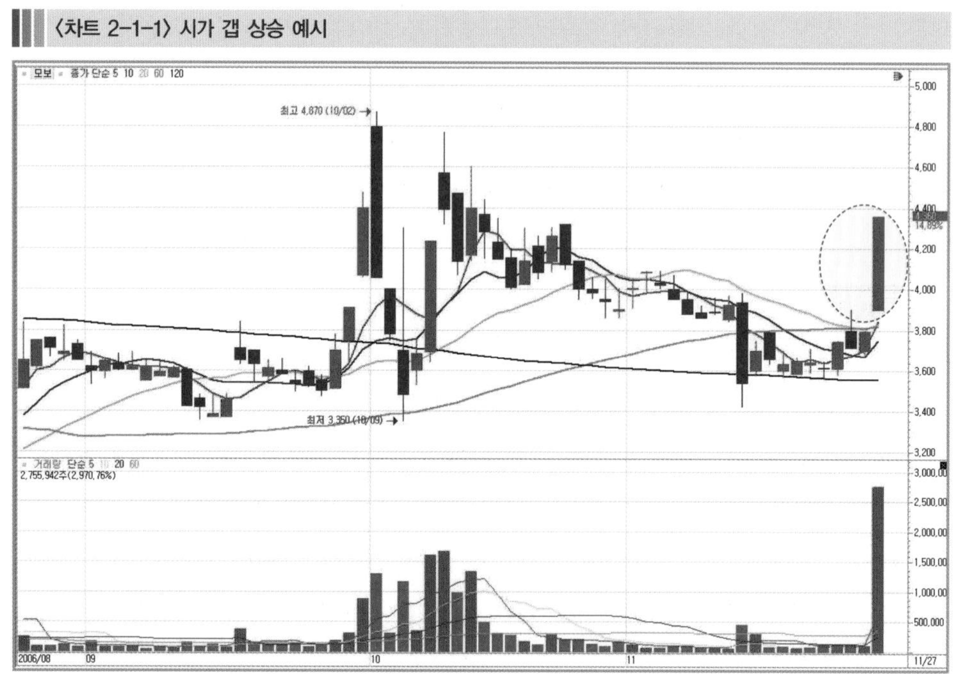

2006년 11월 27일 12시 40분경 모보의 일봉 차트이다.

이 기법의 의미부터 알아보도록 하겠다.

전일 미국시장이 비교적 큰 폭 하락했는데 반대로 모보는 갭을 띄워서 시작한다. 각 이평선들을 돌파하여 2.77% 갭으로 시작했다. 아침 동시호가부터 전일 미 증시 폭락에도 개미투자자들이 갭을 띄울 수가 있을까?

물론 띄울 수도 있겠지만 일반 개인 투자자들이 올리기 힘든 20일, 60일 이동평균선 시가돌파 갭이다. 아무런 호재도 시장에 발표되지 않았는데, 갭을 띄운다는 것은 세력들이 오늘만큼은 끌어올려야겠다는 강한 의지가 있다는 것이다. 그것도 20일, 60일 이동평균선들을 돌파하는…

〈차트 2-1-2〉 현재가 창

2006년 11월 14일 이후로 공시나 뉴스가 안 나왔다. 이 모보의 현재가 창을 보면 전일 어떤 공시나 호재성 기사가 없다. 여기서 중요한 것은 단지 세력의 의지만으로 끌어올려야 한다는 것이다. 세력의 개입이 없으면 주가는 절대 올라갈 수가 없기 때문이다. 개미들이 아무리 힘을 합쳐 봐도 주가를 강하게 끌어올리기란 매우 힘이 들고, 이렇게 세력들의 의지로 강하게 매수세가 붙은 종목을 일명 '세력주' 라고 통칭한다.

2. 실전 대응 매수 · 매도 기법

자, 그럼 실전거래에서 어떻게 매수 · 매도하는지를 배워 보자.

보통 갭을 띄우는 주식들은 성격이 급한 세력들이다. 즉 끌어올리려면 순식간에 끌어올리고 상한가도 곧잘 만들곤 한다.

이 기법을 이용해서 수익을 얻고자 하는 분들은 전업투자자나 단기매매를 주로 하는 투자자들에게 어울리는 기법이라 할 수 있다.

전일의 캔들이 음봉이든 양봉이든 어떤 것이든 상관없다. 캔들만을 가지고 상승과 하락을 예측하는 것은 확률이 나오지 않고 안정적인 수익을 창출할 수 없다. 막강한 자금을 가진 세력, 고도의 기술을 가진 세력들은 캔들을 역이용하는 사례가 많고, 개인 투자자들을 극도의 공포심으로 몰아넣은 다음 주가를 급등시키는 경우가 너무나 많기 때문이다.

즉, 주가의 원리와 세력의 심리를 알아야 하고, 거기에 80% 이상의 확률이 꼭 필요한 것이다. 그래야만 세력들의 심리전에 말려들지 않고 이길 수 있는 것이다.

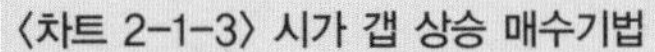

〈차트 2-1-3〉 시가 갭 상승 매수기법

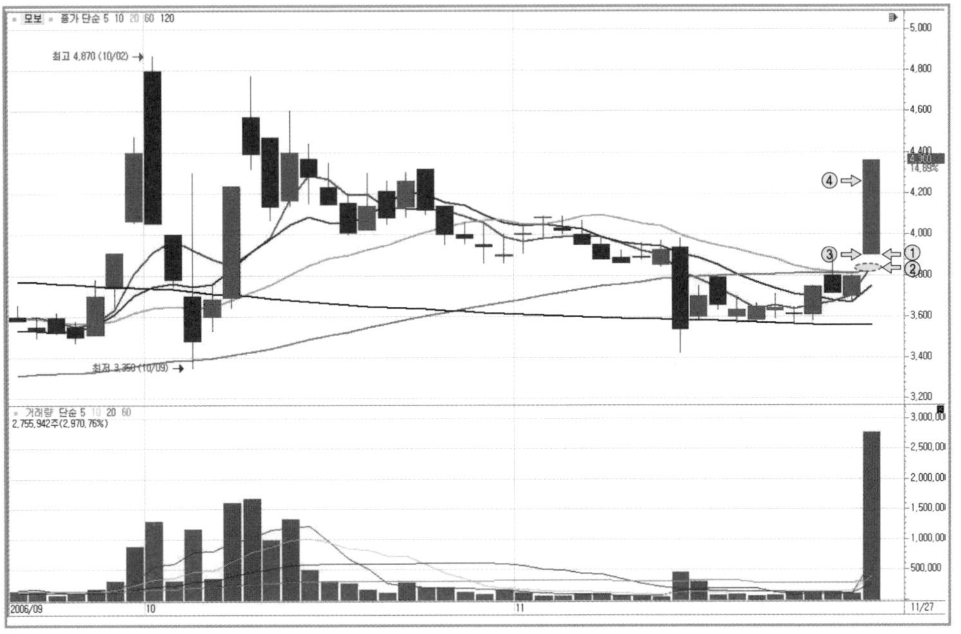

매수하는 기법은 3분의 1씩이라는 분할 매수 기법이다.

예를 들어서 500만 원의 금액을 가지고 이 기법으로 실전거래해야겠다고 한다면 ①번이라고 표시되어 있는 아침 동시호가 갭이 3,900원인데, 내가 매수하고자 하는 금액 500만 원에서 먼저 200만 원을, 위의 차트처럼 형성된 경우에 시가로 들어간다.

200만 원밖에 매수를 못했는데, 그냥 시가가 저가가 되면서 밑 꼬리 없이 상승한다면 200만 원에 대한 수익만 발생하는 것이다.

가끔 보면 밑 꼬리를 만드는 경우가 있다. ②번 지점인데 물론 모보의 현재 상황은 밑 꼬리가 없이 바로 시가가 저가인데, 밑 꼬리를 만드는 경우를 필자가 지금까지 경험하기로는 50% 정도는 되는 것 같다.

그래서 150만 원은 ②번 지점 즉, 확실히 지지선 역할을 해 주는 이평선까지 시가가 밀리면 추가 매수한다. 상승장에서는 이렇게 시가에서 갭을 띄우고 밑 꼬리를 달더라도 모보와 같은 이평선 돌파 갭은, 갭을 띄운 다음에 다시 시가를 돌파하고 상승하는 경우가 80% 이상으로 확률이 나왔기 때문에 과감하게 매수하는 것이다.

하락장에서의 대응 방법!!

하락장에서는 각 이평선들을 돌파하는 동시호가 갭을 띄운 주식 중에서 다시 시가 돌파할 때 한 번만 들어간다.

상승장에서의 대응 방법!!

시가, 이평선들이 지지해 주는 밑 꼬리, 그리고 시가 돌파 시, 세 번에 나누어서 분할 매수하는 것이다. 즉 상승장과 하락장의 구분을 필히 해 주어야 한다.

우리가 중요한 20일, 60일선 시가 갭 돌파하는 종목을 왜 매수하는가인데, 저항선이었던 이평선들이 갭으로 강하게 돌파함으로써 저항선이었던 각 이평선들이 이제는 강한 지지선으로 바뀐다는 의미가 되는 것이다. 그래서 확실한 기법이라고 말할 수 있는 것이다.

이렇게 두 번에 걸쳐서 매수한 금액이 350만 원이면 여기서 중요한 것이 있다. 대부분 다시 시가를 돌파하러 가지만 20일, 60일 이평선에서 밀리는 경우이다. 대부분 상승장에는 밀리는 경우가 없지만 이렇게 두 번에 걸쳐서 매수한 것이 밀리는 경우인데, 단기매매의 생명은 매수한 평단가에서 마이너스 2~3%가 밀린다면 손절매를 해 주어야 한다.

이 기법의 확률은 80% 이상 나오는 확실한 기법이다. 즉 열 번 이 기법으로 투자했을 때 여덟 번은 수익을 내고, 두 번은 리스크 관리차원에서 반드시 손절매해야 하는 것이다. 이 기법의 평균적인 수익은 5% 이상이고, 가끔 바로 상한가로 직행해서 점 상한가로 강한 상승을 보이는 경우가 많다.

그렇다면 수익을 낼 때는 확실하게 낼 수가 있고, 손절매에 대한 손실은 적다는 것이다. 여덟 번의 수익, 두 번의 손절매, 이것이 주식투자의 정답이라고 할 수 있다.

핵심 포인트!

손절매하는 경우는 이런 경우다!!

시가에서 갭 상승했지만 후속세가 없이 거래량 미비로 인하여 추가 상승을 못하는 경우이다. 주가의 상승에서 필히 동반되어야 하는 것은 거래량의 상승이다. 거래량의 급증 없이 주가는 절대 올라갈 수가 없기 때문이다. 즉 시가 갭으로 상승하고, 거래량이 동반되지 않을 때는 상승하기 힘들다는 점이다.

밑 꼬리에서 매수한 다음 더 이상 하락 없이 동시호가의 가격인 시가 3,900원을 다시 돌파하는 경우이다. ③번 시가를 다시 돌파할 때 나머지 금액인 150만 원을 추가 매수한다. 즉 고가에서 추격 매수하는 것이 아니고, 허 매수 없이 다시 시가를 돌파할 때 나머지 150만 원을 매수해서 총 500만 원의 매수금액이 되는 것이다.

핵심 포인트!

매수하고자 하는 금액이 500만 원이라면 동시호가 즉 시가에서 200만 원, 이평선들이 지지하는 밑 꼬리 달아주는 시점에서 추가 매수로 150만 원, 다시 아침의 동시호가 즉 시가를 다시 돌파할 때 추가 매수 150만 원, 이렇게 분할 매수한 후 매수 평단가 이상 올라갔을 때 분할 매도로 수익을 내면 되는 것이다.

매도하는 방법

이 기법은 9시 30분 전후로 주가가 결정되는 경우가 대부분이다.

즉 상한가로 진입하던가, 10%대 이상의 상승 시점에서 밀리는 경우이다.

④번 10% 이상 대에서 거래량이 터지고 밀리는 경우는 일단 물량의 반절 정도는 수익을 챙겨주고, 반절의 물량은 추세를 보면서 밀리면 매도해 주면 된다.

상한가에 진입을 못하면 나머지 물량도 매도해 주어야 하며, 상한가로 들어가서 바로 문을 닫아버리면 다음 날 큰 수익을 안겨 주기도 한다.

데이트레이딩의 생명은 움직임이 있는 종목 중에서 확실한 매수 포지션을 잡아 과감하게 배팅하는 것이다. 무모하거나, 추격 매수가 아닌 80% 확률에 근거한 배팅이다.

주식투자는 고위험, 고수익이다. 즉 단기간에 은행의 1년치 이자보다 몇 배의 수익을 하루에 벌 수도 있고, 반대로 생각하면 하루에도 은행의 1년치 이자보다 몇 배의 손실을 볼 수 있는 위험자산인 것이다.

필자가 직접 운영하는 증권카페 회원들과 가끔 상담하고 조언하다 보면 느끼는 점이 많다. 초보투자자들은 주식투자에 대해서 잘 모르기 때문에 무모할 정도로 과감하게 배팅하는 면이 있다.

한편 주식투자를 몇 년 이상 한 투자자들은 주식의 예측 불능과 두려움을 알기 때문에 큰 수익이 날 수 있는 것도 짧은 이익만 보고 매도하며, 움직임이 없는 주식을 매수해 놓고, 미련 때문에 매도하지 못하는 경우가 많다.

단기매매의 경우 움직임이 없는 주식은 데이트레이딩의 대상이 아닌 것이다. 필자가 세력주 데이트레이딩 新 매매기법을 소개하는 이유는 빠른 승부가 가능하기 때문이다. 물론 확률도 높고, 필자가 이 기법을 가지고 증권사 수익률 게임대회에서 두 번이나 1위를 차지하면서 많은 수익을 내었기 때문이다.

이 기법이야말로 안전한 자리에서 수익을 낼 수 있는 기법인 것이다. 여러 가지 사례들을 보면서 실전거래에 응용해 보자.

Tip

개인 투자자들의 대표적인 단타기법인 상한가 따라잡기 기법은 필자도 많은 경험을 해 봤고, 실전거래를 해 보았지만 확실한 노하우가 없다면 아주 위험한 투자기법이다. 8년이 넘는 실전거래 경험에서 많이 봐왔기 때문이다.

매번 상한가 따라잡기가 잘 될 수는 없으며, 또한 한 번 당할 때 큰 손실을 보는 경우가 많기 때문이다. 가끔은 상한가에서 하한가로 밀리는 경우도 비일비재하기 때문이다.

지금은 상한가 따라잡기를 역이용하는 경우가 너무나 많다. 진정한 상한가와 상한가에서 물량 털어먹는 유형을 잘 구분해야 하고, 세력들이 저가에서 매수해 놓고 상한가에서 물량 터는 것을 아주 좋아하기 때문이다.

그래서 이 세력주 新 매매기법은 상한가 갈 종목을 미리 포착해서 매수하는 기법이고, 동시호가 때 갭을 띄웠지만 매수 · 매도 기법을 잘 이해하고, 실전 적용만 잘한다면 비교적 안정적인 기법이라고 말할 수 있다.

최근 세력들에게 널리 퍼지고 있는 신종 기법인 메뚜기 전법이 있다. 주로 테마주, 세력주, 저가주에서 이 메뚜기 전법이 수시로 나오는데 저가에서 매수하여 추격 매수세를 유인한 다음 바로 고가에서 털고 나오는 전법이다.

아마 개미들은 이 메뚜기 전법을 구사하는 세력들에게 당한 경험이 아주 많을 것이다. 이 전형적인 세력들의 메뚜기 전법을 알아야 만이 데이트레이딩에서 당하지 않을 것이다. 실전거래에서 필수적인 방어기법이다.

3. 승률 80% 매매기법의 실전사례

〈차트 2-1-4〉 실전 시가 갭 상승 사례 1

위 차트는 크라운제과이다.

20일, 60일 이평선에 물리면서 종가가 형성된 종목이다.

동시호가 때 갭을 4% 정도 띄워서 시작했다. KOSPI 200 종목이 아침에 갭을 4% 띄운다? 그것도 아무런 이유 없이? 이런 차트에서 매수하기에 겁이 나는 분들은 필자가 제시한 3분의 1 매수기법으로 접근하면 큰 무리가 없을 것이다.

추가적으로 위 꼬리를 달았지만 위 꼬리가 몸통 양봉의 반절 이하로 내려가지 않으면 종가상 홀딩해야 한다. 그 이유는 몸통 반절 이상의 양봉은 추세가 살아 있지만 급격한 상승 때문에 단기 차익매물이 나오고 이런 위 꼬리 달리는 양봉이 나오는 것이다.

그래서 고가에서 매도했더라도 종가상 위 꼬리가 양봉 몸통의 반절 이상 아래로 내려가지 않으면 다음 날 추가 상승 확률이 높은 패턴이다.

〈차트 2-1-5〉 실전 시가 갭 상승 사례 2

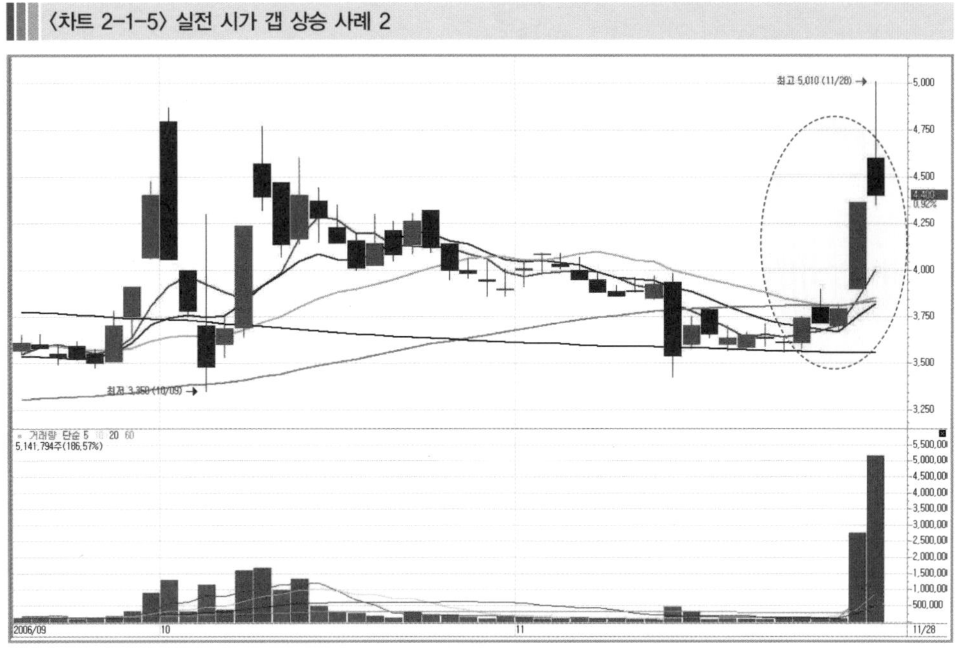

위 모보의 일봉 차트의 경우도 이 기법대로 거래했다면 단기간에 25% 이상의 수익이 발생하였다. 이 기법의 매력은 단기간에 고수익을 주기 때문이다. 여기서 중요한 한 가지는 확실한 종목이 아니면 매수하지 않아야 한다. 최대한 기법에 맞는 확실한 종목만 매수하려고 해야지, 그렇지 않은 주식을 억지로 기법에 맞추어서 매수한다면 손실로 연결된다는 것을 잊어서는 안 될 것이다.

〈차트 2-1-6〉 실전 시가 갭 상승 사례 3

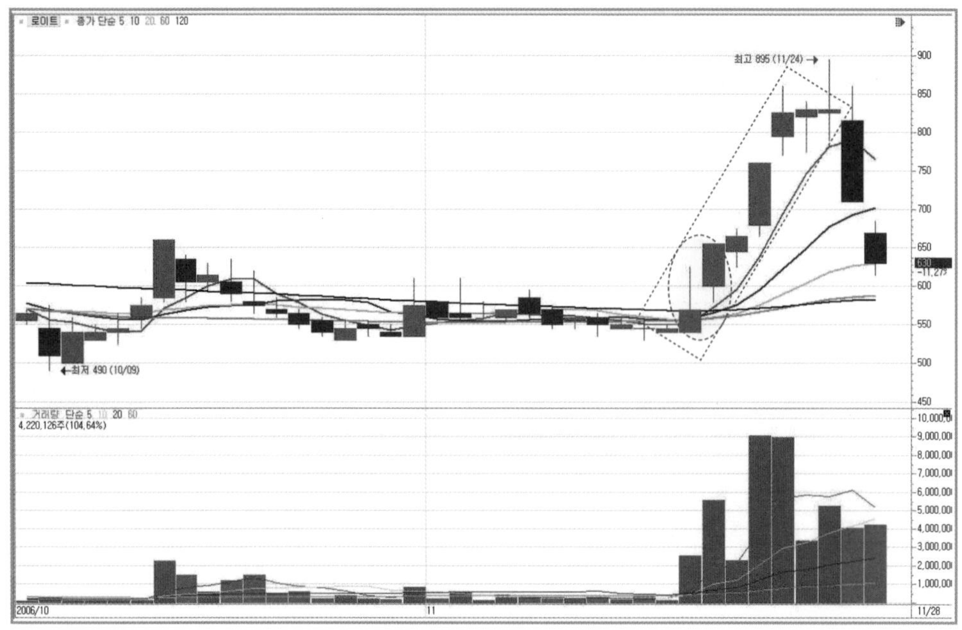

로이트는 3분의 1 매수기법에 딱 들어맞는 종목이다.

동시호가 때 각 이평선 위로 시가 갭을 띄우고, 밑 꼬리 달면서 이평선들이 지지해 주는 모습이 이상적인 형태이다.

또한 빨간 박스로 표시해 놓은 곳을 보면 종가상 계속 양봉을 유지해 준다는 것이다. 그렇다면 종가상 양봉은 계속 홀딩이고, 여기에 5일선이나 3일선을 기준으로 무너질 때까지 보유해야 하는 것이다.

〈차트 2-1-7〉 실전 시가 갭 상승 사례 4

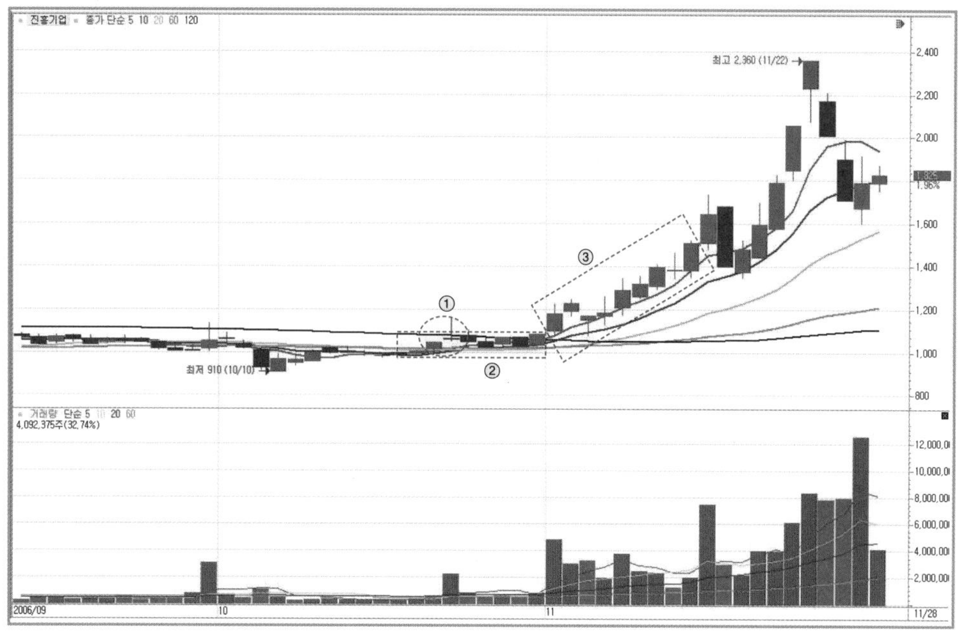

진흥기업의 2006년 10월 24일의 차트이다.

①번에서 각 이평선 위로 올라선 다음에 이평선 아래로 밀리지 않고, 계속 박스권을 형성하다가 박스권 돌파를 하면서 계속 종가상 양봉을 그릴 때는 홀딩해야 한다는 것을 잊지 말자. 진흥기업의 유형처럼 종가상 계속 양봉을 그린다는 것은 회사 내부의 사정을 잘 아는 세력이나 호재가 있다는 것을 암시하는 것이다.

중간에 장대음봉이 나왔지만 뉴스가 나오지 않은 상태에서 비교적 거래량이 적은 음봉은 개미들을 털어내기 위한 속임수 음봉일 가능성이 높다. 즉 3일선이나 5일선에서 밀릴 때 일단 매도하고, 다시 추세가 살아나면 매수해야 한다는 것이다. 장대음봉 이후 추세가 다시 살아나면서 급등세를 연출하고 있다.

〈차트 2-1-8〉 실전 시가 갭 상승 사례 5

케이엘테크의 차트이다.

아침 갭을 8%나 띄웠기 때문에 들어가기가 약간 두려움이 있지만, 현재가 창을 보면 호재 뉴스가 나오지도 않았는데 8% 갭을 띄운다? 이런 경우는 세력들이 미리 정보를 입수한 경우이고, 동시호가 때부터 강한 매수세가 유입되는 것이다. 즉 세력들이 좋은 호재 공시나 호재 뉴스가 나오기 전에 매수해서 시장에 발표되면 매도하는 유형이다.

〈차트 2-1-9〉 실전 시가 갭 상승 사례 6

2006년 9월 18일의 시가 갭은 우리가 원하는 형태라고 볼 수가 있다. 코오롱유화는 거의 완벽한 세력주 新 매매기법에 해당되는 유형으로 봐야 한다. 9월 18일 아침 동시호가 전에 뉴스나 공시가 나오지 않았다. 그리고 당일 상한가에 안착은 못했지만 종가상 장대양봉이다. 그럼 홀딩해야 한다. 대량 거래량이 터질 때까지 보유해야 한다.

〈차트 2-1-10〉 실전 시가 갭 상승 사례 7

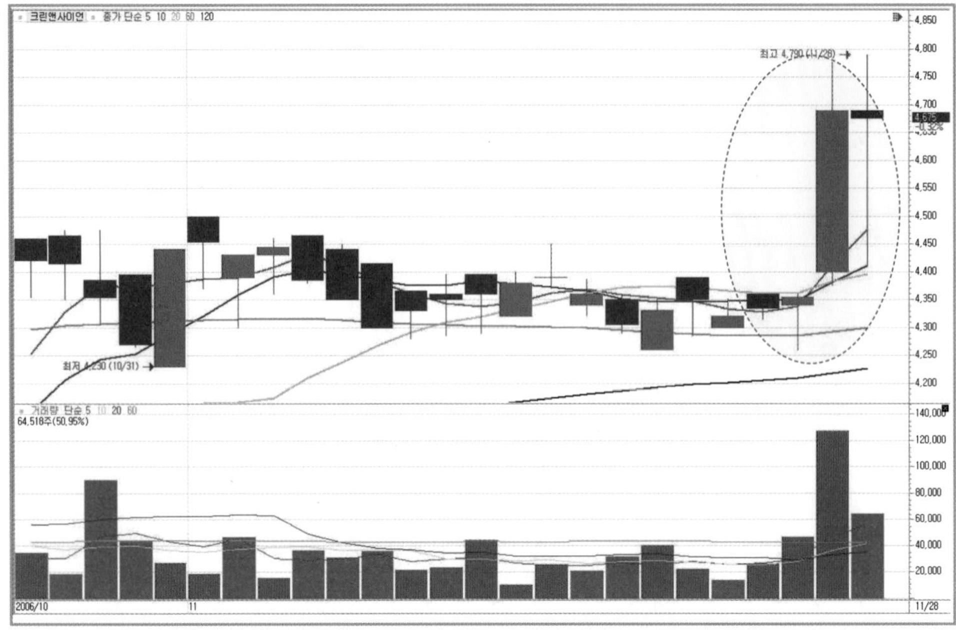

크린앤사이언의 차트이다.

조금 아쉬운 점은 갭 띄운 것이 1%로써 조금 약하다고 할 수 있으나 충분히 거래량이 동반되었고, 각 이평선들이 확실한 지지를 해주기 때문에 좋은 유형이라고 말할 수 있다. 이런 유형은 동시호가보다는 밑 꼬리 달고 허 매수 없이 다시 시가를 거래량을 실으면서 돌파해 줄 때 매수하는 것이 정석이라고 말할 수 있다.

〈차트 2-1-11〉 실전 시가 갭 상승 유의사례 1

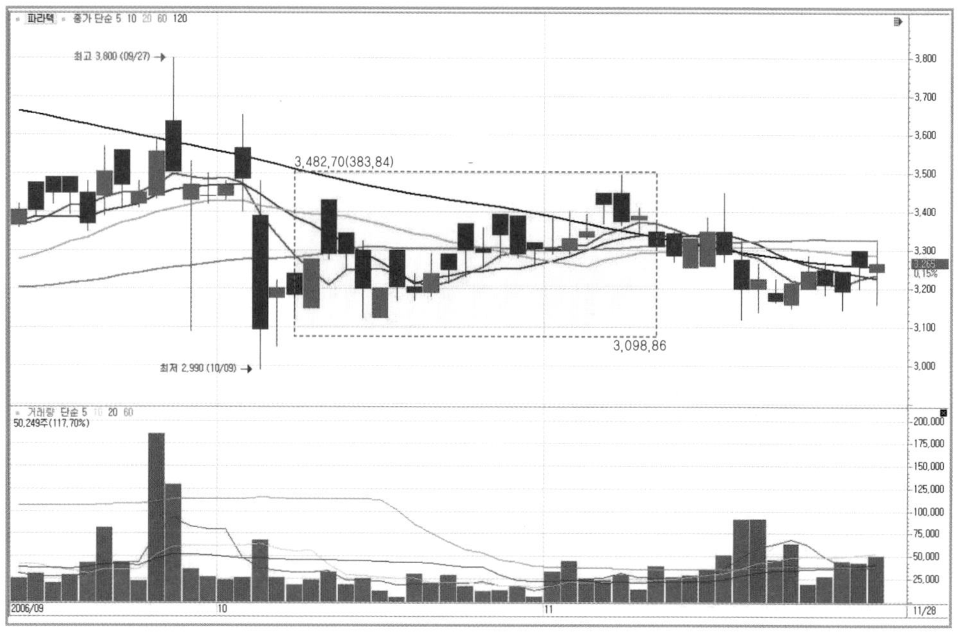

파라텍의 차트이다.

이 차트는 동시호가 때 이평선 돌파하는 갭을 띄우지만 음봉들이 많다. 박스권으로 표시해 놓은 곳을 보면 전에 이 종목의 특징인 캔들이나 흐름을 보이면서 동 종목은 동시호가 때 갭 상승을 유도하는 유형의 차트라는 것을 알 수 있을 것이다.

이런 유형의 현재가 창을 보면 호가의 갭이 크거나 거래량이 미비한 경우가 많다. 거래량이 미비할 때는 동시호가나 밑 꼬리 때 매수하는 것이 아니라 거래량이 실리는 시가 돌파 시 매수하는 것이 정석이라고 할 수 있다.

〈차트 2-1-12〉 실전 시가 갭 상승 유의사례 2

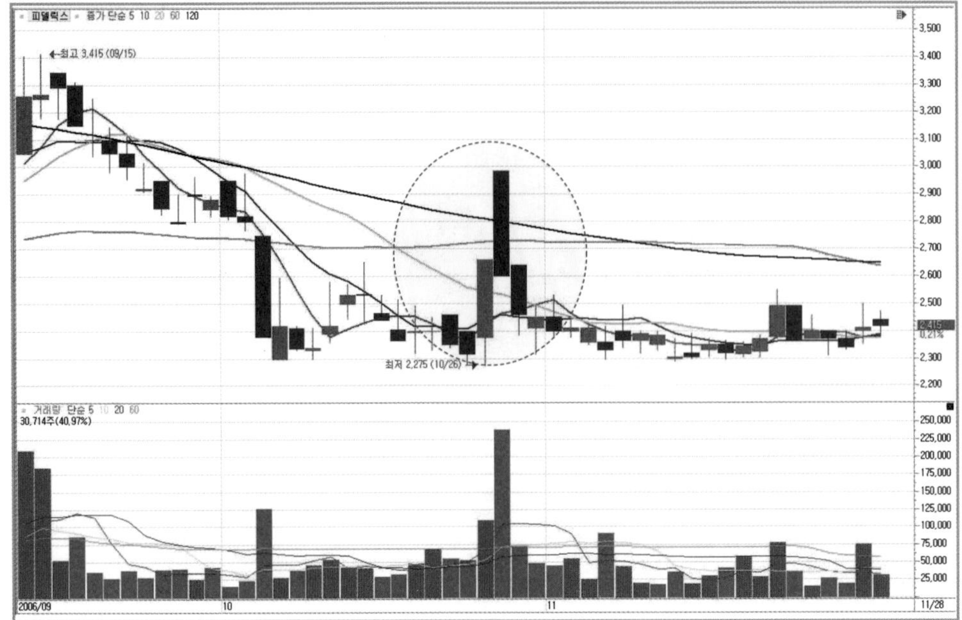

피델릭스의 차트이다.

이 경우는 전일 상한가에 의한 갭이다. 그것도 시가 갭이 12% 상승한, 전혀 기법에 해당되지 않는다. 이 기법은 동시호가 시가 갭의 상승 %가 2~8% 사이가 이상적이라고 말할 수 있다. 그 이상은 리스크가 따르고 대부분 8% 이상의 갭은 뉴스나 공시 등 호재에 의한 갭이 많기 때문에 "뉴스에 팔아라"는 격언처럼 밀리는 경우가 훨씬 더 많기 때문에 성공할 확률이 나오지 않는다.

이 기법은 반드시 세력의 의지만으로 주가를 상승시키는 경우에만 해당되는 기법이라고 말할 수 있다.

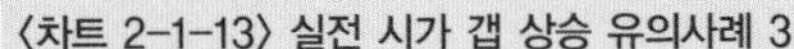

〈차트 2-1-13〉 실전 시가 갭 상승 유의사례 3

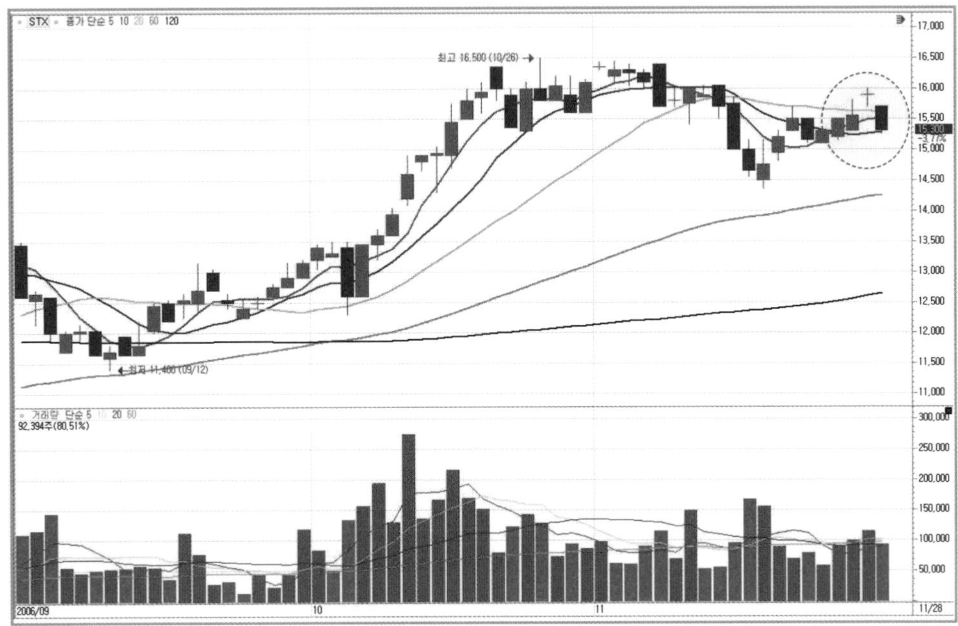

STX의 차트이다.

시가 총액이 4,000억이 넘는 종목이다. 무거운 종목이기 때문에 이 경우 상승의 탄력이 둔하다고 볼 수 있다. 즉, 이 기법은 세력주 기법이기 때문에 비교적 중소형주에 잘 맞는다고 할 수 있다.

〈차트 2-1-14〉 실전 박스권 돌파 갭 상승 사례

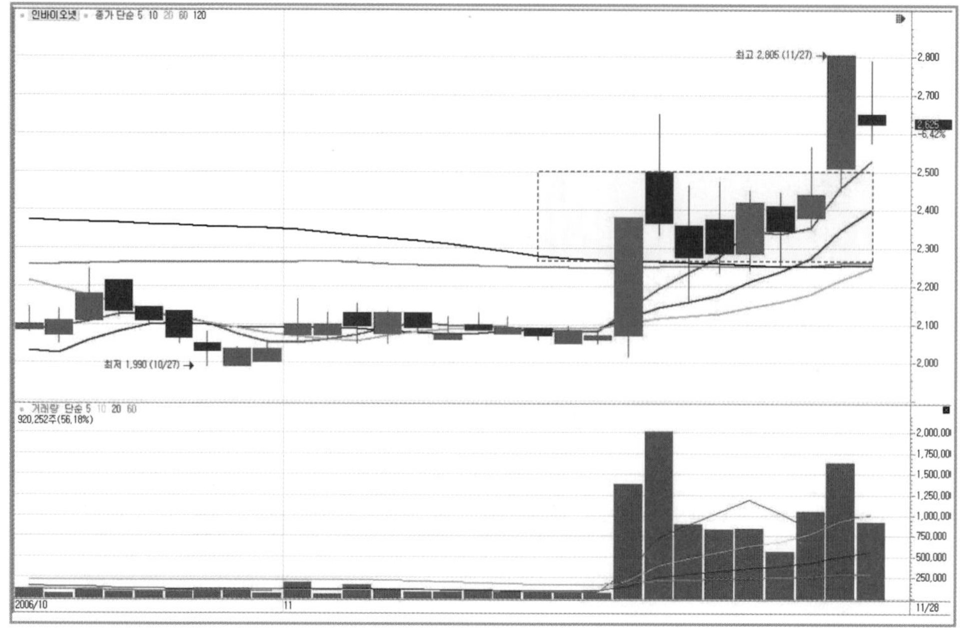

인바이오넷의 차트이다.

이 종목은 박스권 이평선 위에서 갭을 띄우는 경우이다. 즉, 이 기법은 역배열이든 정배열이든 관계없다는 것이다.

위의 차트는 특히 박스권 돌파 갭이라고 볼 수 있다. 이런 경우 밑 꼬리가 5일선을 무너뜨리지 않고 지지해 주는가를 유심히 보아야 하며, 다시 시가를 돌파할 때 매수 포인트로 잡아주는 것이 정석 투자라고 말할 수 있다.

4. 세력주 종목 선정방법

〈차트 2-1-15〉 종목 선정방법 예시 1

[1488] 예상체결가 등락율상위

예상체결가 상/하한 | 예상체결가 등락율 상위 | 예상체결량 상위

전체 | 코스피 | 코스닥 | 상승 | 하락 | 장전 | 장후 | 관리제외 | 1만주 이상 | 조회 | 다음

종목명	예상가	대비	등락율	예상체결량	매도잔량	매도호가	매수호가	매수잔량	연속
라셈텍	2,885	⬆ 375	14.94	95,794	0		2,885	3,019,489	4
대진공업	4,235	⬆ 550	14.93	15,823	0		4,235	5,799,923	2
이루온	3,195	⬆ 415	14.93	18,806	0		3,195	11,700,937	2
이지그린텍	5,640	⬆ 730	14.87	91,140	0		5,640	838,244	1
스카이뉴팜	20,100	⬆ 2,600	14.86	36,848	8,687	20,100	20,000	1,217	1
모티스	1,525	⬆ 195	14.66	215,328	0		1,525	1,318,957	3
엠피씨	5,390	▲ 670	14.19	42,876	18,763	5,390	5,000	1,200	1
한국사이버결제	1,495	▲ 185	14.12	310	37,540	1,495	1,305	17	1
동신건설	3,910	▲ 415	11.87	9,558	110	3,945	3,910	194	3
이엔쓰리	3,600	▲ 370	11.46	113,610	4,760	3,600	3,580	2,200	2
에스켐	8,750	▲ 850	10.76	25,314	5,319	8,750	8,700	859	4
자유투어	5,290	▲ 460	9.52	82,117	6,569	5,290	5,260	2,023	3
라이브플렉스	2,600	▲ 225	9.47	26,350	7,853	2,600	2,575	500	1
아이브릿지	240	▲ 20	9.09	1,267,410	388,640	240	235	156,070	3
국영지앤엠	3,390	▲ 270	8.65	2,584	158	3,390	3,245	900	1
마담포라	4,105	▲ 320	8.45	37,914	481	4,105	4,100	1,400	1
대봉엘에스	5,770	▲ 430	8.05	28,015	2,687	5,770	5,710	478	2
넷웨이브	4,850	▲ 355	7.90	6,978	4,280	4,850	4,800	1,200	3
인포뱅크	7,700	▲ 500	6.94	20,298	300	7,730	7,700	2,555	1
케이디미디어컴	760	▲ 45	6.29	161,540	61,871	760	755	6,020	2

필자는 실전 거래할 때 종합화면을 쓰지 않고, 각자의 화면을 계단식으로 분포해서 쓴다. 전업투자자들처럼 듀얼 모니터를 쓰는 것이 좋으나 아쉬운 대로 하나의 모니터만 써도 충분히 거래할 수 있다.

그럼 이런 종목들을 어떻게 하면 쉽게 발굴해 낼 수 있는가를 알아보자. 위 화면에서처럼 순위 분석에 예상체결 등락률 상위가 있다.

종목 선정 방법 1!!

- 아침 8시 40분 이후부터 이 화면을 보면 된다.
- 오전 8시 40분 이전에는 호가의 변동성이 심하기 때문에 볼 필요가 없다.
- 전일 상한가로 마감한 것들은 제외하고 예상체결 등락률 상위에서 순서대로 클릭을 하면서 일봉 차트를 빨리 돌려본다.
- 예상 체결량은 5,000주 이상만 본다. 관리종목이 체크되면 관리종목은 제외된다.

〈차트 2-1-16〉 종목 선정방법 예시 2

[1488] 예상체결가 등락율상위

예상체결가 상/하한 | 예상체결가 등락율 상위 | 예상체결량 상위

전체 / 코스피 / 코스닥 | 상승 / 하락 | 장전 / 장후 | 관리제외 | 전체 | 조회 | 다음

종목명	예상가		대비	등락율	예상체결량	매도잔량	매도호가	매수호가	매수잔량	연속
라셈텍	2,885	⬆	375	14.94	95,794	0		2,885	3,019,489	4
대진공업	4,235	⬆	550	14.93	15,823	0		4,235	5,799,923	2
이루온	3,195	⬆	415	14.93	18,806	0		3,195	11,700,937	2
이지그린텍	5,640	⬆	730	14.87	91,140	0		5,640	838,244	1
스카이뉴팜	20,100	⬆	2,600	14.86	36,848	8,687	20,100	20,000	1,217	1
모티스	1,525	⬆	195	14.66	215,328	0		1,525	1,318,957	3
옴토매직	6,240	▲	780	14.29	470	445	6,240	5,330	100	1
엠피씨	5,390	▲	670	14.19	42,876	18,763	5,390	5,000	1,200	1
한국사이버결제	1,495	▲	185	14.12	310	37,540	1,495	1,305	17	1
동신건설	3,910	▲	415	11.87	9,558	110	3,945	3,910	194	3
이엔쓰리	3,600	▲	370	11.46	113,610	4,760	3,600	3,580	2,200	2
에스켐	8,750	▲	850	10.76	25,314	5,319	8,750	8,700	859	4
자유투어	5,290	▲	460	9.52	82,117	6,569	5,290	5,260	2,023	3
라이브플렉스	2,600	▲	225	9.47	26,350	7,853	2,600	2,575	500	1
아이브릿지	240	▲	20	9.09	1,267,410	388,640	240	235	156,070	3
국영지앤엠	3,390	▲	270	8.65	2,584	158	3,390	3,245	900	1
마담포라	4,105	▲	320	8.45	37,914	481	4,105	4,100	1,400	1
대봉엘에스	5,770	▲	430	8.05	28,015	2,687	5,770	5,710	478	2
넷웨이브	4,850	▲	355	7.90	6,978	4,280	4,850	4,800	1,200	3
인포뱅크	7,700	▲	500	6.94	20,298	300	7,730	7,700	2,555	1
케이디이컴	760	▲	45	6.29	161,540	61,871	760	755	6,020	2

종목 선정 방법 2!!

- '다음'과 '조회'를 누르면 등락률에 따라 계속 순서대로 나온다.

- 여기서 세력주 新 매매기법에 맞는 좋은 일봉 차트들이 나오면 관심종목으로 드래그해서 편입한다.
- 여러 종목이 나온다면 이 중에서 두세 종목으로 압축하고, 빠른 거래를 위해서 미리 1주나 10주 매수 주문을 내놓고 동시호가를 맞이한다.
- 여기서 움직임이 강하고 거래량이 실리면서 허 매수 없이 위 호가를 계속 체결하는 종목이 좋고 이 종목을 집중 공략한다.
- 이 세력주 新 매매기법은 소액으로 충분한 연습을 거친 다음에 실전에 돌입하고, 반드시 본인의 것으로 만든다면 큰 수익을 낼 수 있을 거라고 확신한다.

5. 세력주 新 매매기법의 좋은 차트 유형들

〈차트 2-1-17〉 시가 갭 상승 성공 유형 1

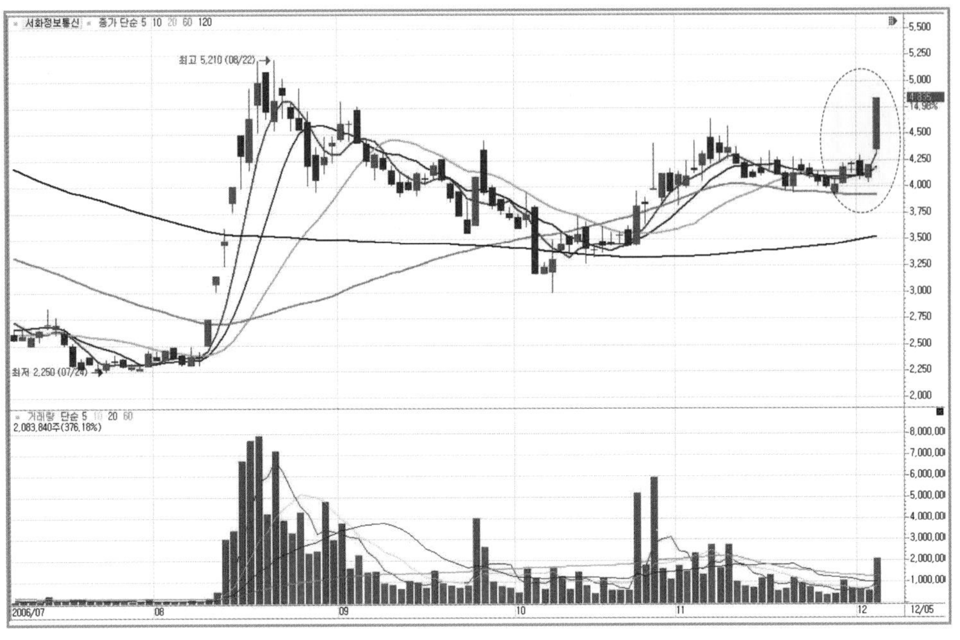

〈차트 2-1-18〉 시가 갭 상승 성공 유형 2

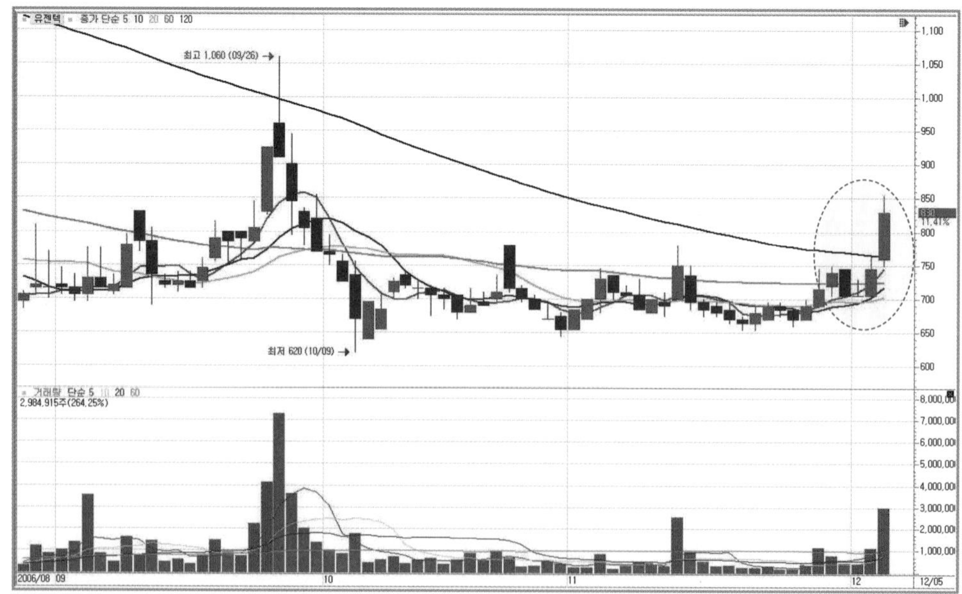

〈차트 2-1-19〉 시가 갭 상승 성공 유형 3

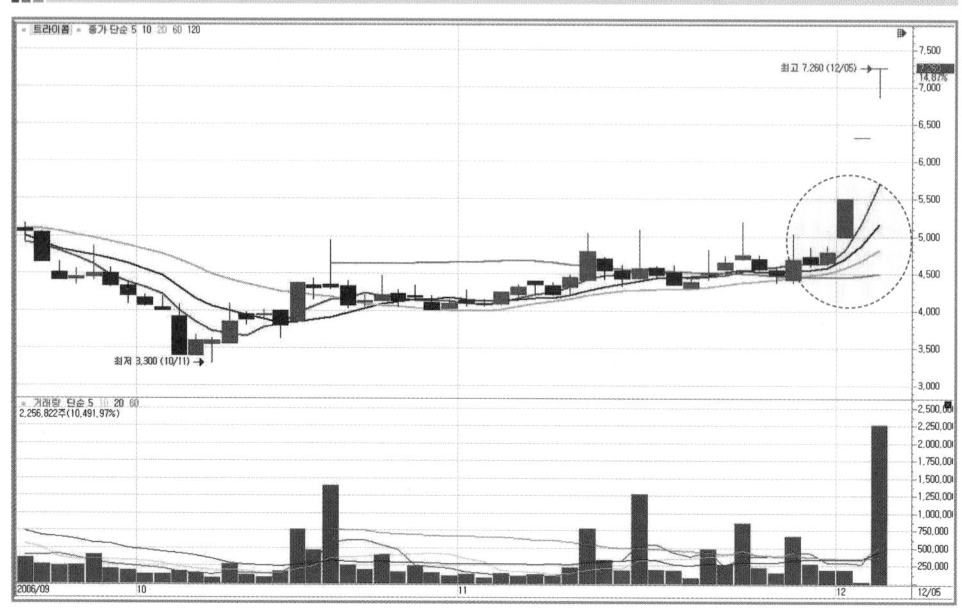

〈차트 2-1-20〉 시가 갭 상승 성공 유형 4

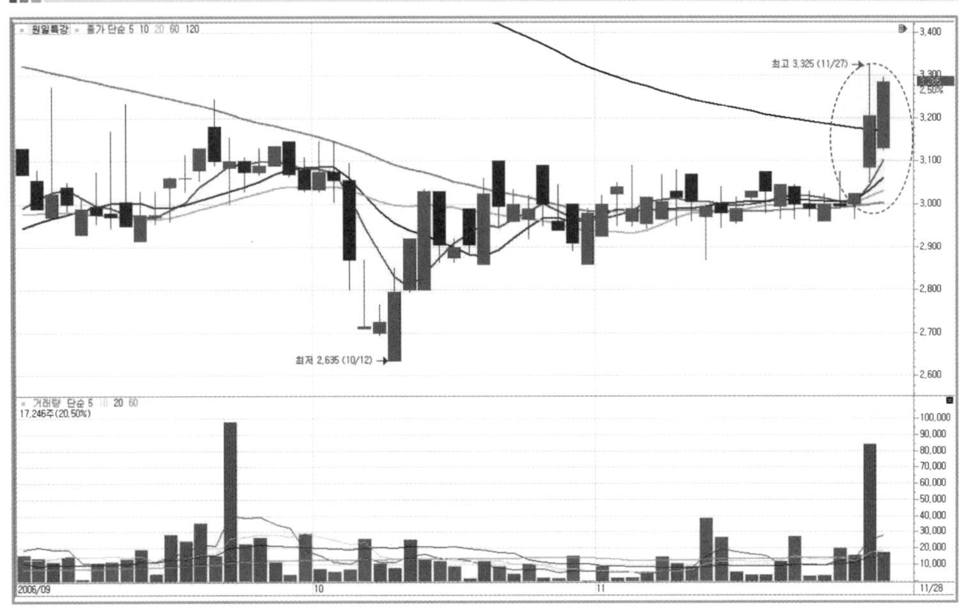

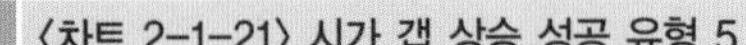

〈차트 2-1-21〉 시가 갭 상승 성공 유형 5

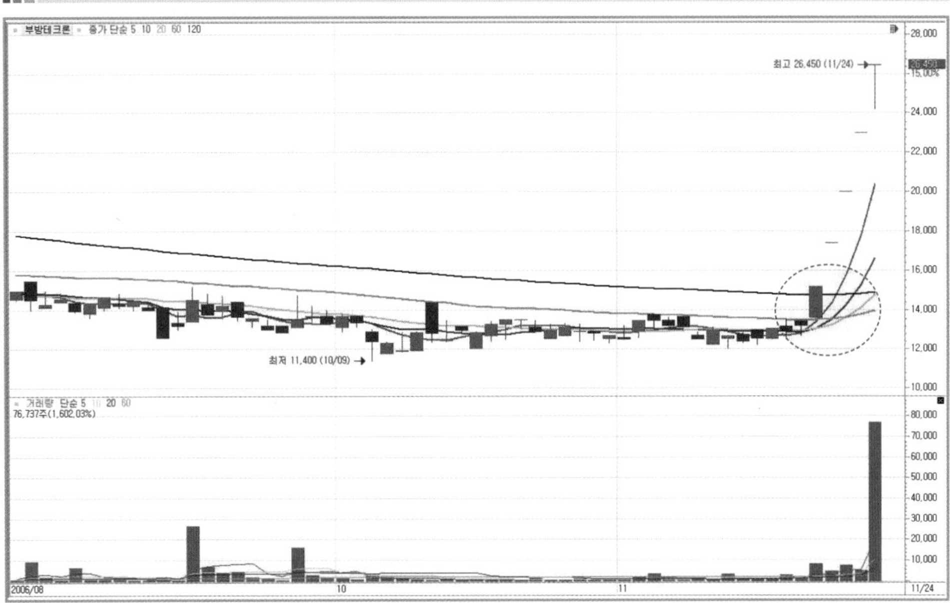

〈차트 2-1-22〉 시가 갭 상승 성공 유형 6

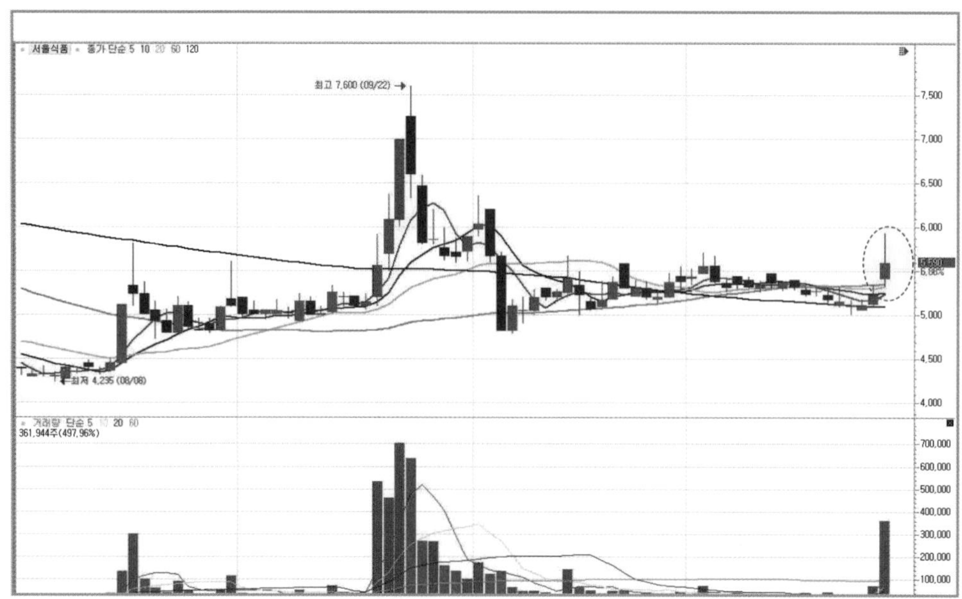

〈차트 2-1-23〉 시가 갭 상승 성공 유형 7

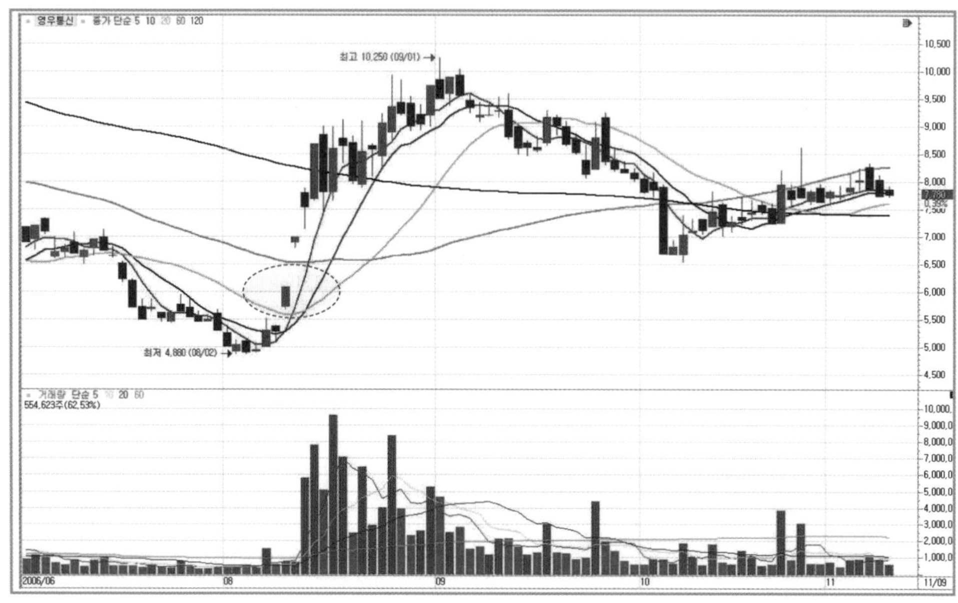

〈차트 2-1-24〉 시가 갭 상승 성공 유형 8

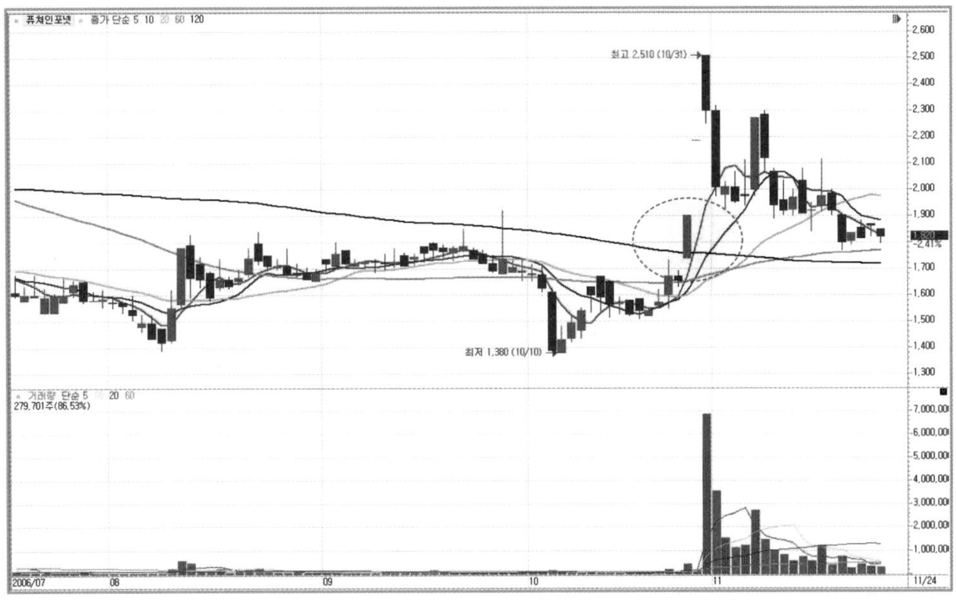

미련을 버리자

필명 : 우보호시

때는 바야흐로 2006년 7월 말쯤인 듯하네요. 아침에 지하철로 출근하는 시간이 35분 정도 걸리는 저는 항상 '머니투데이'를 읽으면서 출근합니다. 안 보았으면 좋았을 것을, 비극의 시작은 '미디어플렉스'에 대한 기사였죠.

올해 상장한 코스닥 업체들이 대부분 고전했는데, 영화 〈괴물〉의 투자 · 배급사인 미디어플렉스는 상장 후 강한 포스를 보이고 있다는 기사였죠. 돌아보니 이때가 고점이었네요. 원래 영화를 엄청 좋아하는 성격인지라, 많이 볼 땐 한 달에 5-6번 정도 영화관에 가기도 하죠.

영화를 좋아해서 CJ CGV에도 투자해 봤던 저는 첨 들어보는 미디어플렉스에 그냥 화살이 꽂혀버린 거죠.

좋아. 이제 자신감도 붙었겠다. 먹여 살릴 가정도 생겼겠다. 이번 기회에 와이프 차 한 대 뽑아주자는 결심이 서더군요. 집에 돌아와서 와이프한테 말했죠. "영화 〈괴물〉 천만 넘길 것 같지?" 그것이 제가 미디어플렉스를 분석한 전부였습니다.

와이프가 차트를 한번 보더니 위험하니 좀 더 지켜보자고 하더군요.

쉬어가는 코너

하지만 이미 늦었다는 거~~ 다음 날 와이프의 반대를 애써 무시하고 3,000만 원 몰빵을 감행했습니다. 분산 매수 이런 거는 알지도 못했죠. 그런데 이상하게도 개봉이 다가오는데, 주가는 떨어지더군요. 순식간에 -10%.

하지만 하나님은 한 번의 기회를 주셨죠. 도망갈 수 있는 기회를, 개봉을 앞두고 매수가 위로 주가를 끌어올려 주셨죠. 이때 나왔으면 50만 원은 벌고 나왔을 것을… 와이프는 빨리 털자고 재촉했지만, 저는 개봉하면 최소 50%는 안겨줄 대박이라 믿었습니다.

하지만 개봉 후 〈괴물〉은 연일 신기록을 경신하며 흥행가도를 달리는데, 주가는 연일 하락이었죠. 날마다 기도했습니다. 괴물 1,000만 넘게 해달라고… 손절매란 것에 대한 개념도 없었죠.

나중에 보니 나의 기도 때문이었을까? 괴물은 끝내 〈왕의 남자〉를 넘어섰습니다. 더욱 가슴 아프더군요. 대체 왜? 1,200만을 넘었는데, 왜? 아무튼 저는 그렇게 일주일 만에 450만 원을 까먹었습니다. 초특급 하수의 지름길 : 충동 매수 + 몰빵 + 분석 없는 종목 선정 + 매수하고 기도하기 + 손절매 개념 없음.

하지만 그때라도 정신을 차렸다면 이런 글은 안 쓰고 있을 것 같네요. 제가 뭘 잘못했는지도 정말 몰랐죠.

2장 100% 확률에 도전하는 우량주 新 매매기법

1. 평생 돈 벌 수 있는 우량주 新 매매기법

이 기법은 초보자들도 쉽게 따라 할 수 있고, 우량주로 접근하기 때문에 손절매 확률은 1%이다. 필자는 왜 이 기법을 능가하는 것은 없다고 했는가? 왜 초보자들도 쉽게 할 수가 있다고 했는가? 왜 이 매매기법대로만 하면 절대 마이너스 나는 일은 없다고 했을까?

이 기법의 가치는 돈으로 환산할 수 없는 최고급 기법이라고 강하게 말할 수 있다. 특히 하락장에는 강한 힘을 발휘하고, 상승장에서도 꾸준하게 종목이 나오기 때문에 평생 돈 벌 수 있는 기법이라고 말할 수 있는 것이다.

지금부터 설명하는 이 기법의 강의는 Envelope를 가지고 강의를 하지만 이 강의 안에는 여러 가지의 기법이 동시에 설명될 것이다. 여기에 마법이 숨겨져 있다.

필자가 항상 강조하는 것이 무엇인가? 바로 확률인 것이다. 주식을 거래할 때 똑같은 돈으로 10번 거래에 8번 이상의 수익이 발생해야 돈을 벌 수 있다. 이는 주식투자의 본질이며 아주 중요한 말이다. 10번 거래해서 8번 이상 수익이 나오는 확률… 이것이 바로 주식투자의 정답이다.

그렇다면 과연 막연한 감으로… 또는 차트의 이평선들이나 캔들만 보고 거래했다면 8번 이상 수익이 났는지, 주식경력이 어느 정도 되는 투자자들에게 묻고 싶다. 하지만 개인들 중에 수익 내는 사람은 평균 3~5% 미만이라고 통계에 나와 있다. 그 이유가 무엇일까?

필자가 이렇게 강조하는 것은 주식투자의 본질과 핵심을 알아야 한다는 것이다. 여러분들은 주식투자에서 한 달에 몇%의 수익을 원하는가? '나는 한 달에 몇 %만 수익내면 정말 소원이 없겠다는 마음가짐을 하고 거래를 하는가?' 곰곰이 생각해 볼 필요가 있다.

자, 그렇다면 그동안 나의 주식투자 스타일은 어떠했는가. 자신부터 평가하고 알아야 한다. 주식투자라는 것은 길게 봐야 한다. 한 달에 10% 이상의 수익만 꾸준하게 낼 수 있다면 복리식으로 1년이면 100~200% 정도는 수익을 낼 수 있을 것이다.

이런 식으로 5년이 지나면 아마도 수십 배로 불어날 것이다. 현재 가치투자가 유행하고 있는데, 그렇다면 가치투자로 어느 정도 수익 난 투자자들도 있겠지만 지수가 폭락하거나 시장이 전반적으로 조정기에 들어가면 수익 내기란 어려운 일이다.

그래서 이 기법은 특히 하락장에서 적중률이 높고, 그동안 하락장에서는 손실밖에 날 수 없었던 기존관념을 깨트릴 수 있는 안전하면서도 혁명적인 기법이고, 상승장에서도 수익을 낼 수 있는 최고의 매매기법이라고 자부한다.

마음 편하게 안정적으로 수익을 내면서 주식투자할 수 있는 기법인 것이다. 은행이자가 대략 연 5%인데, 주식투자로 인한 수익이 연 100%만 달성

된다면.… 이 100%가 매년 달성되어서 5년이 지난다면… 상상만 해도 즐겁고 행복하지 않은가? 바로 여러분들도 이 기법의 주인공이 될 수 있고 이 기법 안에 정답이 들어 있다.

주식투자가 어렵다고 하는 분들은 이 기법으로 마음 편안하게 투자하면 된다.

앞으로 10년, 20년 이상을 내다볼 때 우리나라가 경제적으로 큰 문제만 발생하지 않는다면 종합주가지수는 2,000~3,000포인트, 그 이상으로 물가상승률과 기업성장률에 비례해서 계속 올라갈 것이다. 여러분들은 물가상승률의 비율보다 주식투자로 인한 수익이 더 높을 것이라고 확신한다.

그동안 힘들게만 보였던 주식투자! 이제 "나도 주식투자로 부자가 될 수 있다."는 강한 믿음과 신념을 한번 가져 보자.

Tip

-Envelope 지표의 정의-

주가의 이동평균선의 의미는 추세중심선이다. 즉 이동평균선의 지향 방향이 현재의 추세방향이며, 이동평균선이 현재의 추세 상 중심점으로서의 역할을 한다는 것이다. 그러므로 주가가 이동평균선으로부터 과다하게 위로 또는 아래로 이격이 진행된 경우에는 반대 방향으로 운동하려는 균형유지 성향이 저절로 생겨난다는 논리가 가능하다.

이런 논리를 바탕으로 이동평균선의 상하위에 이동평균선을 일정 폭만큼 대칭 이동시킨 두 개의 곡선을 그려 주가 상승 시와 하락 시의 균형 회귀점으로 삼아 시각적인 판별력을 높인 것을 Envelope 차트라고 한다.

'Envelope'이라는 원어의 뜻은 '봉투'이다. 봉투 뒷면에 나타나는 중심선과 상하 테두리선의 형태가 Envelope 차트의 형태와 유사하다고 해서 명명된 것으로 알려지고 있다.

-Envelope의 계산식-

추세중심선=이동평균선(ma=moving average)

상단밴드=ma+(d×ma) d:변수

하단밴드=ma-(d×ma)

-Envelope의 의미-

주가가 지나치게 과열 또는 침체된 상태가 아닌 일반적인 경우에 있어서 주가는 추세중심선 위아래의 상 · 하단 밴드 안에서 움직이며, 상단밴드 부근이 합리적인 저항점으로 하단밴드 부근이 합리적인 지지점으로 설정 가능해진다는 것이다.

2. Envelope 설정방법

안정적으로 수익을 내고 싶은 분은 이 기법을 꼭 마스터하기 바란다. 이 매매기법의 우수성은 쉽고, 우량주 위주로 하고, 손절매할 필요가 없다는 것에 있다. 또한 세력주 新 매매기법과 함께 증권사 실전 수익률게임대회에서 2회나 연속 우승하며 검증된 新 매매기법이기도 하다.

이 기법에 해당되는 종목

- 우리나라의 대표기업들로 구성된 KOSPI 200종목에서만 확률이 90% 이상 나온다.
- 코스닥 50종목과 나머지 종목들은 이 Envelope 지표를 그냥 참조만 해 주어도 많은 도움이 될 것이다.

자, 그럼 설정하는 방법부터 배워 보자.

'기술적 지표'에서 '채널지표'를 찾아 클릭한 후 'Envelope'를 찾는다.

〈차트 2-2-1〉 Envelope 설정방법 1

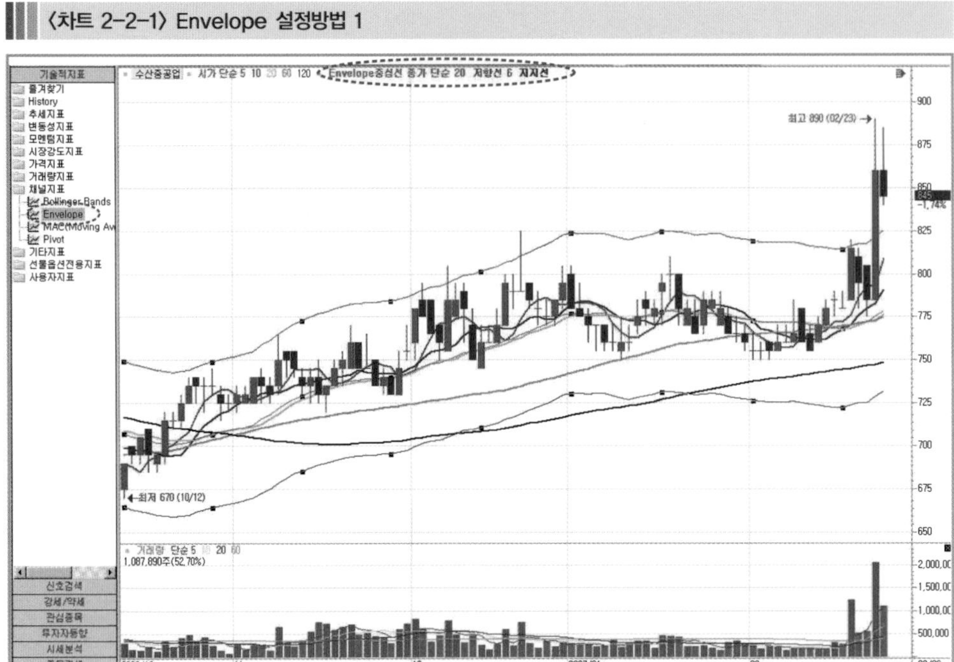

위에 빨간 동그라미 친 곳을 보면 채널지표 중간에 Envelope라는 보조지표가 나온다. 클릭을 하면 Envelope 중심선 20, 6이라는 지표가 뜬다. 그럼 이 지표를 클릭한다.

〈차트 2-2-2〉 Envelope 설정방법 2

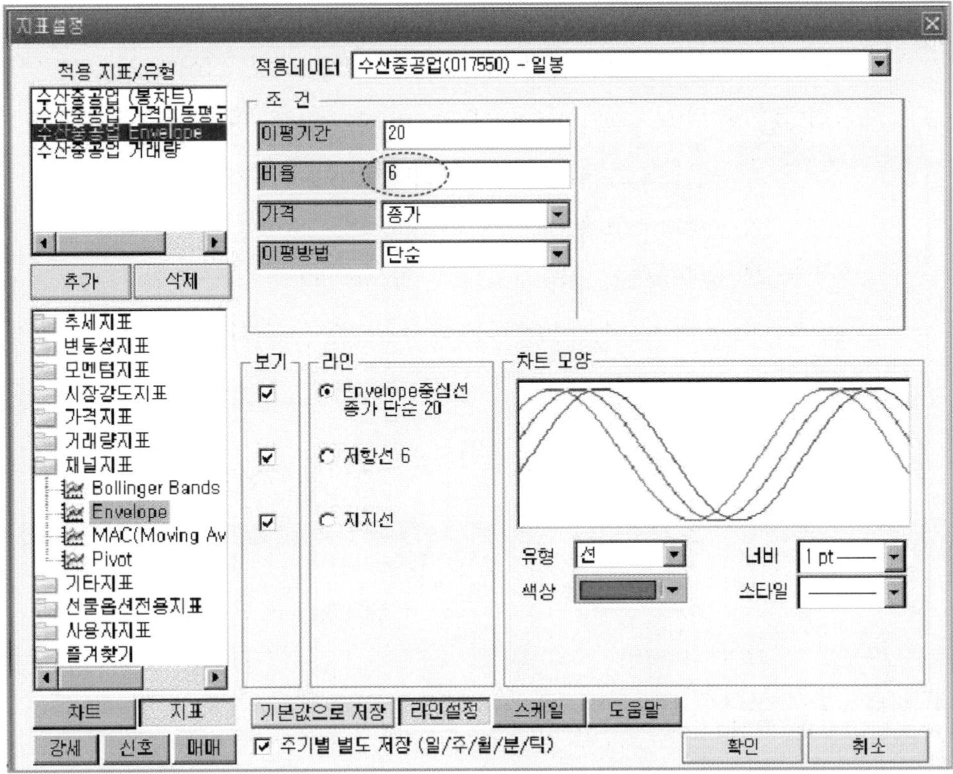

이 화면이 나오면 점선으로 표시된 원의 6이라고 체크된 곳을 20으로 바꾸어 준다.

〈차트 2-2-3〉 Envelope 설정방법 3

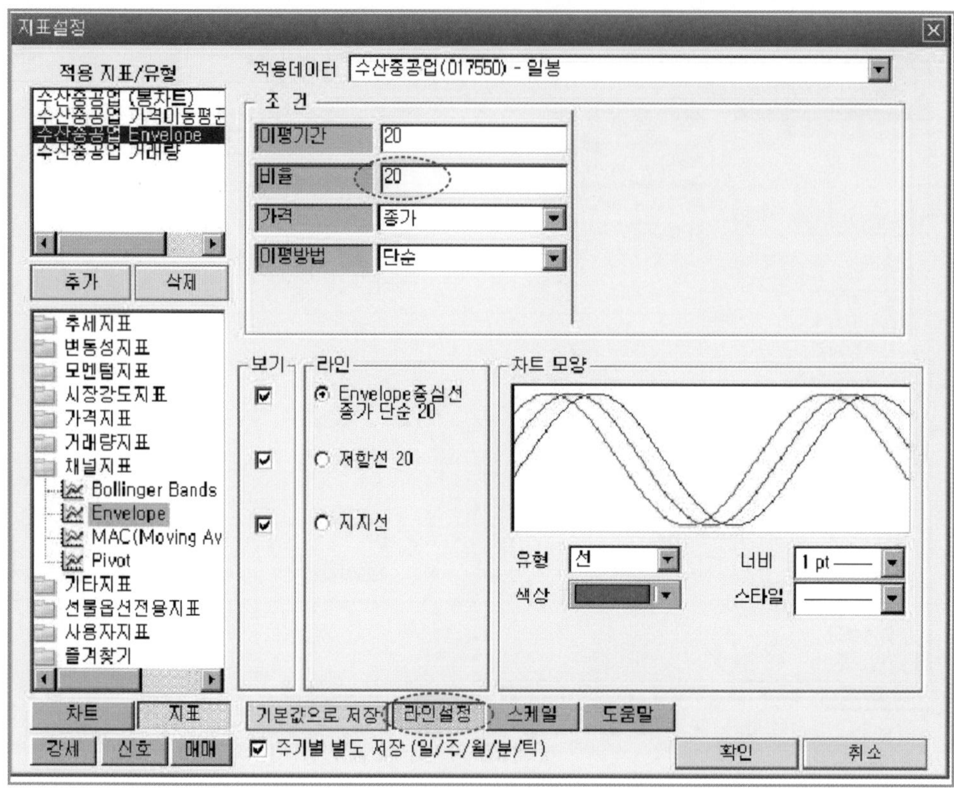

그 다음 라인설정 버튼을 클릭한다.

〈차트 2-2-4〉 Envelope 설정방법 4

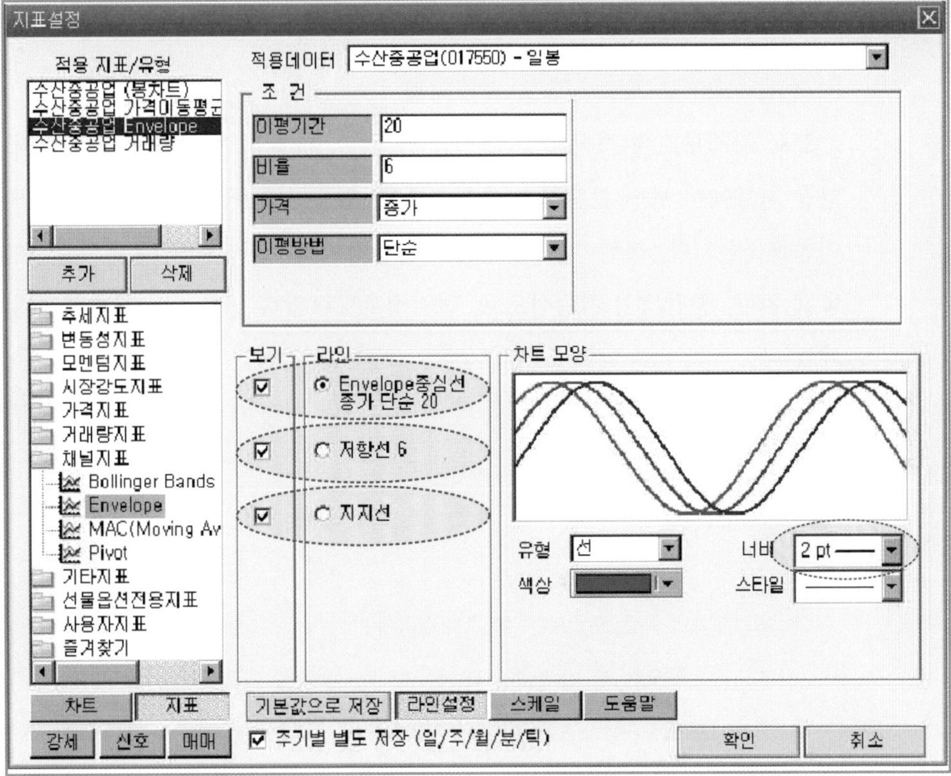

각 중심선 · 저항선 · 지지선에서 너비라는 곳에 선들을 2pt로 모두 바꾸어 준다. 선들을 굵게 설정해야 눈에 잘 들어오기 때문이다.

20, 20으로 설정해 주는 이유!!

여기서 20으로 설정해 주는 이유는 확률 때문이다. 필자의 연구결과, 20으로 설정을 바꾸어 주었을 때 가장 높은 확률이 나오고 리스크가 없었다.

그럼 고정Envelope 설정이 끝나는 것이다. 본 책에서는 고정Envelope 만 언급한다. 유동Envelope는 다음 기회에 설명할 예정이다.

3. 실전사례 및 매수 · 매도 대응방법

그럼 이제부터 본격적으로 고정Envelope에 대해서 설명을 하고자 한다. 다음 차트에서 보면 분홍선이 중심선으로, 일봉 차트에서 중요시하는 20일 이동평균선이다. 청색이 지지선으로, 단기적으로 −20% 급락하면 지지선에 닿게 된다. 빨간색이 저항선으로, 단기적으로 +20% 급등하면 저항선에 닿게 된다.

하지만 단기 급락이 아닌 조금씩 하락하거나 상승하게 되면 선들도 완만하게 흐르면서 잘 닿지를 않고 Envelope 선들도 같이 흐르게 되어 있다.

이 기법의 중요 포인트는 분할 매수이다.

즉, 기본적으로 세 번에 걸쳐서 매수한다는 생각을 가지고 있어야 한다.

1차, 포트로 구성하고자 하는 금액의 40%를 투입한다.

2차, 매수한 가격대에서 7~10% 하락하면 30% 투입한다.

3차, 여기서 마지막으로 7~10% 추가 하락 시 나머지 금액을 30% 투입한다.

즉 세 번에 걸쳐서 분할 매수한다는 것을 원칙으로 해야만 절대 손절매가 없고 손실이 없다는 것을 명심해야 한다.

Envelope 기법을 연구한 4년 동안 코스피(KOSPI) 200종목 중에서 이 범위를 벗어난 경우는 거의 찾아볼 수 없었다.

보통 KOSPI 200종목이 Envelope 하단 밴드인 지지선에 닿는 경우는

• 장세가 급속도로 나빠지는 경우

• 실적 악화 공시가 나오는 경우

• 증권사 리포트에서 매도 의견 및 목표가 하향 등이 나오는 경우

• 기타 파업, 개별 악재 등이 나오는 경우

예외의 경우로 부도설, 자금악화 등 회사의 존립에 심각한 문제가 발생하는 경우는 Envelope 기법에 적용되지 않는다. 이러한 뉴스나 공시가 뜨면 절대 매수하면 안 된다.

〈차트 2-2-5〉 우량주 신 매매기법 실전사례 1

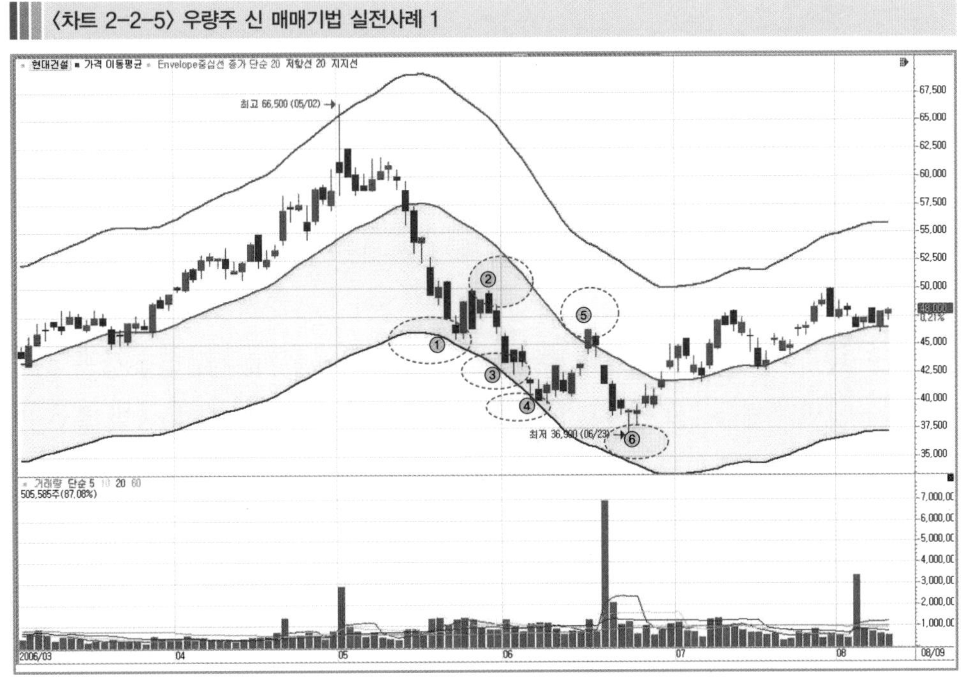

현대건설의 차트를 살펴보자. 최고점 66,500원에서 하락을 한 후 ①번 엔벨로프 지지선에 닿는다. 지지선에 일단 닿으면 무조건 매수한다.

매수하기 전에 내가 이 종목에 투자하고자 하는 총 금액을 정한다. 예를 들어서 5,000만 원을 투자해야겠다고 정한다면 분할 매수기법에 따라 2,000만 원을 ①번 지점에서 매수한다.

그런데 바로 매수하자마자 다음 날 양봉의 캔들이 출현하면서 상승을 한다. 7%~10% 떨어지면 1,500만 원을 더 매수해야 하는데, 추가 매수의 기회를 안 주고 지지선에 닿고 바로 상승해 버리면 2,000만 원에 대한 수익만을 챙겨준다.

46,000원에 매수했다면 단기간에 50,000원까지 반등해 준다. 그것도 이틀 만에… 우량주에서 이틀 만에 7%~10% 수익 내기란 정말 어려운 일이다. 이 기법은 우량주를 대상으로 하지만 안정적인 동시에 단기에 고수익을 주기도 한다. 이 기법은 매수하자마자 7% 이상 수익이 나면 분할 매도를 한다.

②번에서 매도하고 ③번에서 또 매수 타이밍이 오는 걸 볼 수 있다. 그럼 다시 2,000만 원을 매수한다. 다음 날 2% 갭 상승으로 시작해서 음봉이 나오고 이틀 동안 추가 하락을 한다. 이틀 동안의 추가 하락이 10% 가량 되는데, 그럼 1,500만 원을 또 추가로 매수한다.

만약 반등을 못해주고 7%~10% 추가 하락하면 나머지 1,500만 원을 마지막으로 추가 매수하는, 즉 3단계에 걸친 분할 매수를 한다는 것이다. 그럼, 손실과 손절매는 절대 있을 수가 없다.

④번에서 두 번째 추가 매수를 했는데, 더 이상의 추가 하락이 없기 때문에 총 매수금액이 3,500만 원이 된다. 그러면 43,000원에서 1차 매수했고 40,000원에서 2차 추가 매수하면 평단가가 41,700원 정도 되는데, 41,700원의 평단가에서 7~10% 이상 오르면 매도하는데 그 가격대가 ⑤번이다. 또 여기서 최소 7%~10%대 이상에서 분할 매도하여 수익을 챙겨주는 것이다.

Tip

여기서 중요한 포인트가 있다.

만약 세 번에 걸쳐서 분할 매수한 경우는 대부분 우량주가 바닥인 경우로, 상승 시 일단 보유물량의 반절 정도는 수익을 챙겨주고, 나머지 물량은 중기로 가져가도 비교적 높은 수익을 준다는 것이다.

여기에 W형의 쌍바닥을 그리는 경우는 더욱 확실하게 중기로 가져가야 한다.

그렇다면 ⑥번에서는 완전 지지선에 닿지는 않았지만 세 번에 걸쳐서 지지선에 걸렸고, 쌍바닥을 찍는 시점이기 때문에 매수하여 충분히 수익을 줄 때까지 중기로 보유해야 한다.

하락장에서도 이 기법대로 거래했다면 안전하게 수익을 낼 수가 있는 것이다. 5,000만 원을 다 풀 배팅 못했지만 첫 번째 2,000만 원에서 7% 이상 수익, 두 번째 두 번에 걸친 매수금액인 3,500만 원에서 7~10% 수익, 세 번째 쌍바닥에서 매수하여 중기 보유하면서 상승하면 반절 정도는 고점에서 분할 매도하여 수익을 챙겨준다면 우량주에서도 충분히 높은 수익을 올릴 수가 있는 것이다.

손실과 손절매가 없고, 수익을 안정적으로 낼 수 있다는 것이 이 기법의 장점인 것이다.

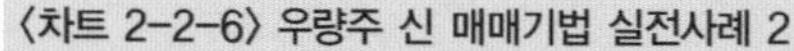

〈차트 2-2-6〉 우량주 신 매매기법 실전사례 2

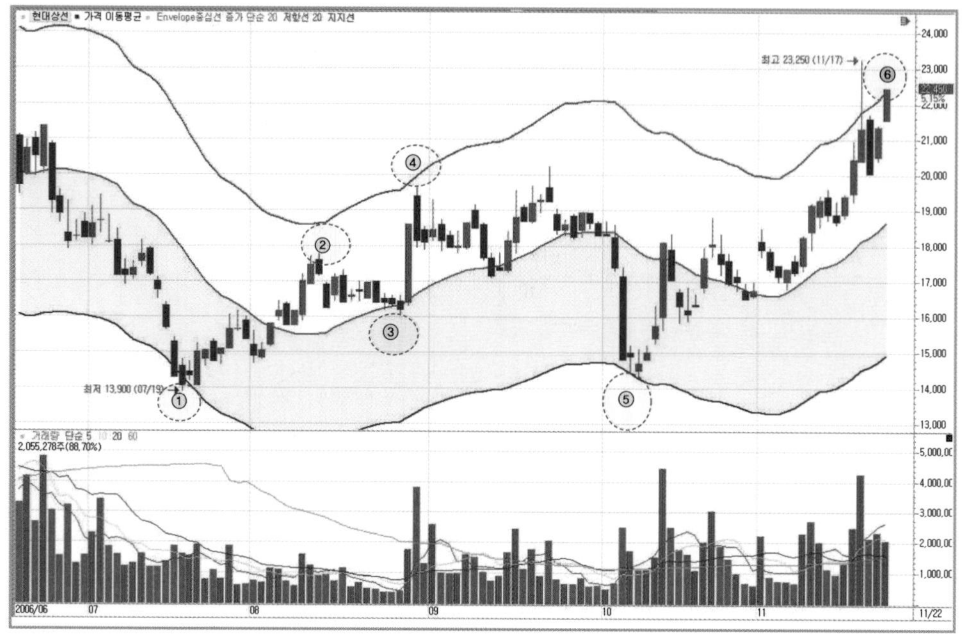

현대상선의 차트이다.

7월 중순 ①번에서 첫 매수 포인트가 탄생한다. 3일 후부터 반등해 주는 것을 볼 수 있다. 그런데 2주 동안 추가 매수의 기회도 안 주고 상승해 버린 경우는 2,000만 원에 대한 수익만 챙겨준다.

②번, ④번에서 저항선에 거의 닿으니까 바로 밀린다. 우량주는 특이한 경우를 빼 놓고는 거의 다 저항선까지 올라갔다가 일단 밀리게 되어 있다.

⑤번에서 10월 9일 북 핵실험 때 정확히 Envelope 지지선에 닿아 매수 시점을 준 후 상승하여 7~10% 이상의 수익을 챙겨주는데, ①번과 ⑤번을 연결하면 쌍바닥이 형성된다. 고가에서 반절 매도해 주고 나머지 반절의 물량은 손절매 선을 상향하면서 대량 거래가 터질 때까지 중기로 홀딩한다.

⑥번은 저항선에 닿으면서 주가가 밀리는 것을 알 수가 있다.

Tip

여기서 중요한 것은 매수하여 7~10%대 이상에서 일단 매도하겠지만 그보다는 매수세가 워낙 강하고, 추가 상승이 예상된다면 손절선을 상향하면서 수익을 낼 수 있을 때까지 보유해도 좋다.

즉, 예상목표 수익을 초과할 경우엔 개인적인 성향에 따라 적절하게 매도 시점을 조절해 주면 된다.

〈차트 2-2-7〉 우량주 신 매매기법 실전사례 3

LG필립스LCD의 차트이다.

Envelope 지지선에 닿고, 며칠 후에 이 무거운 우량주의 상승률이 단기간에 30%가 넘었다. 이제는 설명을 안해도 이해가 갈 것이다.

여기서 또 하나의 우량주 매매기법이 적용된다.

코스피 200종목 중에서 고점 대비 50% 이상 하락한다면 매수를 고려해봐야 한다는 것이다.

①번에서는 Envelope의 지지선에 닿았고, 고점 대비 50% 이상 하락한 시점이 맞물렸으므로 무조건 매수해야 한다.

〈차트 2-2-8〉 우량주 신 매매기법 실전사례 4

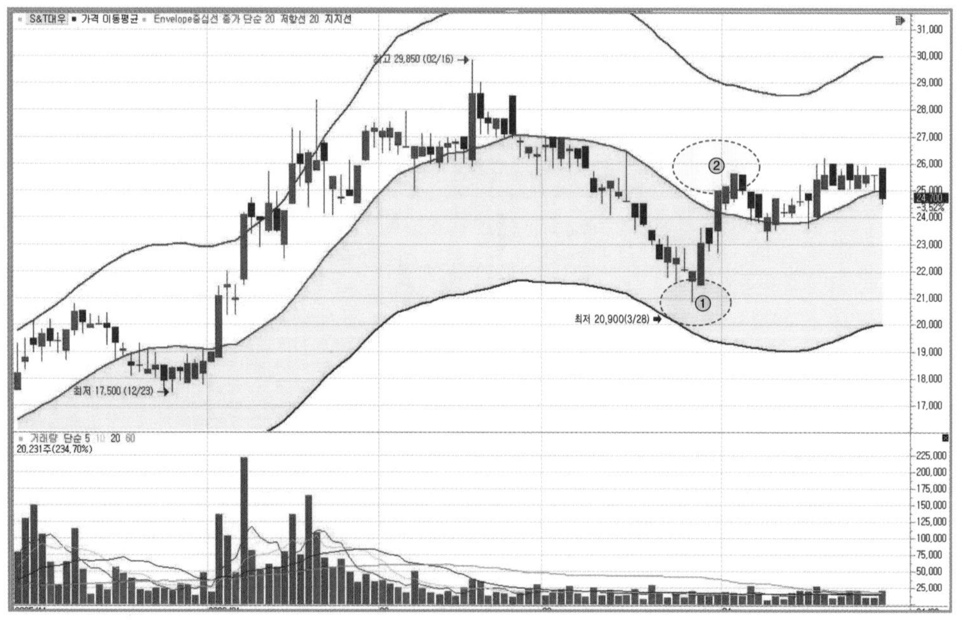

S&T대우의 차트이다.

지지선에 닿지 않고 부근까지 오다가 바로 반등을 하였다. 이 같은 현상은 상승장과 하락장에서 오는 차이 때문이다. 상승장은 종목이 자주 출현하지 않는다. 그래서 지지선 1~3% 정도 위에서 매수해도 무리가 없고, 상승장이라면 분할 매수라는 무기가 있기 때문에 거래량과 차트가 형성되면 매수를 해 주어도 무방하다는 것이다.

〈차트 2-2-9〉 우량주 신 매매기법 실전사례 4-1

똑같은 S&T대우의 차트이다.

하지만 유동Envelope은 지지선에 닿으면서 반등을 해 주었다. 즉 상승장에서는 유동Envelope로 매수 포인트를 포착하기가 쉽다는 것이다.

〈차트 2-2-10〉 우량주 신 매매기법 실전사례 5

S&TC의 차트이다.

①번에서 매수 타이밍이 나와서 충분히 수익을 챙겨 줄 수가 있고, ②번은 다시 급격한 하락을 보이지 않고, 횡보를 할 때는 다시 상승장이 시작된 경우가 많기 때문에 이럴 때는 쌍바닥 기법으로 매수 타이밍을 잡아주어야 한다.

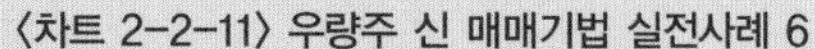
〈차트 2-2-11〉 우량주 신 매매기법 실전사례 6

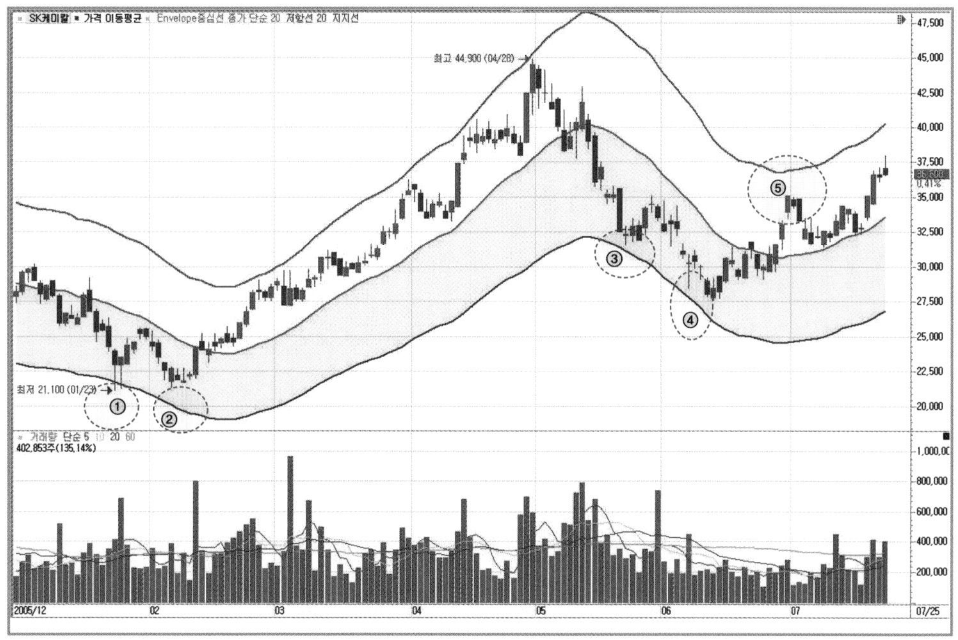

SK케미칼의 차트이다.

①번에서 캔들을 보고 매수하는 것이 아니고, 꼬리에 보면 지지선에 닿을 때 매수한다. 이 지지선 부근까지 온 종목들은 유심히 보다가 매수하면 되는 것이다. ②번에서는 지지선에 닿지 않았지만 상승장으로 전환이 되면 지지선에 닿지 않고, 거의 쌍바닥을 형성하는 경우가 많기 때문에 매수해야 된다.

이 기법은 지지선에 닿으면 매수한다. 이것이 기본 원칙이고 여기에 유연하게 추가적인 기법들을 가미하여 주면 된다. 쌍바닥을 형성하는 경우에는 비교적 큰 상승을 하여 많은 수익을 주기 때문에 반절의 보유물량을 고가에서 매도하여 수익을 챙겨두고 나머지 반절의 물량은 중기로 손절매 선을 상향하면서 계속 홀딩한다.

〈차트 2-2-12〉 우량주 신 매매기법 실전사례 7

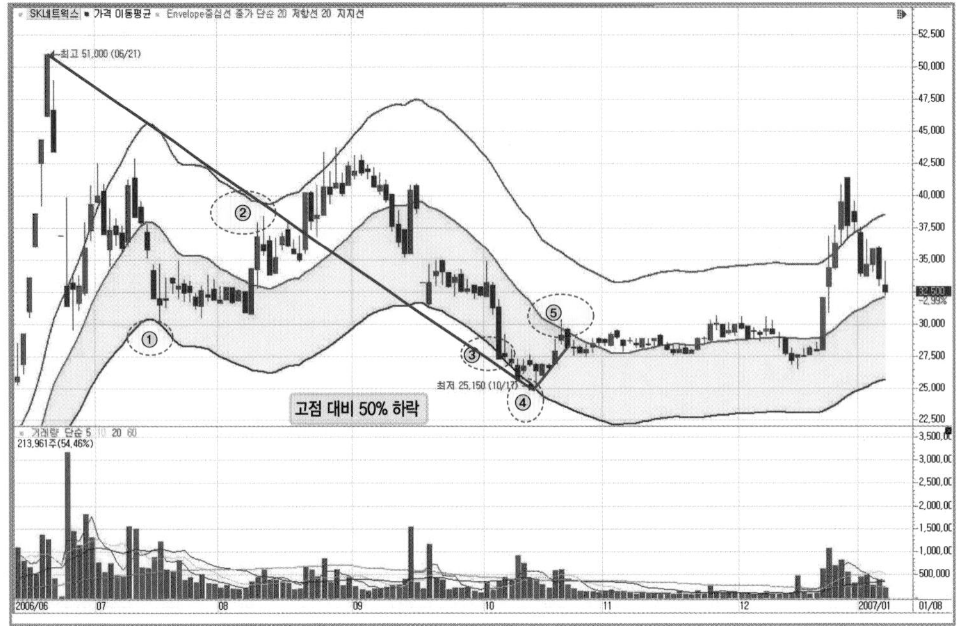

SK네트웍스의 차트이다.

①번에서 매수하여 2~3일 만에 10% 수익이 발생한다. 그럼 일단 수익을 챙겨준다. ③번에서 또 지지선에 걸린다. 하지만 3일 정도 더 추가 하락이 있다. ③번에서 2,000만 원 매수, ④번에서 7% 이상 추가 하락했기 때문에 1,500만 원 추가 매수하면 3,500만 원 매수가 된 상태이다.

여기서 더 이상의 추가 하락이 없이 ⑤번까지 상승을 했는데, 평균 매수 단가에서 7~10% 이상 상승을 하면 수익을 챙겨준다. Envelope 기법하고 우량주 50% 이상 하락기법 두 가지 기법이 동시에 해당이 되므로 캔들 모양이 안 좋다 하여서 투자자들은 매수하기를 꺼려 하지만 이 기법은 추가 하락의 캔들이 나오더라도 두려워하지 않아야 한다.

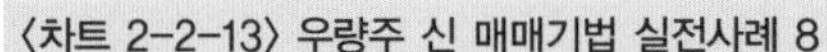

〈차트 2-2-13〉 우량주 신 매매기법 실전사례 8

대상의 차트이다.

중요한 것은 ①번에서 지지선에 100% 닿지 않았다. 상승장에서는 지지선 부근에 오면 꼭 닿지 않아도 1~2% 아까워하지 말고 그냥 매수해야 한다. 이것이 상승장과 하락장의 틀린 점이다. 우리는 분할 매수라는 무기를 가지고 있기 때문에 걱정할 것이 없는 것이다. 대상의 경우도 역시 수일 만에 15% 정도의 수익을 주는 것을 볼 수가 있다.

〈차트 2-2-14〉 우량주 신 매매기법 실전사례 9

대우건설의 차트이다.

①번에서 또 100% 닿지 않았다. 하지만, 유동Envelope 차트로는 지지선에 걸렸을 것이다. 상승장에서는 우리가 꼭 지지선에 닿을 때 매수하려고 하면 매수 기회가 그만큼 적어진다. 최대한 지지선에서 매수하려고 노력해야겠지만 상승장은 지지선 1~3% 정도 앞에서는 매수를 해주어도 무방하다.

중장기 투자자들은 이 기법을 이용해서 코스피 200종목이 지지선에 걸릴 때 매수해 놓고, 앞으로 상승장으로 접어들 것이라는 판단이 들면 대우건설처럼 충분한 수익을 줄 때까지 스윙 이상 중기로 보유해도 된다.

2006년 6월에 또 종합주가지수가 하락하니까 기회가 왔다고 볼 수 있다. 지지선에 완전히 닿지 않았지만 지지선하고의 갭이 2~3% 정도밖에 되지 않는다. 종목이 크게 문제가 없다고 판단이 들면 저 정도에서는 매수를 해줘도 무방하다는 것이다. 쌍바닥을 그릴 때는 반절은 고가에서 매도하고, 반절의 물량은 홀딩하는 것을 잊어서는 안 될 것이다.

〈차트 2-2-15〉 우량주 신 매매기법 실전사례 10

대우증권의 차트이다.

위 같은 경우도 지지선에 100% 닿지 않았다.

그래서 가급적이면 지지선에서 매수하려고 노력해야 하지만, 대우증권처럼 우량주가 지수의 하락 때문에 떨어질 때는 1~3% 앞에서 매수해도 무방하다고 하였다. 그렇다고 모든 금액을 한 번에 매수하는 것이 아니고, 3분의 1씩 분할 매수하는 것이기 때문에 두려움이 없는 것이다.

우리가 증권사 HTS를 보고 있으면 팔고 싶은 욕망으로, 고점대까지 가져간다는 것은 어렵기 때문에, 추가 하락 없이 상승한다면 이것에 대한 수익 10% 이상을 챙겨주면 된다. 그래서 10%대 이상에서는 반절 분할 매도를 해 주고, 여기서 장세가 좋아 추가 상승이 예상되면 반절의 물량은 충분히 수익을 줄 때까지 보유하자는 것이다.

〈차트 2-2-16〉 우량주 신 매매기법 실전사례 11

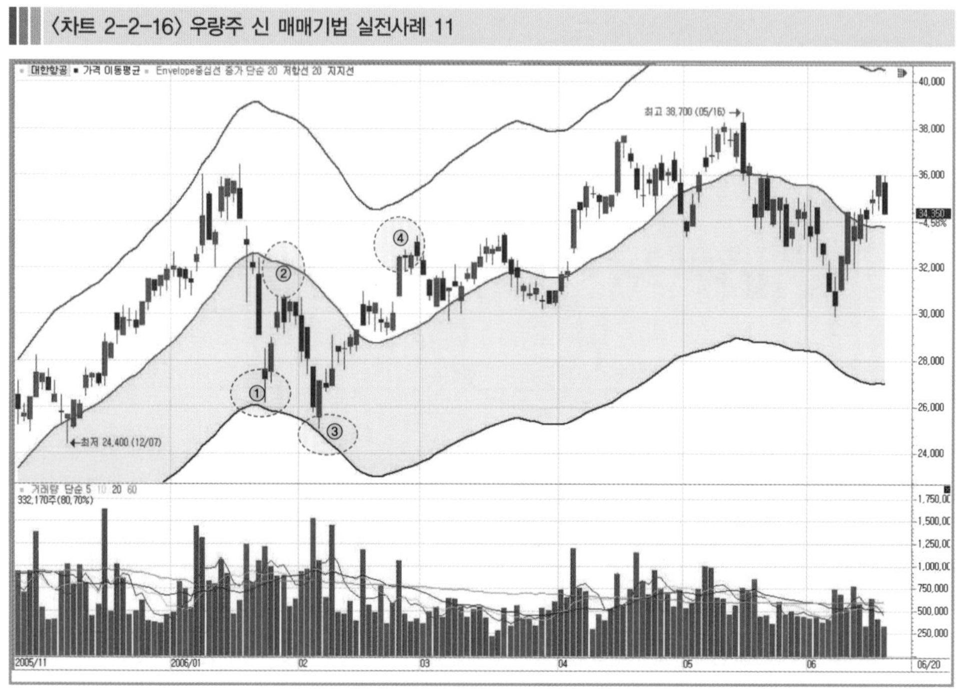

대한항공의 차트이다.

정확히 두 번 다 Envelope 지지선에 닿자마자 반등을 해주었다. ①번과 ③번은 거의 쌍바닥 기법에 포함된다고 볼 수 있다. 앞장에서 설명한 것처럼 이런 경우는 어떻게 대응해야만 높은 수익을 올릴 수 있을지 이제 알 수 있을 것이다.

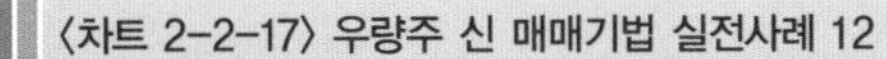

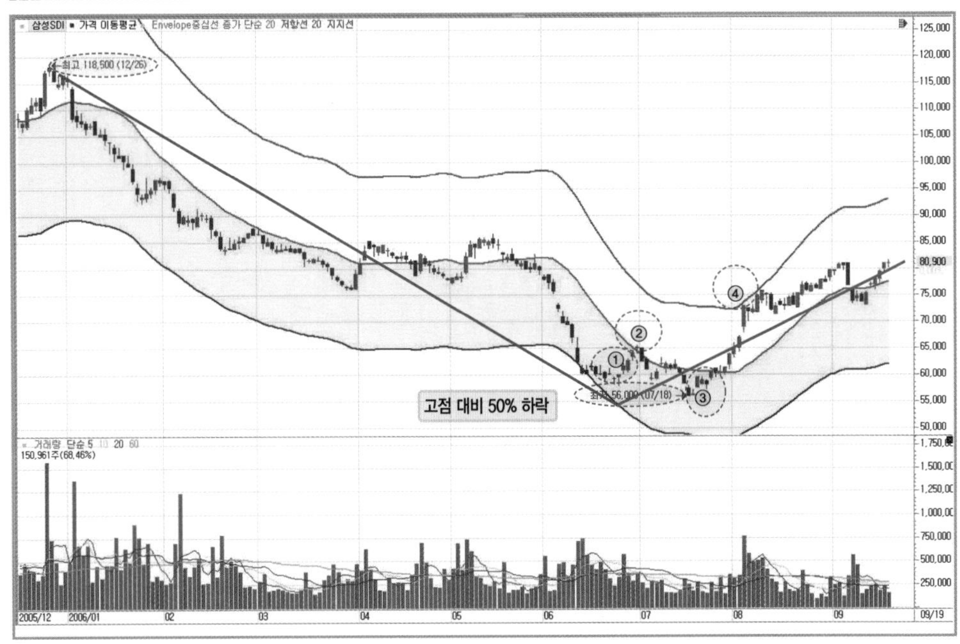

삼성SDI는 두 가지 기법이 적용되었다.

우량주 고점 대비 50% 이상 하락과 Envelope가 닿았기 때문에 매수해야 한다. 그리고 ①번에서 매수하여 수익을 주었고, 또 ③번 역시 쌍바닥을 그리고 있다.

여기서 또 한 가지의 기법이 적용되는데, ③번에서 20일선 돌파하기 전 단봉이면서 양봉으로 20일선에 맞물려서 종가가 형성되는 경우는 상승 확률이 높은 패턴이다.

단기간 우량주에서 20~30%가 넘는 수익을 안겨 준 종목이다.

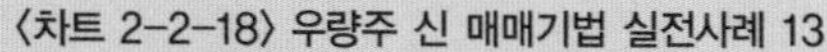

〈차트 2-2-18〉 우량주 신 매매기법 실전사례 13

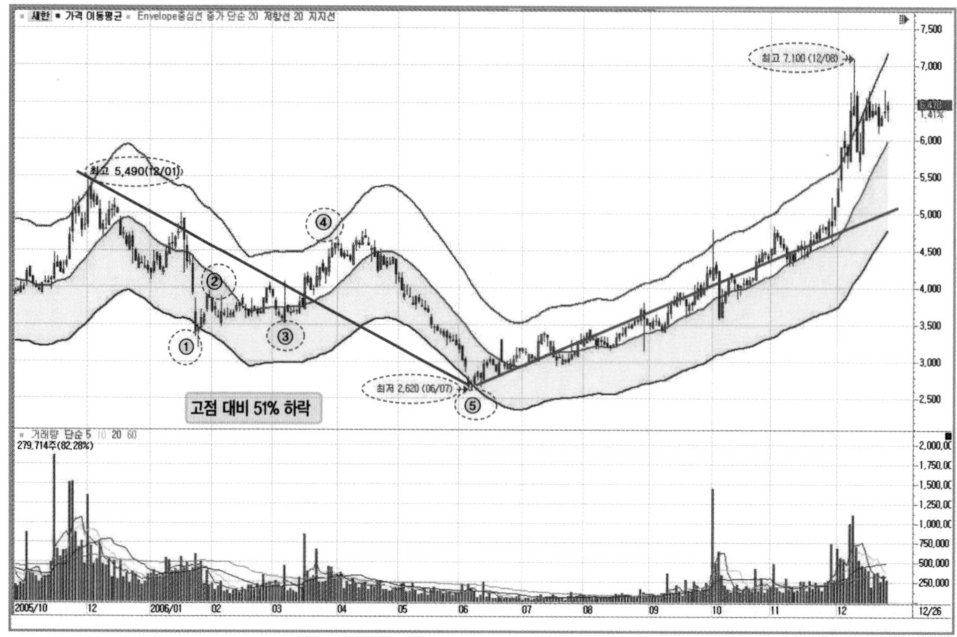

새한도 두 가지 기법이 동시에 적용된다.

먼저 ①번 지지선에서 1차 매수한다. 만약 추가 하락을 하더라도 분할 매수기법이 있기 때문에 망설이지 말고 매수한다. 투자 원금이 5,000만 원인 경우의 예를 들어보면, 분할 매수기법으로 2,000만 원을 매수하고, 매수가격대에서 7~10% 추가 하락하면 1,500만 원 추가 매수하면 되는 것이다. 두 번에 걸쳐서 매수했다면 단기에 300만 원의 수익을 낼 수가 있다. ⑤번에서 두 가지의 기법이 동시에 적용되면서 급등세를 연출하는 것을 볼 수가 있다.

Tip

이 우량주 新 매매기법인 분할 매수기법으로 세 번에 걸쳐서 매수했는데, 여기서 추가 하락하여 벗어나는 경우는 극히 드문 경우이다.

추가 하락하더라도 일단은 반등을 한 후 추가 하락하지 세 번에 걸친 매수 가격대에서 수익을 주지 않고, 추가 하락한 경우는 극히 이례적인 경우라고 생각하면 된다.

만일 세 번에 걸쳐서 매수했는데 매수한 가격에서 5%가 더 빠진다면 그 때는 꼭 손절매해야 한다.

필자가 이 기법을 연구한 후로는 거의 본 적이 없지만 만약에 나온다면 리스크 관리차원에서 세 번째 매수가격보다 5% 추가 하락하면 꼭 손절매한다.

〈차트 2-2-19〉 우량주 신 매매기법 실전사례 14

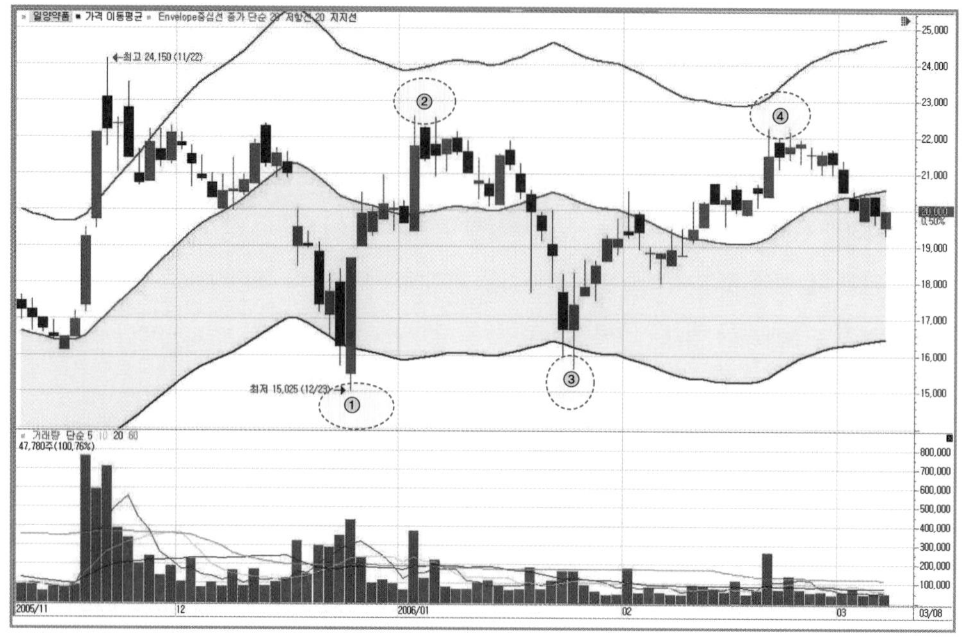

일양약품의 차트이다.

①번에서 이틀 전에 지지선에 닿아서 매수했는데, 두 번째 추가 매수할 기회가 온 것이다. 그러면 두 번에 걸쳐서 분할로 2,000만 원과 1,500만 원을 매수하여 단기에 10% 이상 수익을 주었다. ③번 지지선에 닿으면 무조건 매수해야 한다. 분할 매수라는 무기가 있기 때문에 종목의 우량함을 믿고 과감히 투자 원금의 3분의 1을 매수해야 한다.

〈차트 2-2-20〉 우량주 신 매매기법 실전사례 15

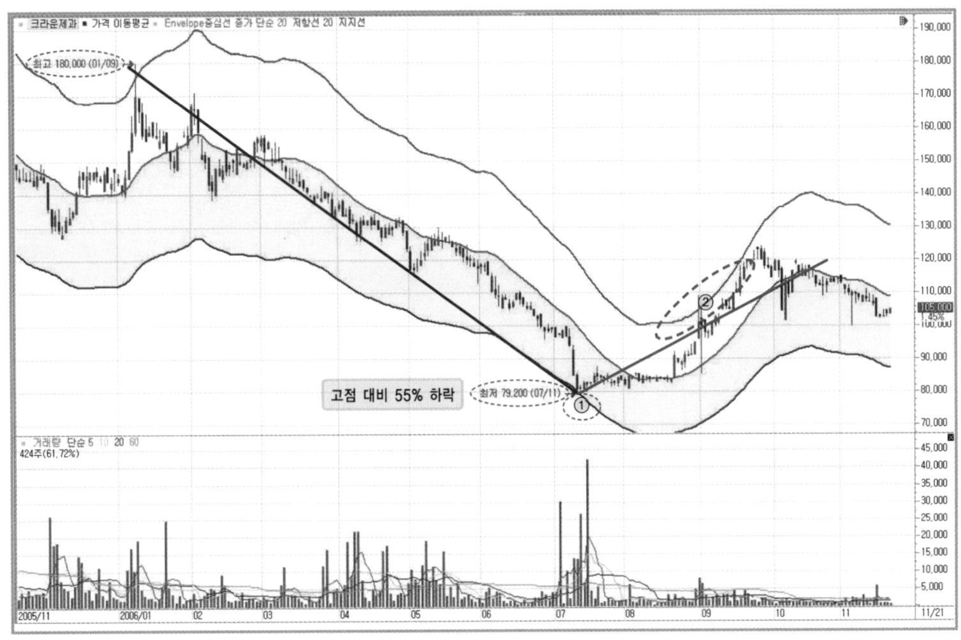

크라운제과는 약간 예외의 종목으로서 ①번에서 매수했을 때 반등이 바로 나오지 않고 오랜 횡보 끝에 상승하는 시점이 한 달의 시간이 소요되는 것을 볼 수가 있다. 이런 종목을 매수했다면 정말 기다림에 싫증나기도 하지만 3분의 1만 매수했기 때문에 하락하지 않는 한 반등이 나올 시점까지 보유하는 것이 바람직하다.

고점 대비 50% 이상 하락하고, Envelope에도 걸리는 종목은 수익 구간을 좀 더 길게 보는 것 또한 좋은 매매 방향이라 할 수 있다. 또한 거래량이 부족한 종목은 투자금액을 조금 낮추어 매수하는 것이 현명하다.

〈차트 2-2-21〉 우량주 신 매매기법 실전사례 16

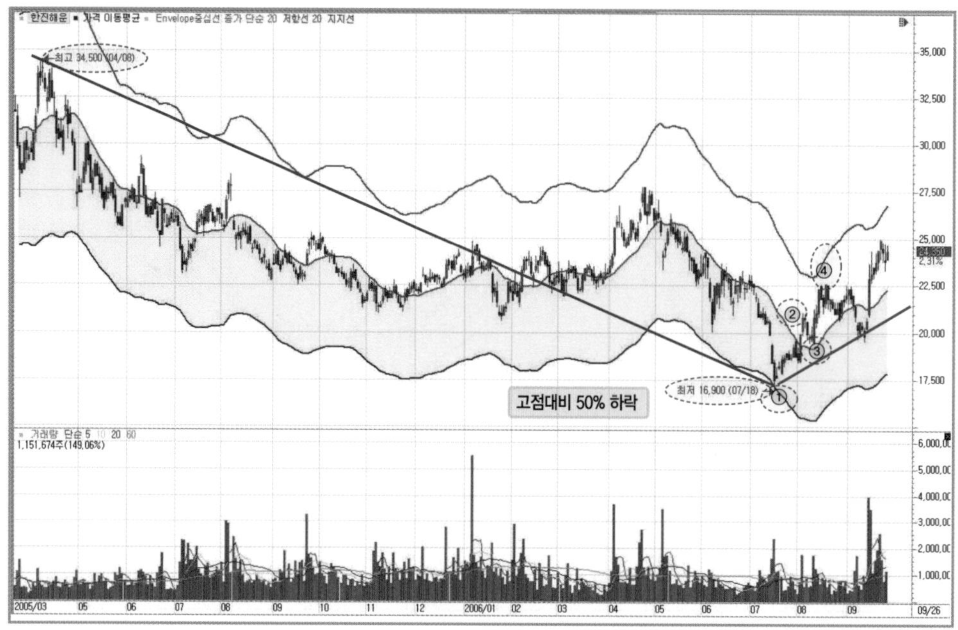

한진해운의 차트이다.

그럼 앞서 공부한 것을 토대로 차트를 보면서 확인해 보기 바란다.

〈차트 2-2-22〉 우량주 신 매매기법 실전사례 17

이제는 독자들이 직접 한 번 매수와 매도 타이밍을 시뮬레이션으로 그려 보자.

〈차트 2-2-23〉 우량주 신 매매기법 예외 실전사례 18

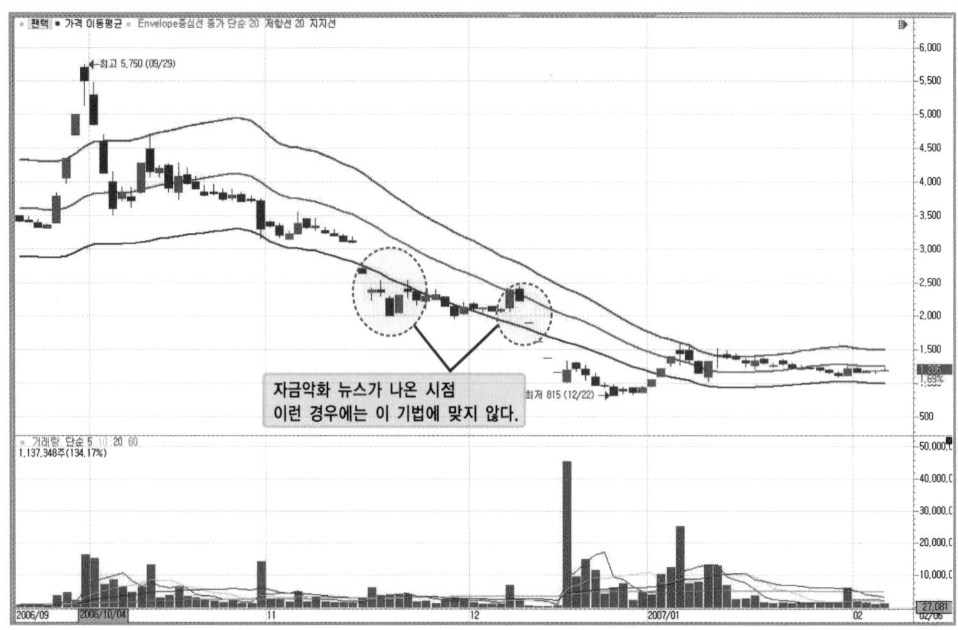

핵심 포인트!

최근 자금악화로 급락한 팬택이나 팬택앤큐리텔처럼 재무구조나 자금악화로 하락하는 것은 KOSPI 200종목이라고 하더라도 절대 매수하면 안 된다. 올라갈 수도 있지만 위험성이 크기 때문에 뉴스의 내용을 체크해야 한다.

재무구조 악화, 자금 악화, 부도설 등 회사의 존립에 중대한 영향을 미치는 이런 공시나 뉴스가 나오는 종목은 절대 매수하면 안 된다. 이런 경우는 예외 사례의 유형이므로 꼭 기억하길 바란다.

Tip

우리가 주식투자에서 공포심을 이겨낼 줄 알고 욕심만 조금 버린다면 수익을 못 낼 이유가 전혀 없다. 주식투자로도 부자가 될 수 있다. 다만 반드시 확률 높은 기법을 소유하고, 그 기법대로 매매해야 한다.

이 우량주 新 매매기법이야말로 우리가 주식투자로 평생 돈 벌 수 있는 기법이라고 과감하게 말할 수 있다.

2006년 1월 큰 폭으로 지수가 떨어질 때 거의 모든 투자자들이 큰 손실을 보았을 것이다. 하지만 필자는 반대로 수익을 내었다. 그 이유가 무엇일까? 지수가 급격히 하락하면 이 기법에 해당되는 종목들이 자주 출현하기 때문이다. 필자는 이 기법을 100% 확신하기 때문에 해당되는 종목이 나오면 과감히 매수하였던 것이다.

KOSPI 200이 달리 KOSPI 200이 아니다. KOSPI 200에 들어가는 종목은 거의 외국인과 기관들, 즉 메이저 세력이 관리하는 종목이다. 그들이 하락을 그냥 방치하지 않는다. 이 기법은 주가의 원리, 투자자의 심리 그리고 몇 년 치 데이터 통계를 다 내고, 실전수익률 게임대회에서 테스트하고 3년 넘게 연구하면서 만든 기법이다.

주변사람들의 많은 만류가 있었지만 이렇게 책에다 비법을 공개하게 된 이유는 필자 또한 한 사람의 개인 투자자이고, 10년 가까이 주식투자를 하면서 보아온 주식의 세계가 얼마나 냉정하며, 대부분의 개인 투자자들이 수익을 낼 수 없는 구조이기 때문에 이 책을 통하여 개인 투자자들이 안정적인 수익을 창출하는데 미력하나마 도움을 주고자 이렇게 책을 출간하게 되었다.

한 통계에 의하면 개인 투자자 100명 중에 95명이 주식투자로 손실을 본다는 통계가 나와 있다. 안타까운 마음 금할 길이 없지만 막대한 자금으로 시장과 종목을 좌지우지하는 세력들에게 당하지 않으려면 개인 투자자들도 상황을 알고, 공부해야 한다. 이 길만이 힘이 약한 개인 투자자들이 험난한 주식시장에서 생존할 수 있는 유일한 무기인 것이다.

주식투자 1년…

필명 : 에반스

이제 주식을 한 지 1년쯤 되는 사람입니다. 그동안 상한가도 두세 번 맞아보고, 하한가도 맞아보고, 상투도 잡아보고, 이것저것 많이 경험했네요. 현재 수익률은 10% 마이너스입니다. 생각보다 선방했지요.

제가 왜 선방했다고 말을 하냐면 주식에 대한 선행 학습이 하나도 되지 않은 상태에서 이 정도면 다행이라고 생각합니다. 물론 대학 때 한 학기 내내 공부하면서 2개월 모의투자에서 27% 수익률을 낸 적이 있었지만, 그건 어디까지나 운이 좋았던 거라 생각이 되고, 그건 그 때 일이니까요.

얼마 전부터 대체 무엇을 믿고 큰돈을 그렇게 쉽게 투자하는지, 지금 하는 게 바로 뇌동매매가 아닌지 하는 생각이 많이 들더군요. 언젠가는 오를 거라면서 물 타기를 하고, 선구자들의 말씀은 한 귀로 듣고 한 귀로 흘리고, 그러니 당연히 10% 마이너스가 운이 좋은 거죠.

어제 간만에 헬스장에 다시 갔는데, 화장실에 이렇게 써 있더군요. "사람들은 참된 것을 믿기보다 자신이 믿고 싶은 것을 믿는다." 많이

찔리더군요.

이건 언젠가는 오를 거야. 여기가 바닥이 아니겠어? 5일선, 20일선이 차례로 깨져 나가는 꼴을 보면서도 여기가, 여기가 하면서 손절매를 하지 않고 물 타기만 한 거죠. 근래에도 그랬던 것 같아요. 이렇게 해서 1년이 흘렀는데 아직도 정신을 못 차리면 문제가 있는 것 같아서 이제 공부를 해보려고요.

생각해 보면 참 웃깁니다. 회사에서 월급 200만 원 정도 받으려면 평범한 사람이라면 야근도 하고 특근도 해야 합니다. 아주 고되고 피곤한 일이지요. 그런데 그것보다 큰돈을 판돈에 걸면서 아무런 노력도 하지 않고, 클릭질만 한 것이 저의 지난 1년 모습이 아닌가 생각됩니다. 하루에 30분만이라도 꾸준히 차트를 봤으면 적어도 손실은 만회했겠지요?

저의 올해 목표는 카페 '초보 탈출합시다' 입니다. 코너에 올라온 주식 기초와 이론, 카페 자료들을 보고 한 글이 끝날 때마다 댓글을 다는 것입니다. 아마도 그게 끝나고 나면 적어도 손절매 선은 지키겠지요. 전 10%에서도 물 탔었던 기억이… 내년 초에는 웃으면서 본전을 찾았으면 좋겠습니다. 좋은 하루하루 보내세요.

3장 신규주 최고점 대비 66% 매매기법

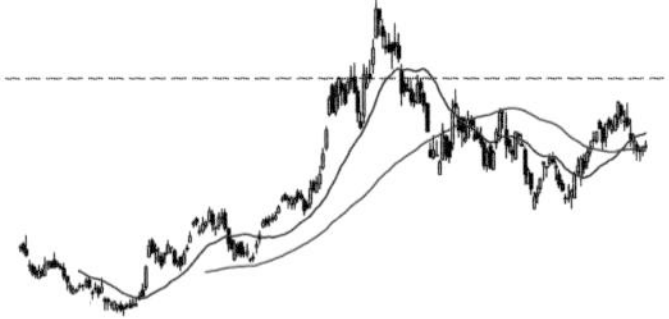

1. 신규주 매매기법의 정의

지금부터 소개해 드릴 기법은 우리가 흔히 접해 볼 수 있었던 매매기법이 아닌 전혀 새로운 차원에서 접근하는 방식이다. 단순히 이론과 지난 움직임을 가지고 짜 맞추는 형식이 아니라, 이 기법은 실전을 통해서 해당 종목들을 매매하고, 많은 연구를 통해 검증된 높은 성공 확률을 자랑하는 기법으로 개인 투자자들도 안정적인 수익을 올릴 수 있는 기법이다.

어떤 매매기법이든지, 보다 확률이 높은 종목일수록 투자할 수 있는 종목이 수시로 나오는 것은 아니다. 확실한 기회가 왔을 때 매수함으로써, 안정적이면서도 꾸준한 수익을 올릴 수가 있는 것이다.

특히, 이 기법은 굳이 전업 투자자분들 뿐만이 아니라, 직장을 다니는 분들까지도 충분히 이용할 수 있는 기법이라고 감히 말할 수 있으며, 충분히 이해하고 실전에 잘 적용한다면 어렵지 않게 많은 수익을 올릴 수 있을 것이라고 생각한다.

2. 신규주 매매기법의 기준조건

그럼, 신규주 매매기법에 대하여 본격적으로 알아보도록 하겠다. 현재부터 소개하는 신규주 매매기법에는 기준조건이 되는 것이 몇 가지가 있다.

첫 번째 조건

이 매매기법의 특징은 신규주를 대상으로 접근한다는 것이다.

여기서 많은 분들이 오해를 하리라 생각한다. 즉 신규 상장한 종목을 매매의 기준으로 삼아서, 상장 후 단기간 급등하는 종목으로 고위험, 고수익을 노리는 매매기법이라고 오해하는 분들이 있을 것으로 생각하는데, 이 기법은 신규 상장된 후 1년 미만의 종목들을 투자대상으로 한다.

물론 신규 상장된 후 1년 이상이 되더라도 상당히 높은 확률을 얻을 수 있으나, 보다 나은 확률을 얻고 기준을 정하기 위해서는 가급적 신규 상장 후 1년 미만의 종목을 투자대상으로 정하는 것이 좋다.

두 번째 조건

이 매매기법의 가장 중요한 핵심인 신규 상장 후 최고가 대비 66%를 하락한 구간에서부터가 본격적인 매매 관심대상이 되는 지점이다.

세 번째 조건

이 매매기법은 스윙 위주의 매매기법이기 때문에 분할 매수를 전제로 접근해야 한다.

제1차 매수의 기준은 주가가 최고가 대비 66%의 하락을 보여준 후, 발생하는 양봉의 시점이 바로 제 1차 매수의 시점이다. 대부분의 경우 66%의 하락을 보여준 후, 제1차 매수 뒤에 주가가 바로 상승으로 전환되는 경우가 허다하나, 보다 안정적인 수익을 올리고 확률을 높이기 위해서는 분할 매수가 필수 조건이 된다는 점을 잘 기억하자.

그리고 제2차 매수의 시점은 최고가 대비 70% 하락 시를 기준으로 양봉이 발생하였을 때가 바로 2차 분할 매수의 시점이 된다. 그리고 마지막으로 3차 매수 시점은 최고가 대비 75%의 하락을 보인 후 양봉이 발생할 때 바로 제3차의 분할 매수 시점이 된다는 것이다. 투자 비중을 정한다면 1차 매수 시 30%, 2차 매수 시 30%, 3차 매수 시 40%로 접근하는 것이 안정적이면서도 가장 이상적인 분할 매수의 관점이다.

네 번째 조건

마지막 66%대까지 하락하는 구간대에서는 차트 상으로 이평선과 주가와의 이격이 발생해야 한다는 점이다.

이격이라는 것은, 주가가 슬금슬금 하락하는 형태가 아니라, 단기간에 하락폭을 크게 키우며, 주가와 이평선의 격차가 벌어지는 것을 의미한다. 66%의 하락이 발생하는 지점대에서 단기간 강하게 하락한 모습이 나와줄수록 그 반등의 폭 역시 V자의 반등으로 강한 상승을 기대해 볼 수 있기 때문이다.

다섯 번째 조건

위의 모든 조건을 만족한 상황에서 종가를 기준으로 양봉이 발생하는 지점이 바로 매수 포인트가 된다.

또 하나 짚고 넘어가야 하는 것이 매수 후 목표가의 산정에 대한 부분이다. 개인들의 투자 성향이나, 기준에 따라서 다소 차이가 있을 수 있지만, 대략적인 목표가의 기준은 바로 하락을 시작한 앞 지점, 즉 이격을 발생시키면서 하락한 구간의 시작점 부근까지를 예상 목표가로 정하고 접근하는 것이다.

차후, 차트의 예시를 통해서 보다 이해가 쉽게 설명해 드릴 것이니, 현 시점에서는 위의 조건들을 잘 기억하기 바란다. 앞에서도 언급했듯이 이 기법은 단기적인 상승률 역시 많은 폭으로 발생할 수 있지만, 단기투자의 매매법이 아니라 직장인 분들이나, 장중 모니터링이 다소 힘드신 분들을 위한 매매기법으로, 추세가 돌아서는 것을 확인하고 매수 관점으로 접근한다기보다는, 수년 간의 연구 끝에 얻어진 결과를 토대로 만들어진 주가가 상승으로 전환되기 전에 선취매하는 전략이다.

그렇기 때문에 매수하는 데 있어 특별히 부담이 없으며, 저가 매수의 기회가 충분히 주어지는 시점이기에 안정적이면서도 꾸준한 수익을 올릴 수가 있는 것이다. 앞으로는 이제껏 이루어졌던 신규주들을 보면서 어떻게 매매를 해야 하고, 실전에서 어떻게 적용해야 하는지에 대해 다루어 보도록 하자.

3. 신규주 매매기법의 적용사례

〈차트 2-3-1〉 신규주 66% 매매기법 실전사례 1

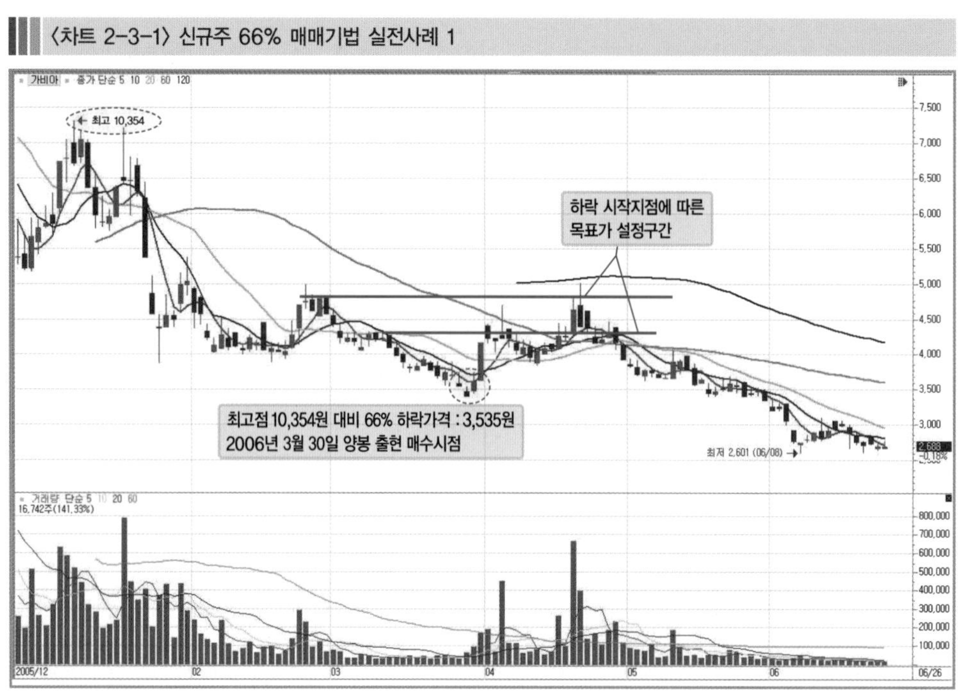

위의 차트는 웹 비즈니스 전문기업인 가비아이다.

차트에서처럼 신규 상장한 후에, 주가가 2005년 12월 2일 최고가가 10,354원까지 상승세를 시현한 후 본격적인 하락추세 구간으로 진입하는 모습을 보여주었다. 앞에서 이 매매기법의 기준에 대해 설명한 것처럼 신규 상장 후 1년 미만의 종목이며, 또한 최고가 대비 66%의 하락을 보여주었는지 확인해 보자.

자, 그럼 화면에서처럼 2006년 3월 말 최고가 대비 66% 하락한 가격인 3,535원을 이탈, 하락을 이어온 후에, 2006년 3월 30일 드디어 기다리던 양봉이 출현하게 되었다. 바로 이 지점이 신규주 매매기법의 첫 번째 매수 구간이 된다.

가비아처럼 첫 번째 매수기준에 부합된 후에 주가가 바로 상승으로 전환되는 경우가 상당히 많지만, 보다 확률 높은 승률을 올리기 위해서는 앞에서 말한 것처럼 세 번에 걸친 분할 매수가 필요하다는 것을 꼭 기억하자.

가비아의 경우 차트에서처럼 예상 목표가 부근인 하락의 시작 지점대까지 주가가 상승해 주면서 단기간에 20%의 수익을 낼 수가 있었던 시점이다. 예상 목표가를 어느 정도 설정해 두고 대응하되, 개개인의 성향에 따라서 목표가의 설정을 20일 이평선이나, 5일 이평선을 같이 병행하면서 매매에 접근한다면 보다 나은 수익을 올릴 수가 있다.

〈차트 2-3-2〉 신규주 66% 매매기법 실전사례 2

앞의 종목은 '다음'에서 분리된 '다음커머스'이다.

신규 상장일 날 최고가인 39,100원을 찍고 그 뒤 두 달여 간 지속적인 하락으로 이어가는 모습을 보여주었다.

차트에서 보는 바와 같이 39,100원에서 66% 하락한 가격은 13,250원이다. 이 가격을 주가가 하향 이탈하는 시점에서부터 매수 관심종목으로 편입시킨 후에 차트 상으로 이격이 발생하였는지 확인하고, 그 후 종가상 양봉이 발생하는 지점에서 첫 번째의 매수 시점이 되는 것을 잘 기억해 두기 바란다.

7월 말부터 주가가 이격을 발생하면서, 13,250원을 하향 이탈하였으며, 8월 2일 기대하던 첫 양봉이 출현한 모습이다. 여기서 조심해야 할 부분은 최고가 대비 66%가 하락하였다고 해서 무작정 매수로 접근하는 건 상당히 무모한 행동이다.

기준에서처럼, 최저바닥에서 잡으려고 무리하기보다는 66% 이상 하락한 후에, 첫 번째 양봉이 나오는 지점을 확인하고 매매에 임해야 한다. 차트에서처럼 8월 2일을 기점으로 하락추세에서 본격적인 상승추세로의 전환을 보여주었다. 단기 급등의 모습은 아니더라도, 주가가 1~2주간 지속적인 상승을 보여주면서 예상 목표가인 17,000~19,000원대까지 30% 정도의 수익을 안정적으로 올릴 수가 있었다.

추가 매수의 기회가 없었다는 점이 다소 아쉽기는 하나, 수익을 안정적으로 올릴 수 있는 핵심적인 포인트라는 걸 잘 기억하기 바란다.

〈차트 2-3-3〉 신규주 66% 매매기법 실전사례 3

바이오 관련주인 진바이오텍의 차트이다.

창립 이후 지속적인 흑자를 기록하면서, 2006년 4월 28일 신규 상장하였다. 상장 후 5월 2일 8,700원을 최고가로 근 한 달여 동안 급락을 보여주는 모습이다. 차트에서처럼 최고가인 8,700원의 66% 하락한 가격은 2,950원이 된다. 6월 7일 이평선과 주가와의 이격이 발생하면서 2,950원을 이탈한 후에, 그 다음 날인 6월 8일 기다리던 양봉이 출현하게 된다.

바로 6월 8일이 이 신규주 매매기법의 첫 매수 포인트가 되는 구간이다. 이후 주가가 큰 폭의 상승은 아니더라도 안정적인 상승세를 보여주며, 예상 목표가와 20일 이평선 부근 가격대인 3,800원대까지 상승하는 여력을 보여주었다. 영업일 수로 7일 정도 보유하면서 주당 700원, 즉 20% 정도의 수익을 여유 있게 올릴 수가 있었다.

여기서 이격 부분이 중요한 이유는 이격이 없는 상황에서 동일한 기준에 적용이 된다면 그 반등의 폭이 다소 미미하게 이루어지는 경우가 있기 때문에 가급적 매매기준에 적용이 되더라도 최근 하락지점에서는 이격이 벌어지는 종목을 거래하는 것이 수익적인 측면에서는 훨씬 나을 것이라고 판단된다.

〈차트 2-3-4〉 신규주 66% 매매기법 실전사례 4

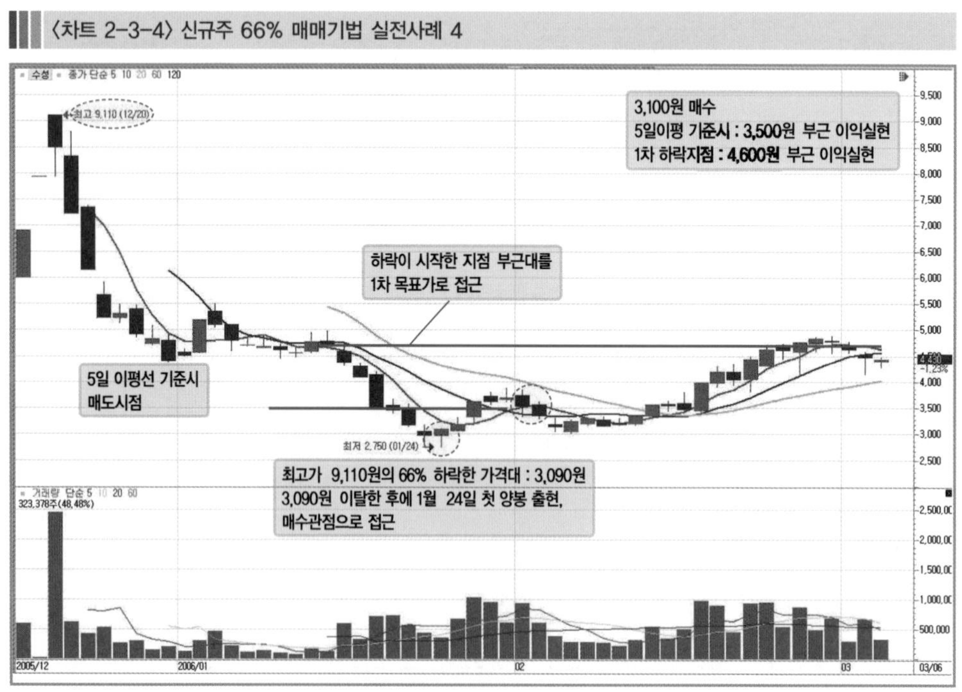

위의 차트는 소형 전동지게차 시장의 1위 업체인 수성이다.

수성은 2005년 12월 16일 신규 상장하여, 상장 후 한 차례 상승세를 보여주고 한 달여간 지속적인 주가의 하락세를 보여주었다. 2005년 12월 20일의 최고가인 9,110원이 바로 기준점이 되는 가격으로, 9,110원에서 66% 하락한 가격은 3,090원이 된다.

주가가 지속적인 하락세를 보여주다가 지난 2006년 1월 23일 기준가격을 이탈하면서 66% 이상의 하락을 보여주었다. 이 시점에서부터는 매수의 관점으로 접근하는 것이 아니라 매수 관심종목으로 선정하고, 차후 양봉이 나오는 지점까지 지속적으로 지켜보아야 하는 구간이다. 66% 하락한 후, 바로 그 다음 날인 1월 24일 첫 번째 양봉이 발생하면서 매수기준이 되었다.

차트에서처럼, 개개인의 성향에 따라서 예상 목표가를 기준점으로 매매하든지, 특정한 이평선(5일, 20일)을 기준으로 매매하면 보다 효율적인 리딩을 할 수 있을 것이라고 생각한다.

이 종목 역시 추가 매수의 기회를 주지는 않았으나, 매수 구간대가 바로 현재 최저점이 되는 모습이며, 5일 이평선을 기준으로 매매하였을 때는 3,500원 부근대를 목표가로 정할 수 있었으며, 앞에서 설명한 하락의 시작점을 목표가로 본다면 4,600원대 이상을 목표가로 선정하고 대응해야 하는 부분이다.

위의 수성 역시 스윙 위주의 투자로 안정적인 수익을 올릴 수가 있다. 모든 종목에 적용되지 않고, 적용대상이 한정되어 있는 만큼, 매매할 수 있는 종목이 매번 나오는 것은 아니다. 하지만, 확률에서 말해 주듯이 확실한 매수 타이밍을 놓치지 않고 매매를 한다면, 꾸준한 수익을 올리는 데 상당한 도움이 될 것이다.

앞에서처럼 최근에 이루어졌던 매매 종목들을 보면서, 실전에서 어떻게 적용해야 하는지 잘 보기 바란다.

〈차트 2-3-5〉 신규주 66% 매매기법 실전사례 5

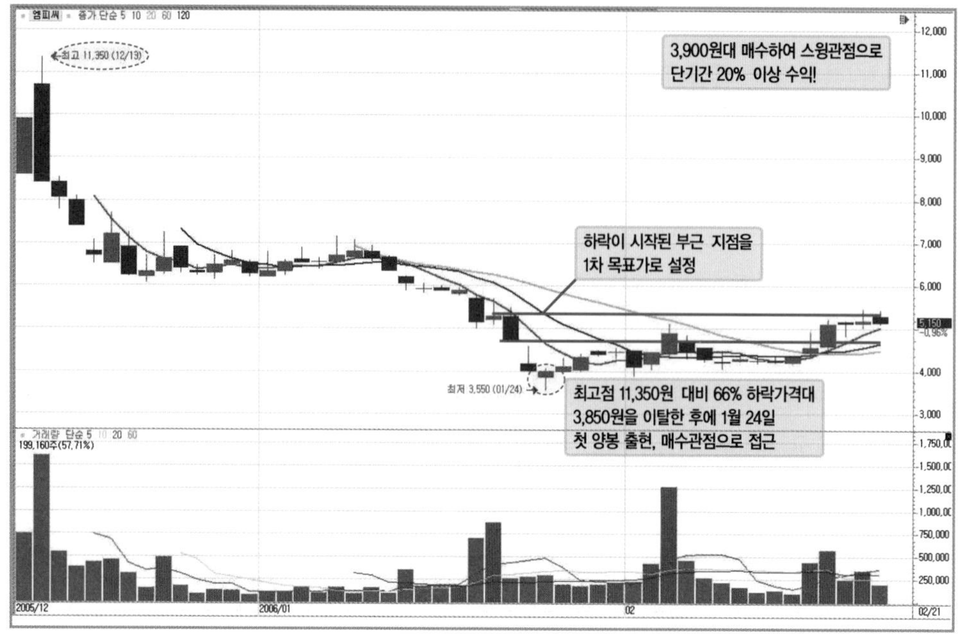

위의 차트는 CRM(고객관계 관리) 전문기업인 엠피씨이다.

지난 2005년 12월 12일 상장한 후에 13일 11,350원을 최고가로 주가가 하락을 이어오는 모습이다. 최고가인 11,350원에서 66% 하락한 가격은 3,850원으로, 차트 상에서처럼 2006년 1월 24일 장중 3,850원을 이탈한 후에 양봉으로 마감하면서, 신규주 매매기법의 매수기준에 부합하였다.

이 시점을 바닥으로 주가가 최근 하락에 대한 반등을 보여준 것을 차트를 통해 알 수가 있는데, 앞에서 본 것처럼 하락이 시작된 부근을 예상 목표가로 정하고 접근한다면, 4,900~5,100원대를 목표가로 산정하고 충분히 안정적인 수익을 올릴 수 있다. 영업일수로 10일 남짓의 보유관점인데 20% 이상의 수익이다.

이처럼 이 매매기법의 특징은 단기간 급등을 보여준다기보다는 매매기준에 부합된 후에, 꾸준히 주가가 상승하면서 안정적인 수익을 올리는 것이기 때문에 데이트레이딩처럼 매매하지 않고, 여유 있게 매매할 수 있다는 또 하나의 장점이 있다.

〈차트 2-3-6〉 신규주 66% 매매기법 실전사례 6

위의 차트는 반도체부품 관련업체인 카엘이다.

카엘은 신규 상장한 후에 한 차례 상승추세를 형성하면서 지난 2005년 12월 6일 8,880원을 고점으로, 반년이 넘게 지속적인 하락추세를 형성하고 있는 모습을 차트를 보면 알 수 있다. 2006년 6월 차트에서처럼 8,880원을 기준으로 66% 하락한 가격인 3,020원을 이탈하면서 이격을 발생시켰는데,

최초로 양봉이 발생한 시점은 바로 6월 8일이다. 이 지점이 바로 첫 번째로 매수해야 할 포인트가 되는 지점이다.

차후 6월 9일을 바닥으로 주가가 단기간 V자의 반등에 성공하는 모습을 보여주고, 카엘 같은 경우는 단기간 급락을 보여주면서 조건을 만족한 시점이기 때문에 주가 상승 역시 강한 모습을 보여주게 된다.

앞에서 설명한 것처럼 예상 목표가 중의 한 부분이 최근 하락을 시작한 지점 즉 이격이 벌어지는 시작 지점이라고 했는데, 3,000원대를 매수관점으로 접근하여 근 한 달 남짓한 기간에 30%라는 훌륭한 수익을 올릴 기회를 우리에게 제공해 주었다.

물론 결과론적으로는 추가적인 상승이 조금 더 이루어졌지만, 그 부분까지 욕심을 내기보다는 예상 목표가 부근대서부터는 상승 시마다 분할 매도로 접근하면서, 수익을 확정짓는 것이 좋은 대응전략이다.

〈차트 2-3-7〉 신규주 66% 매매기법 실전사례 7

앞의 차트는 2005년 10월 28일 신규 상장된 인프라웨어이다.

인프라웨어는 임베디드 브라우저 전문업체로 '임베디드'란 웹브라우저와 같이 모바일 또는 가전기기 등에서도 인터넷의 접속과 사용을 가능하게 해주는 솔루션이다. 2005년 말 독특한 사업내용을 가진 신규 상장주들이 동반 강세를 보이면서 근 두 달여간 수백 퍼센트의 급등을 보여주었고, 12월 16일 44,750원을 고점으로 주가가 본격적인 하락추세로 전환하게 되었다.

앞에서 본 것처럼 12월 16일의 최고가인 44,750원이 이 신규주 매매기법의 기준점이 되며, 44,750원의 66% 하락한 가격인 15,200원을 이탈한 시점을 기다려야 하는 것이다. 차트를 보면 2006년 3월 23일부터 66%의 가격을 이탈하였으며, 최저가를 기록한 3월 29일 첫 양봉을 출현하면서 비로소 매수의 기회가 포착되는 지점이다. 신규주 매매기법의 조건을 몇 가지 설명했는데, 위의 인프라웨어의 차트를 보면 모든 기준에 만족한다는 것을 알 수 있다.

핵심 포인트!

첫 번째, 신규 상장한 지 1년 이내의 기업

두 번째, 신규 상장한 후 최고점 대비 66% 이상 하락할 것

세 번째, 66% 이상 하락한 시점 대에서 첫 양봉이 첫 번째 매수 시점이 된다는 점, 그리고 66%의 기준에 해당하는 지점 대에서는 단기간 주가가 강한 하락을 보이며, 이격이 어느 정도 벌어져야 한다는 점이다.

첫 번째 매수 시점은 최저가를 기록하는 29일 종가가 첫 매수의 기준이 된다는 점이다. 대부분 첫 번째 매수시점 대에서부터 바로 주가가 상승하는 경우가 많이 있지만, 안정적인 수익을 위해서는 66% 이상 하락한 후에 첫 양봉에서 1차 매수, 그리고 고점 대비 70% 이상 하락한 지점에서 2차 매수,

마지막으로 75% 하락한 지점에서 3차 매수로 임한다는 전략을 세워 두고 접근하는 것이 바람직하다.

다시 차트를 보면 매수 후, 정확하게 V자의 반등에 성공하는 모습을 보여준다. 반등시점에서의 목표가는 개인적인 성향에 따라서, 5일 이평선을 기준으로 정하거나, 20일 이평선을 기준점으로 정하고 대응해도 무방하나, 예상 목표가는 이전 하락을 시작한 지점으로 설정하면 대응하는 데 크게 무리가 없다.

인프라웨어의 경우는 18,000원대가 바로 예상 목표가이며, 차후에 추가적인 상승이 더 이루어졌지만, 너무 욕심내기보다는 안정적인 수익을 창출하는 것에 목적을 두고 접근하는 것이 좋다. 스윙관점으로 단기 급등의 유형은 아니지만, 40% 정도의 수익을 여유 있게 낼 수 있었다.

〈차트 2-3-8〉 신규주 66% 매매기법 실전사례 8

앞의 차트는 안정적인 재무구조를 가지고 있는 대봉엘에스이다.

2005년 말 신규 상장한 후에 12월 26일 11,100원을 고점으로 주가가 하락세를 지속적으로 기록하게 된다. 위의 차트에서처럼 2006년 6월에 이르러서야 우리의 매수 기준인 고점 대비 66% 하락한 가격인 3,750원을 단기적인 강한 하락으로 인한 이격을 발생시키면서 이탈하게 된다.

그 후에 6월 8일 66% 하락한 후 첫 양봉이 발생하게 되면서 첫 번째 매수 기준에 부합하게 되며, 그 후 2주 정도 지난 뒤 예상 목표가인 최근 하락의 시작 지점인 4,600원 부근 대까지 상승을 보여준 모습이다. 이처럼 꼭 급등주나 우량주가 아니더라도 기회만 잘 포착한다면 직장인도 쉽게 안정적인 수익을 올릴 수가 있는 것이다.

마지막으로, 실전사례 종목을 살펴본 후, 추가 매수로 진입하는 유형에 대해 살펴보도록 하자. 단순히 수동적인 이론 공부로 그치지 말고, 직접 위의 종목들을 증권사 HTS를 통해 하나하나 직접 살펴보면서 어떤 시점이 매수의 포지션이 되며, 어떻게 대응해야 하는지를 몸소 확인해 보는 것이 좋다.

〈차트 2-3-9〉 신규주 66% 매매기법 실전사례 9

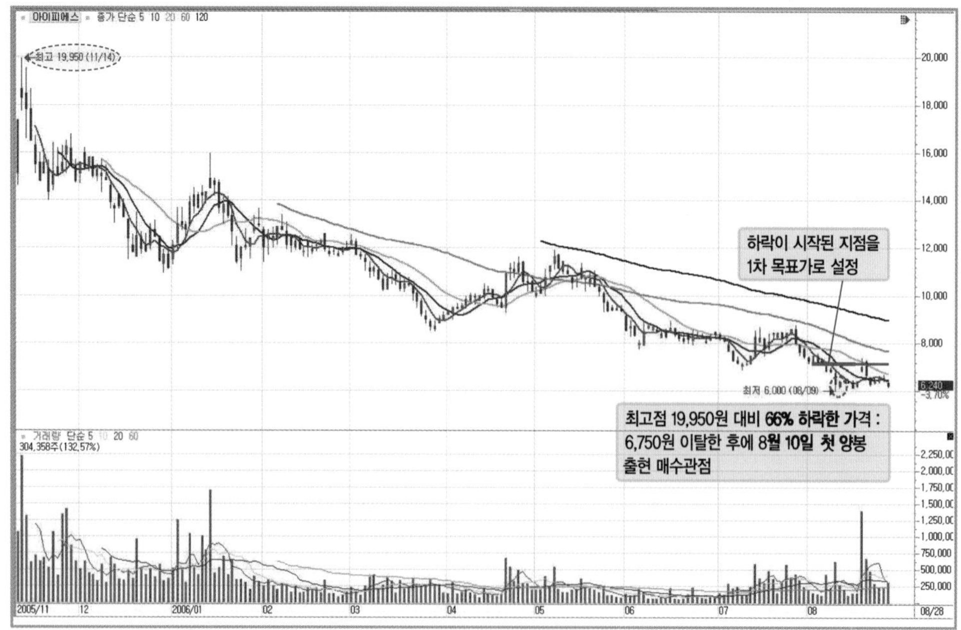

위의 차트는 반도체 관련 업종의 아이피에스이다.

앞서 많은 유형들을 보았기 때문에 이제는 어느 정도 감이 올 것이라고 생각한다.

2005년 11월 신규 상장하여 지속적인 추가 하락이 이루어지면서 바닥을 다지지 못한 채 근 1년여 간 주가가 하락하는 모습을 보여주었다.

상장한 후에 최고점인 11월 14일의 19,950원을 기준점으로 66% 하락한 가격 즉, 6,750원을 이탈한 시점을 포착하면 된다. 2006년 8월 6,750원을 이탈하기 시작하여, 이격을 발생시키면서 단기간 강하게 하락하는 모습을 차트를 통해서 볼 수가 있다.

그 후에 첫 번째 매수 포인트는 바로 8월 10일 66%의 가격을 이탈한 후에 종가상으로 첫 번째 양봉을 형성하는 지점이다. 그 후에 주가가 우리의 예상 목표가까지 단기간에 상승하는 모습을 보여주었다. 이처럼 종목의 특성에 따라서 이격이 굳이 발생하지 않아도 주가가 단기간 급등을 보이는 경우가 있으나, 가급적 이격이 발생하는 종목들을 대상으로 하는 것이, 예상 목표가 설정이나, 반등의 폭 부분대에서 보다 확실한 수익을 올릴 수가 있는 것이다.

지금까지 신규 상장 후 66% 이상 주가가 하락했을 때, 가장 많이 출현되는 첫 번째 매수시점에서 상승하는 유형에 대해 알아보았다. 다음은 66% 이상 하락한 후에도 추가적인 하락이 이루어지는 경우에는 어떻게 대응해야 하며, 어떻게 매수 포지션을 잡아 나가야 하는지에 대해서 몇 가지 유형을 알아보고, 손절매가를 정하는 부분에 대해서도 좀 더 알아보겠다.

〈차트 2-3-10〉 신규주 66% 매매기법 실전사례 10

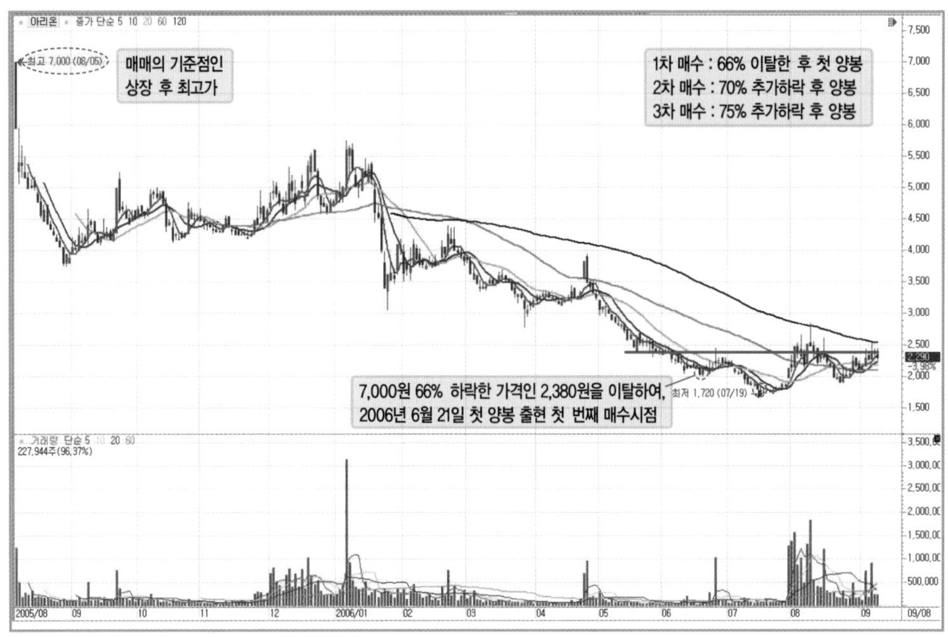

앞의 차트는 2005년 8월에 상장한 아리온이다.

상장 시점이 최고점으로 7,000원을 기록하며, 그 후 지속적인 주가의 하락추세를 이어오는 모습이다. 2006년 6월, 7,000원의 66% 하락한 가격인 2,380원을 이탈하여 6월 21일 첫 양봉을 비로소 형성하게 되었는데, 이 시점이 앞에서 배운 것처럼 첫 번째 매수시점이 된다.

대부분의 경우 이 시점을 바닥으로 주가가 V자의 반등에 성공하는 경우가 있으나, 아리온의 경우는 66%를 이탈하는 지점 대에서 이렇다 할 이격이 크게 발생하지 않으므로, 주가가 추가적인 하락을 이어가는 경우가 종종 있다.

물론 매수 후에 주가가 예상 목표가까지 단기간 상승세를 보여주었지만, 이 시점에서 매도하기가 쉽지는 않았을 것이며 그 후에 추가적인 하락이 이어졌는데, 이 같은 경우에서는 맨 처음 말했던 분할 매수가 바로 가장 중요한 포인트가 되는 구간이다. 66%를 이탈한 시점에서 첫 양봉 시 1차 매수의 관점, 그리고 추가 하락이 이어진다면, 고점 대비 70% 하락한 구간 대에서 발생하는 그 다음 양봉에서 2차 매수, 그리고 고점 대비 75% 하락하는 지점에서 발생하는 양봉에서 마지막 3차 매수에 들어가는 것이다.

대부분의 경우는 66%대에서 반등을 많이 보여주며, 또한 2, 3차 매수의 기회에 반등해 주는 경우도 있다. 이처럼 이격이 발생하는 구간인지, 발생하지 않는 구간인지에 따라서, 매매 포지션이 다소 달라질 수 있기 때문에 이 부분을 항상 염두에 두고 분할 매수로 대응하는 것이 안정적인 수익을 창출할 수 있는 원칙이라고 할 수 있다.

다시 차트로 돌아가서, 3차 매수의 구간까지 기회를 준 다음에 주가가 한 차례 강하게 상승해 주면서, 그동안 기다렸던 부분에 대한 수익을 우리에게 안겨주는 것을 볼 수 있다. 보유기간은 다른 여타 종목들에 비해 다소 소요가 되었으나, 한 달 보름여 만에 20%가 넘는 누적 수익은 결코 작은 수익이 아니라고 생각된다.

그럼 또 한 가지의 유형을 보도록 하자.

〈차트 2-3-11〉 신규주 66% 매매기법 실전사례 11

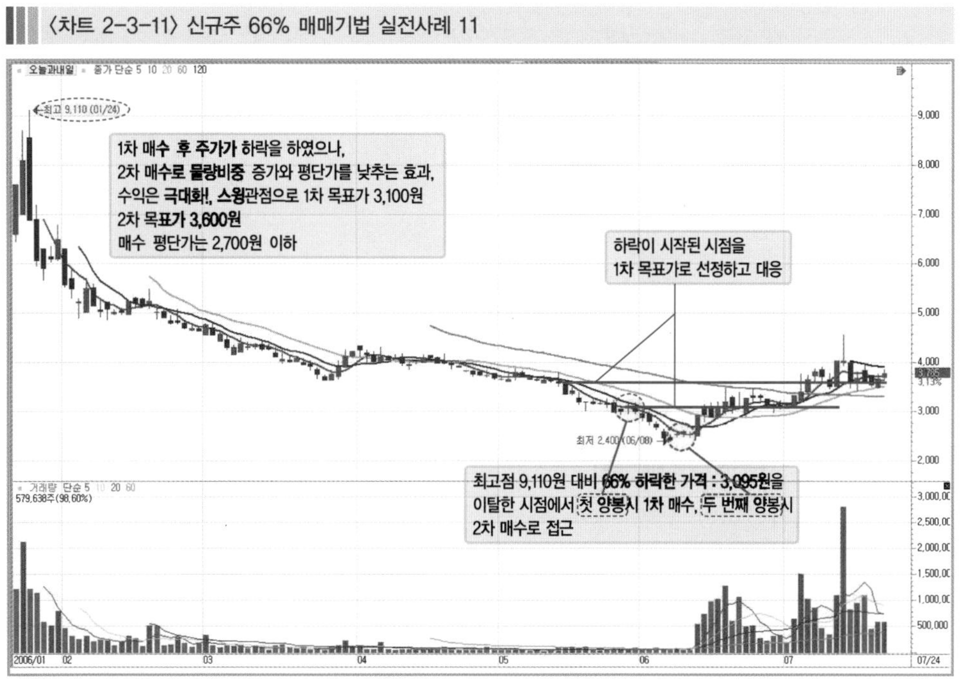

위의 차트는 네트워크 서비스업체인 오늘과내일이다.

이 종목 역시 2006년 1월에 상장하여, 상승을 이어가지 못하고 주가가 지루한 하락세를 반년 동안이나 이어온 모습이다. 신규주 매매기법의 기준점이 되는 2006년 1월 24일 9,110원을 기점으로, 66% 하락한 가격은 3,095원으로, 5월 말 이탈한 후에 첫 양봉이 발생하면서 첫 번째 매수의 기준이 되었다.

이 같은 경우 앞서 설명한 것처럼 이격이 크게 발생하지 않은 상황에서 최고점 대비 66%가 하락하였기에 추가적인 하락이 나올 수 있다고 언급했었다.

그 후에 추가적인 하락이 나오면서 기존의 다른 매매기법이었다면 그 구간에서 손절매로 대응하겠지만, 이 신규주 매매기법은 66% 하락 후에, 최고점 대비로 70%대까지 추가적인 하락을 보인다면 다시금 70% 하락 후에 첫 양봉이 나오는 시점을 바로 2차 매수로 접근하는 것이다. 차트를 보면 70%를 이탈한 후에 첫 양봉이 나오고 주가가 단기간에 상승추세로 전환되는 것을 알 수가 있다.

첫 이격이 발생한 지점이 바로 예상 목표가가 된다는 것을 기억해야 할 것이다. 차트에서처럼 66%에서의 1차 매수, 70% 하락에서 2차 매수로 접근했었다면 평균 매수가는 2,700원 이하가 될 것이다. 그리고 매수 후에 주가 상승 시 1차 목표가는 3,100원이며, 2차 목표가는 3,600원 부근이 된다.

그렇다면 1차 매수와 2차 매수를 한 후 최종 매도까지 한 달여의 기간이 소요되었지만, 15%~30% 이상의 수익을 여유 있게 올릴 수가 있는 것이다. 이처럼 이격이 크게 발생하지 않은 시점에서는 추가적인 매수 부분까지도 항상 염두에 두고 매매에 임하기 바란다. 앞으로는 손절매할 확률이 극히 적으나, 종목의 기업적 측면에서의 문제로 인해, 반등이 나오지 않고 하락하는 경우는 어쩔 수 없이 손절매로 접근하고 차후를 노리는 방안으로 대처해야 하는데, 이 같은 경우에 대해서 한 번 알아보도록 하겠다.

4. 신규주 매매기법의 손절매 기준

앞에서 언급한 분할 매수 부분에 대해 한 번 정리해 보자면, 최고점 대비 66% 하락한 가격대에서 1차 매수, 70% 하락한 후 첫 번째 양봉에서 2차 매수, 그리고 마지막으로 최고점 대비 75% 하락한 시점에서 첫 양봉 출현 시

3차 매수로 임한다고 하였다.

손절매의 기준

여기서 손절매의 기준점은 75% 하락한 후에 마지막 3차 매수를 들어가는 지점, 즉 최고점 대비 75%가 하락한 후에 발생한 첫 번째 양봉의 저가를 마지노선으로 잡고 대응해야 한다.

이런 경우는 희박하나, 75%에서 발생한 양봉의 저가를 이탈한다면, 또한 이격의 부분이 크게 발생하지 않고 차트 상으로 흘러가는 유형을 보이면서 추가적인 하락이 이루어진다면 기업에서 뜻하지 않은 어려움을 겪거나, 시장에서의 반등 모멘텀이 부족한 상황이기 때문에 미련을 가지고 지속적으로 보유하기보다는 일단 매도로 접근한 후에 차후를 노리는 것이 현명한 투자법이라고 할 수 있다.

〈카페회원들의 실전 주식투자 이야기〉

또 한번 삽질했습니다

필명 : 흰둥이

어쩌면 실패담이라고 할 수도 있겠네요. 씁쓸하긴 하지만 좋은 교훈이 될 것 같아서 이렇게 남깁니다. 몇 주 전쯤 '다음' 주식을 좀 가지고 있었습니다. 평균 매수 단가는 47,000~48,000원 200주. 아마 IP-TV 발표 나기 전 무렵이었을 겁니다. 어떠한 루트로 'KT'와 'Daum'이 이미 내정되었다는 이야기를 들었고, 급여계좌에서 주식계좌로 옮겨 다시 주식을 시작한 거죠. ^^

잠깐 삼천포로 빠지면, 예전 학교 다닐 때 하이닉스 500~600원이었는데, 뭣도 모르고 수익을 계속 내다가 풀미수 몰빵으로 20살 때부터 벌어놨던 3,000여만 원이 단 3일 만에 홀라당 날아가 버렸습니다. 그 이후로 주식 손도 안 대고 살았고요.

세월이 흐르고 흘러 몇 년이 지나고, 첫 직장이 모 상장회사였더랍니다. 회사 주담 어르신께서 "이건 100% 올라가니까(흔히 말하는 작전주) 500만 벌어서 술 한 잔 사라" 하시기에 적금을 해약하고 직장생활 3년간 모았던 3,000여만 원을 들이부었습니다. 결과는 작살났지요. 꼬박 1년을 묻었는데 1,000만 원 정도 남습디다. 그놈의 "상한가 몇 방이면 다 복구해"라는 말을 수십 번 들었습니다. (지금도 그 주식은 나

락입니다. 아직도 안 뺐으면 1,000만 원도 안 남았을 겁니다.)

그 1,000만 원 들고 결심을 했죠. 제 관심영역 또는 업무영역(이동통신, 와이브로, IP-TV, HSDPA, BCN 등) 안에 있는 종목들로만 생각을 하자. 그나마 일은 열심히 했고 하는 일이 영업과 총괄이라 업체들 다니면서 이런저런 이야기를 많이 듣게 되었죠. 아무래도 남들보다는 분위기도 잘 알고요. 1,000만 원 가지고 여기저기 분산투자를 하기 시작했습니다.

삼천포에서 돌아와서 수익을 잘 내고 있었고, 특히 '다음'과 같은 경우는 높은 수익률을 내주었습니다. 그러던 오늘, 귀신이 들었는지, 또 실수를 저지르고 말았습니다. 오늘 마구 오르기에 10%대에 매도를 했습니다. 얼추 한 달여 만에 1,300여만 원이 되었습니다.

그런데 오늘 13% 초반까지 마구 물량을 흡수하면서 올라가기에 통장에서 1,700여만 원을 주식계좌로 이체, 단 1%의 상승이나 내일 점상 갈지도 모른다는 기대심리로 풀미수를 때리고 말았습니다.

결과는 나락입니다. 지금 한강으로 갈까? 아님 북한산으로 올라가서 목을 맬까? 생각중입니다. 흐~~ 미수가 무엇인지 알고 있기에 10% 근처에서 미수 분량을 전부 매도하였지만 한 달 동안 만들었던 것들이 하루아침에 날아가 버렸습니다. 물론 손해도 좀 있고요.

공익광고 : 미수, 신용은 당신을 한강이나 북한산으로 보냅니다.

반성합니다. 긴 글 읽어주셔서 감사합니다. 부끄럽네요.

4장 오후장 고가돌파 新 매매기법

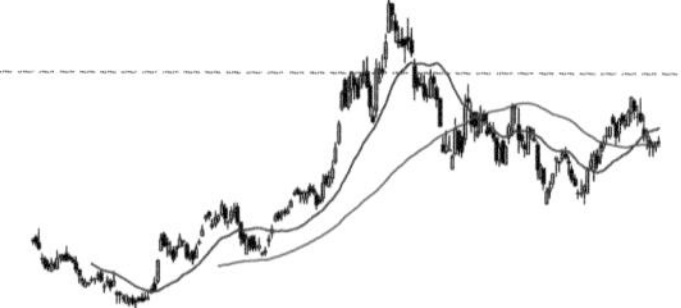

1. 오후장 고가돌파 新 매매기법의 핵심

주식시장에서 큰 파동의 움직임을 나타내는 시간대는 정규장이 시작되는 오전 9시~10시와 오후 1시~3시이며, 데이트레이더에게는 주가 움직임의 등락폭이 크기 때문에 승패를 좌우하는 중요한 시간대이기도 하다.

오후장 고가돌파 매매기법은 주가가 활발한 유동성을 보이지 않는 시간대에 일정조건의 박스권에서 횡보 추세를 이탈하는 시점을 포착해서 매수하는 기법이다. 매수세력과 매도세력의 팽팽한 공방 속에서 박스권을 상향 돌파한다는 것은 매수세의 강함을 의미한다.

핵심 포인트!

- 오전장에 비교적 큰 거래량이 터지지 않은 종목을 선택한다.
- 고가를 돌파할 때 허 매수세의 물량 받치기가 없어야 한다.
- 2시간 정도 박스권 횡보를 하는 종목을 선정하는 것이 이상적이다.
- 박스권 이탈시 거래량이 수반되어야 한다.

2. 매매기법의 실전사례

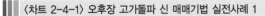

〈차트 2-4-1〉 오후장 고가돌파 신 매매기법 실전사례 1

위의 아트라스BX의 1분 차트를 보면, 상승으로 출발한 주가는 상승 탄력을 이어가지 못하고 오전 10시 이후에는 6,100원~6,270원 가격대에서 상승과 하락을 거치면서 2시간 이상 지루한 횡보를 하며 박스권을 형성하고 있다.

하지만 오후 12시 넘어서 주가는 횡보구간의 단기 고점인 6,270원을 돌파하면서 거래량의 급격한 증가와 함께 강한 시세를 분출하는 모습을 보여준다.

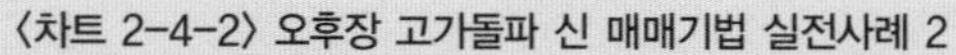

〈차트 2-4-2〉 오후장 고가돌파 신 매매기법 실전사례 2

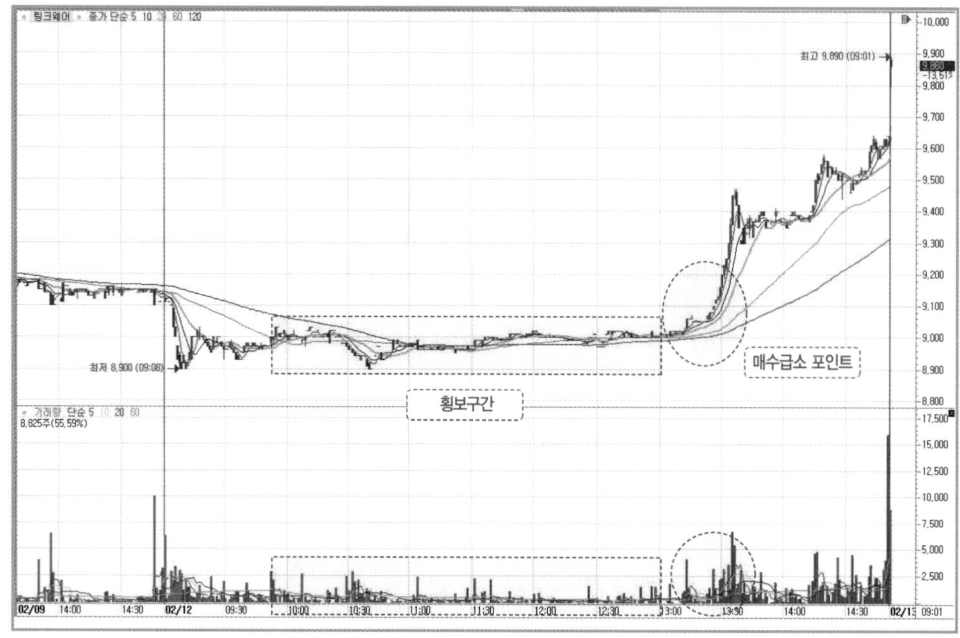

위의 팅크웨어의 1분 차트를 보면, 하락으로 출발한 주가는 하락의 추세를 멈추고 오전 10시부터 주가는 8,900원~9,050원의 가격대, 즉 오후 1시까지 1%대의 박스권을 형성하며 작은 상승과 하락을 반복하고 있다.

오후장이 시작되고 얼마 있지 않아 횡보구간의 단기 고점인 9,050원을 상향 돌파하면서 팅크웨어의 주가는 거래량을 수반하면서 강한 시세를 분출하고 있다.

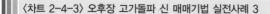

〈차트 2-4-3〉 오후장 고가돌파 신 매매기법 실전사례 3

위의 니트젠테크의 1분 차트를 보면, 하락으로 출발한 주가가 추가 하락을 멈추고, 상승으로 반전한 후 오전 10시 30분부터 2,140원~2,180원의 가격대에서 주가의 등락이 박스권의 움직임을 보이고 있다.

오후 1시까지 추세의 이탈을 보이지 않던 주가는 횡보구간의 단기 고점인 2,180원을 돌파하면서 거래량의 동반과 함께 시세를 분출하고 있다.

〈차트 2-4-4〉 오후장 고가돌파 신 매매기법 실전사례 4

위의 삼원정밀금속의 1분 차트를 보면 상승으로 출발한 주가는 상승폭이 완화되면서 오전 10시 20분 이후에는 1,130원~1,150원 가격대에서 주가의 움직임이 둔화된 모습을 볼 수가 있다.

삼원정밀금속 또한 오후 12시를 지나서 주가가 1,150원의 박스권을 거래량의 동반과 함께 당일의 고가를 돌파한 후 추가적인 강한 시세를 분출하고 있다.

〈차트 2-4-5〉 오후장 고가돌파 신 매매기법 실전사례 5

위의 화신테크의 1분 차트를 보면 당일의 보합권에서 움직임을 보인 후 오전 11시 이후에는 3,920원~3,950원의 가격대에서 박스권의 움직임을 보이고 있다.

그러나 오후 1시를 지나면서 주가는 곧 3,950원인 박스권 고가를 돌파하면서 급격한 거래량의 증가와 함께 강한 시세를 분출하고 있다.

〈카페회원들의 실전 주식투자 이야기〉

10일 만에 깡통 차기

필명 : mnt photo

은행에 갔었습니다. 월급날은 아마도 20일 뒤쯤이며, 통장에서 빠져나갈 것은 모두 빠져나갔을 것이고, 당분간 쓸 현금은 이미 찾아놨을 거란 생각에, 통장에 있는 돈 조금만 빼서 증권계좌로 옮겨놔야겠단 생각을 했습니다. 물론 와이프가 통장정리를 하지 않을 거란 계산에 그리고 당분간은 얼마를 빼갔을지 모를 거라는 생각에….

월급의 절반 가까이 되는 '백만 원'을 찾아 증권계좌에 밀어 넣고 나니 '일백'이란 숫자가 왜 이렇게 이쁘던지, 며칠만 있으면 두 배 가까이 되어 있을 것만 같은 이 돈….

며칠 동안 듣고 본 얇은 지식을 바탕으로 종목을 고르기 시작했습니다. 처음 하는 투자라서 몇 시간을 모니터만 보며 주시하던 중… 갑자기 급등하고 있는 주식 하나~~~~

3,710원 3,720원 3,730원 3,740원 3,750원 3,760원 어어~ 이거 상한가인가 보다. 현재 오른 수치… 전일가 대비 9.4%… 마음이 조마조마하고 부르르 떨리는 느낌이, 어어! 하면서 누르기를 반복… 하지만, 누르는 순간 가격은 올라 체결이 안 되고, 다시 취소를 누르고 높은 가격을 누르려면 이미 또 올라가 있고… 그리하여 결국 전일 대비

12% 오른 가격에 '미수 몰빵'

매입과 동시에 파란색 글자가 띵~~~ 하니 -2400원??!! 설마, 현재 가격과 산 가격이 똑같은데 마이너스? 으흠… 떨려라. 잠시 화면을 보고 있는 찰나, 얼굴이 화끈 달아오르는 것을 느꼈습니다. "아니 왜 떨어져", "아니 왜 떨어져", "잠시 이러는 것이겠지", "잠시 떨어지는 것이겠지".

오늘 상한가 갈 것 같은데, 설마… 하며 모니터를 주시하던 눈을 돌려 담배를 찾아 밖으로 나와 담배를 피우면서 설마란 생각을 하고 잠시, 아주 잠시 쉬고 있었습니다.

한 10여 분을 쉬면서 이제 어느 정도는 돼 있겠지? 얼마가 올랐을까? 이런 생각을 가지고 다시 컴퓨터 앞에 앉았습니다. 모니터를 켜는 순간, 눈을 의심하지 않을 수가 없었습니다. 12%에 매수했던 주식인데 현재 4%??!! -8%??!! 이게 과연? 어떻게 된 일이지?

잔고를 확인하려는 순간, 눈에 들어오는 글씨는 -24만 원??!! 이게 아니겠지, 이게 아니겠지, 떨리는 마음을 가다듬고 매매가를 살펴보니 판다는 사람은 많은데 사려는 사람은 얼마 없어 보이는… "어, 이거 아니잖아" "이게 아니잖아…"

덜컥 겁이 나 버린 난… 나도 모르게, 어디서 주워들은 '손절매'를 해야 하나? 빨개진 얼굴로 모니터만 보고 말았습니다.

5장 이것이 진정한 세력주다

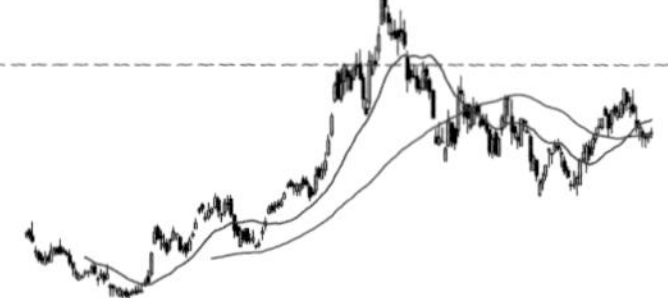

1. 강한 세력주란?

'세력주' 의 핵심은 1차 강한 상승 후에 눌림에서 장대양봉을 동반한 상한가 출현이 진정으로 강한 세력주라고 말할 수 있다. 예를 들어, 개별종목이 강한 호재로 급등세를 연출한 후 눌림에서 상한가가 나오지 않는다면 세력의 이탈 및 조정이 한참 동안 뒤따르게 된다.

눌림목 구간에서 또 다시 강한 상승세를 보인다는 것은 고점 매수자의 매도세와 저가 매수 차익 실현자들을 다 이겨내는 강한 세력들의 개입이 다시 있어야 가능한 일이기 때문이다. 최근 개인 투자자들의 단기매매 성향이 급속도로 증가하는 추세이고, 세력주의 의미를 모르고서는 데이트레이딩에서 수익을 내기가 어렵다.

보통 개인 투자자들이 세력주 거래에서 번번이 당하고, 세력들의 유인세로 추격 매수하여 많은 손실을 보기도 한다. 본 장에서는 진정한 세력주가 무엇인가를 알아보고 이를 실전거래에 적용하여 어떻게 단기간에 안정적이면서도 높은 수익률을 올리는지 알아보자.

1. 시가 총액이 적당하면서 세력들이 관리하기 좋은 중소형주가 좋다.
2. 테마주에 포함되는 것이 좋다.
3. 거래량이 활발해서 시장의 관심을 받는 종목이어야 한다.
4. 복합 호재를 가지고 있으면 더욱 좋다.(예: 나노+UCC)
5. 미래의 불확실한 호재를 내포하고 있어야 한다.
6. 눌림목 구간에서 거래량이 줄어들어야 한다.
7. 1차 강한 상승 후에 눌림목 구간에서 상한가로 시세가 나온 주식은 2차, 3차, 4차 눌림목에서도 상한가가 나올 확률이 80% 이상이다.
8. 매수 포인트는 1차 눌림목 구간에서 상한가가 나왔던 주식 중에서 2차 눌림목에서 거래량이 줄어드는 시점이 매수 포인트이다.
9. 매도 시점은 또 다시 거래량이 급증하는 시점에서 매도한다.

2. 실전사례 및 매수 · 매도 대응방법

〈차트 2-5-1〉 세력주 실전사례 1

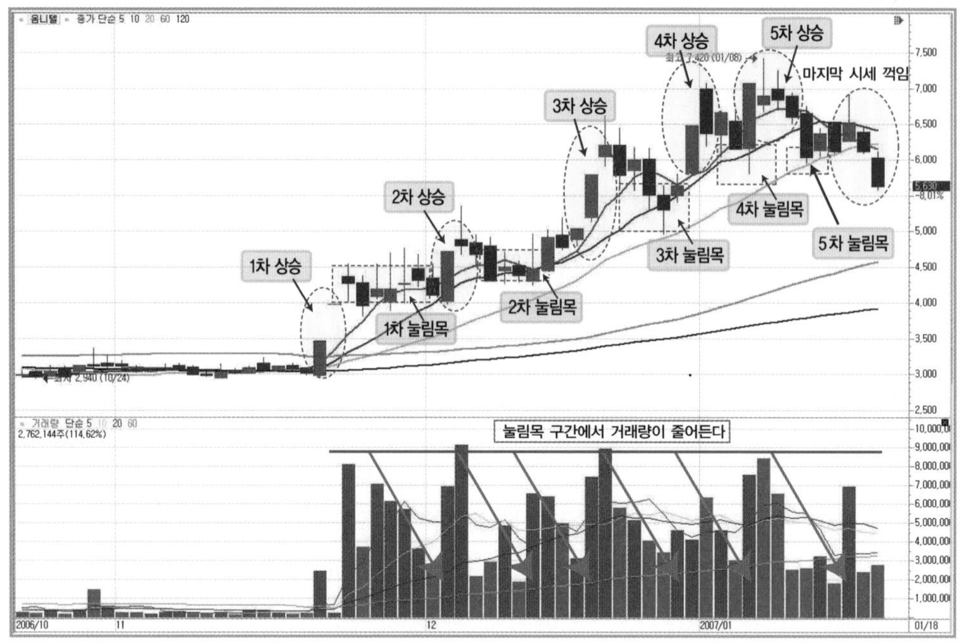

옴니텔의 차트이다.

세력주의 강한 의미를 가지고 있는 차트라고 할 수 있다. 그 이유를 알아보면, 1차 강한 상승 후에 박스권을 거치면서 거래량이 줄어들고 있는 것을 볼 수 있을 것이다. 그리고 상한가로 박스권 돌파를 하였다. 그 다음의 형태는 5차 상승까지 가면서 눌림목 때마다 계속 상한가로 시세를 준다는 것이다. 즉 매수 포인트는 2차 눌림목에서 거래량이 줄어드는 시점인 것이다.

뉴스나 공시에 보면 옴니텔은 제2의 싸이월드가 될 것이라는 잠재가치, 즉 미래의 불확실한 호재를 내포하고 있으며, 이는 옴니텔이 강한 세력주의 의미를 가진다고 할 수 있다.

〈차트 2-5-2〉 세력주 실전사례 2

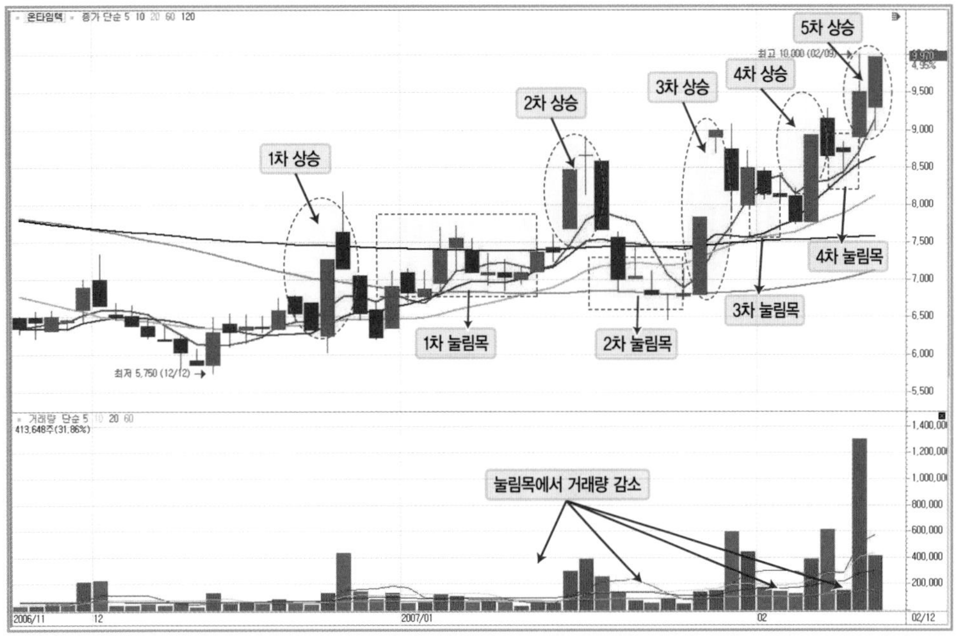

1차 강한 상승 후에 1차 눌림목에서 비교적 기간이 조금 길었지만 상한가가 나오면서 2차 상승을 하였다. 그렇다면 2차 눌림목 거래량이 급속도로 감소하는 눌림목 지점에서 매수하면, 80% 이상 상승을 한다. 그것도 상한가로 상승하는 경우이다.

그 이후로 어떤가? 3차, 4차, 5차까지 계속 이런 패턴을 반복하고 있는 것을 볼 수가 있다. 온타임텍 또한 UCC 테마주로써 미래의 불확실한 호재를 내포하고 있기 때문에 가능한 것이고, 1차 눌림목에서 상한가가 나왔기 때문에 계속 이런 형태를 보이고 있다.

〈차트 2-5-3〉 세력주 실전사례 3

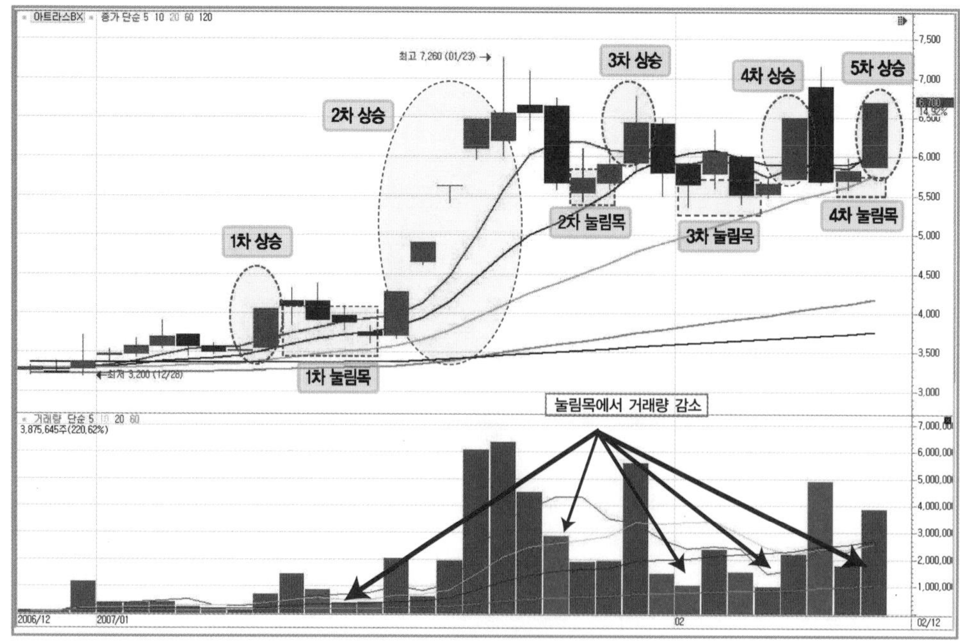

아트라스BX의 차트이다.

1차 강한 상승 후에 거래량이 급감하면서 눌림목을 형성한 후 1차 눌림목에서 상한가를 시현하며 시세 분출을 하고 있다. 그렇기 때문에 2차, 3차, 4차 거래량이 급감하는 눌림목 구간에서만 매수했다면 상당한 수익을 주었을 것이다.

〈차트 2-5-4〉 세력주 실전사례 4

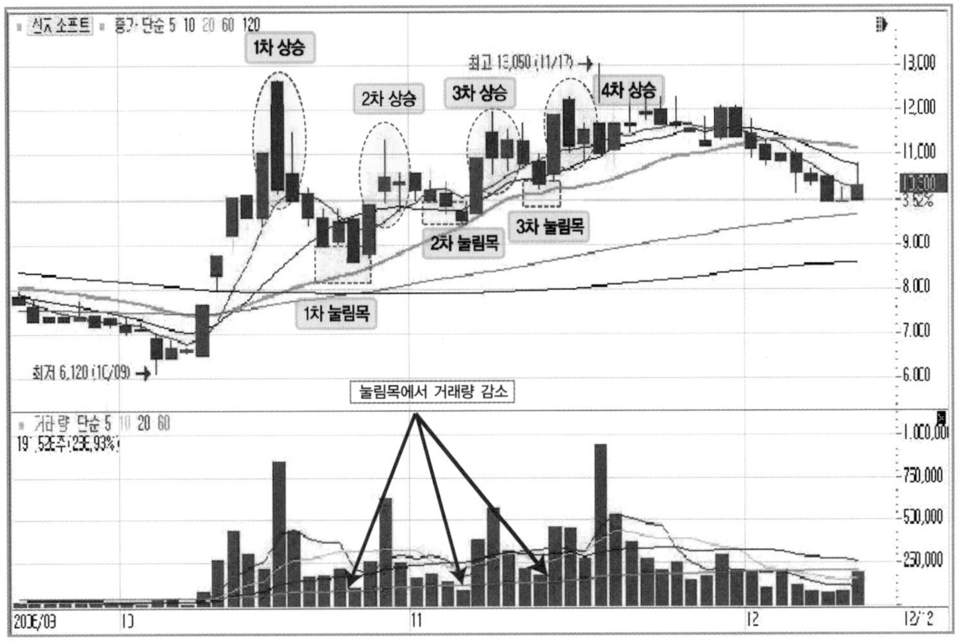

1차 강한 상승을 한 이후에 눌림목에서 매수하는 방식은 여러 견해가 있으나 필자의 경험상 확률 80% 이상이 된다고 판단하는 것은 눌림목에서 상한가가 나오는 경우이다.

그러니까 신지소프트처럼 2차 눌림목에서 또 상한가가 나오고 3차 눌림목에서 또 상한가, 이런 흐름으로 가는 것이 진정한 세력주라고 말할 수 있는 것이다.

그래서 매수는 1차 눌림목에서는 올라갈지 떨어질지 세력들의 의지가 파악되지 않기 때문에 매수를 보류하고, 1차 눌림목에서 상한가가 나왔던 주식 중에 2차 눌림목 구간에서 거래량이 줄어들 때 매수하는 것이다.

〈차트 2-5-5〉 세력주 실전사례 5

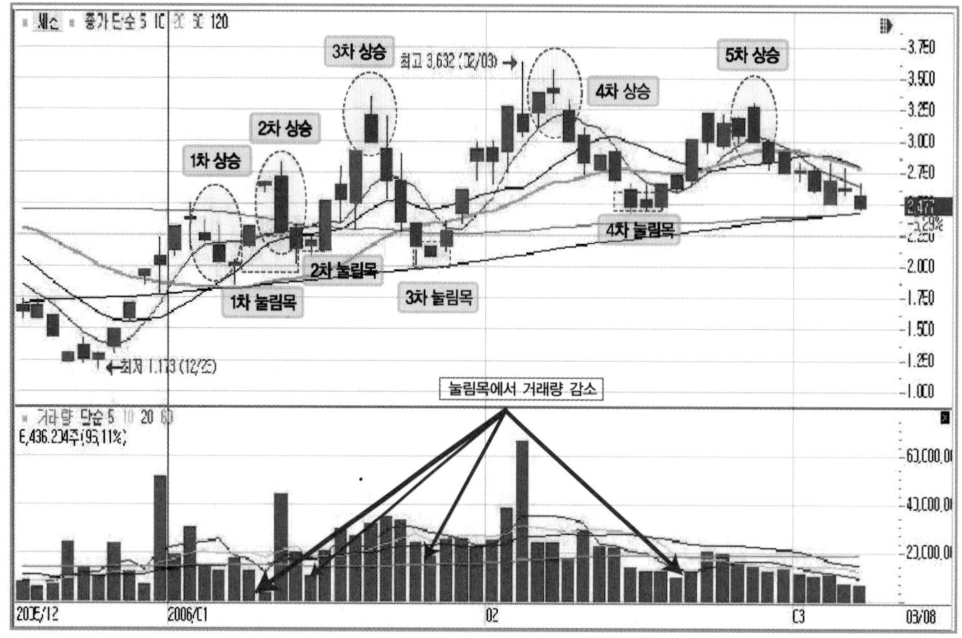

세신의 차트이다.

지금의 세신은 완전 부실주로 전락했지만 과거 큰 상승을 했던 시기에는 전형적인 강한 세력주의 패턴을 보인 주식이다. 1차 큰 상승을 해주고 동그라미 친 부분, 즉 눌림목에서 상한가가 나왔기 때문에 2차, 3차 눌림에서도 계속 상한가가 나오고 있는 것이다.

위에서 언급한 세력들이 1차 눌림목에서 상한가를 만든 경우는 2차 눌림목에서도 상한가를 만든다는 것을 기억하자. 보통 이런 차트의 형태를 보이는 종목은 미래의 불확실한 재료를 가지고 있으며, 재료의 심리가 꺾일 때까지, 재료가 소멸할 때까지 계속 같은 패턴을 보인다.

세신이 급등할 때는 유전 개발이라는 루머(미래의 불확실한 재료)가 도는 시점이었다.

미래의 주가를 예측할 수 있다

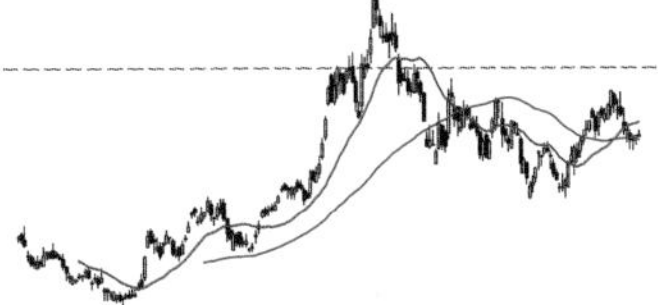

1. 앤드류 피치포크 기법이란?

앤드류 피치포크는 앤드류라는 사람이 만든 포크 모양의 분석도구이다.

이 기법은 지수나 개별종목까지도 어디까지 상승과 하락을 할 것인가를 알 수 있는 즉, 미래를 예측할 수 있는 기법이다.

이제부터 예시를 통해 하나씩 배워 보도록 하자.

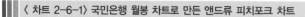

〈 차트 2-6-1〉 국민은행 월봉 차트로 만든 앤드류 피치포크 차트

2. 앤드류 피치포크 설정방법

〈차트 2-6-2〉 앤드류 피치포크 설정방법 예시 1

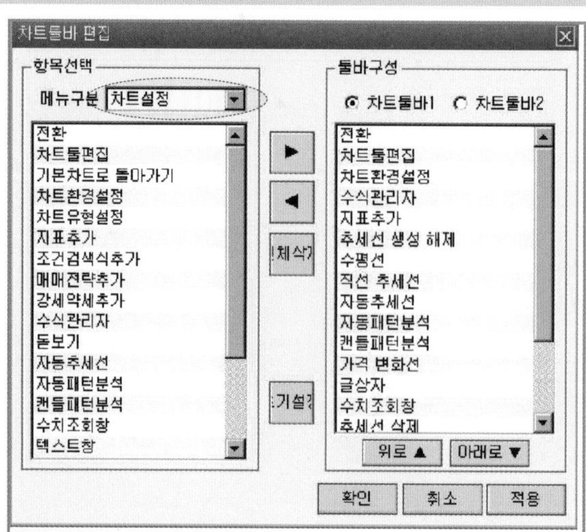

차트 툴 편집에서 차트 설정을 클릭하면 분석도구라는 것이 나온다.

〈차트 2-6-3〉 앤드류 피치포크 설정방법 예시 2

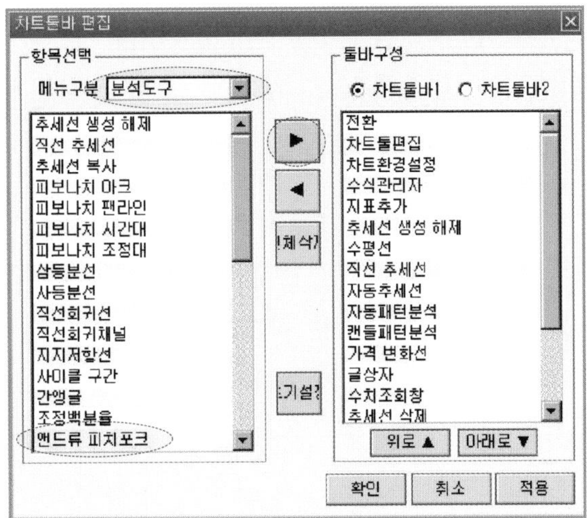

분석도구 안에 앤드류 피치포크라는 것이 나오면 오른쪽으로 이동하여 툴 바에 삽입시킨다.

〈차트 2-6-4〉 앤드류 피치포크 설정방법 예시 3

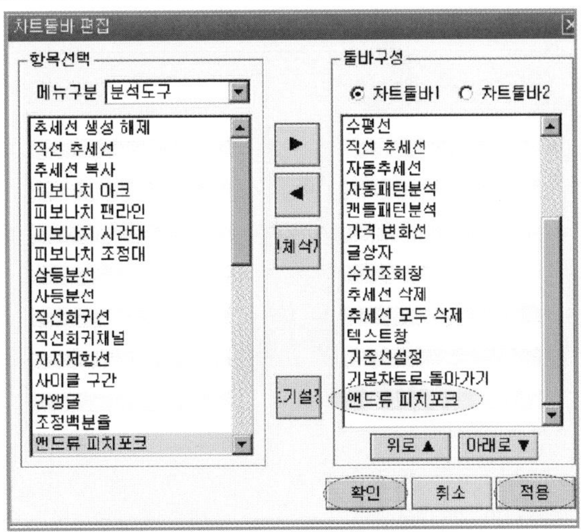

자, 그럼 오른쪽으로 이동이 되었고 적용과 확인을 누른다.

3. 앤드류 피치포크 사용방법

다시 국민은행의 엔드류 피치포크의 차트이다.

설정방법에 따라서 설정하였다면 차트 툴 바에 포크 모양의 분석도구가 하나 생성이 되었을 것이다.

앤드류 피치포크를 클릭한 다음

1. 임의로 하나의 고점인 ①번 지점에 클릭을 하고
2. 임의로 하나의 저점인 ②번 지점에 클릭한다.
3. 그런 다음 ③번 또 하나의 중간지점을 클릭하면 포크모양의 추세선이 그려진다.

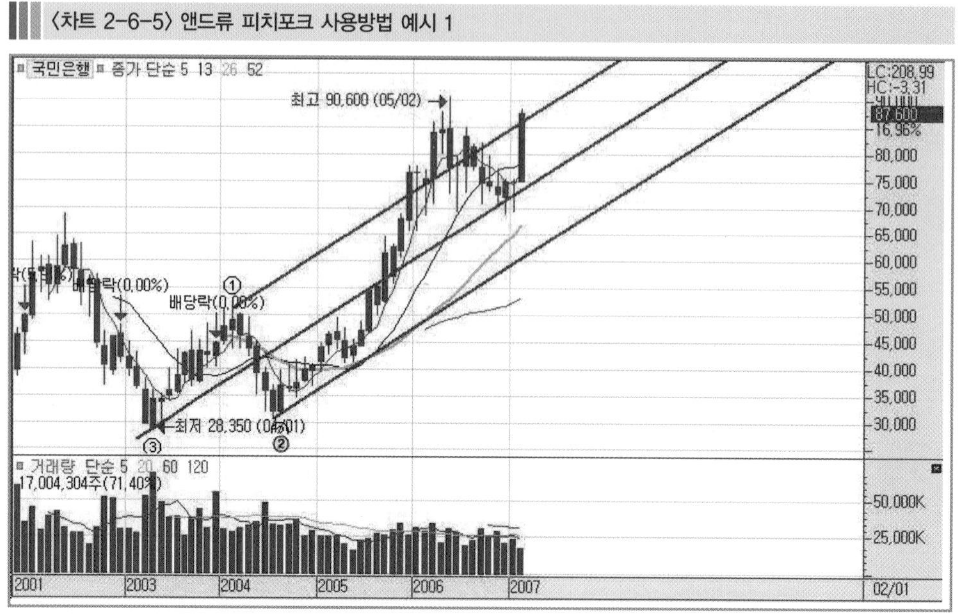

〈차트 2-6-5〉 앤드류 피치포크 사용방법 예시 1

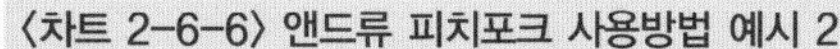

〈차트 2-6-6〉 앤드류 피치포크 사용방법 예시 2

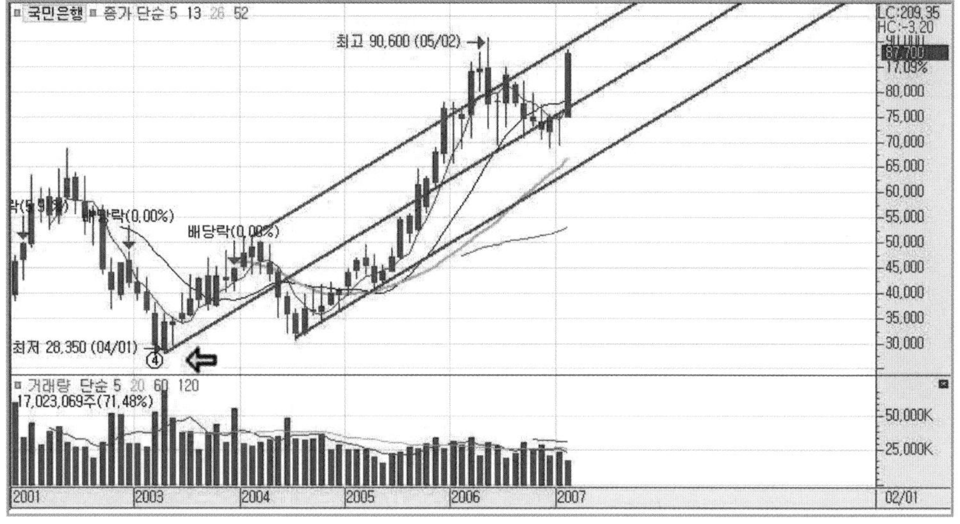

평상시 쓰던 마우스를 화살표 상태로 놓은 다음 ④번 꼭지점을 꾹 누르고 돌려서, 어느 한 고점에다 갖다 놓으면 다음과 같은 차트가 만들어진다.

이 차트를 보면 국민은행의 2004년도 중반부터의 주가 흐름이 그려질 것이다. 즉 2006년 초에 저항선까지 올라가고, 다시 하락하는 것을 볼 수 있을 것이다. 그런 다음 2006년 말과 2007년 1월에 지지선까지 하락한 다음, 지지를 받고 다시 급등한 것을 볼 수 있을 것이다.

〈차트 2-6-7〉 앤드류 피치포크 사용방법 예시 3

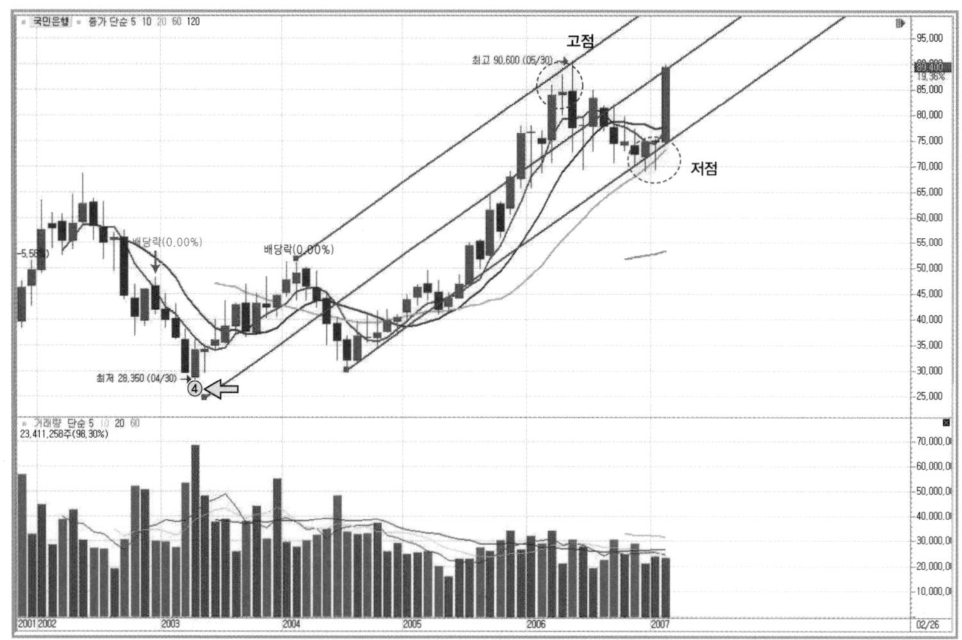

즉, 우량주 같은 경우에는 월봉을 보면서 비교적 정확하게 지지점과 저항점을 알 수 있다는 것이다. 종합지수를 볼 때도 마찬가지이다.

〈차트 2-6-8〉 앤드류 피치포크 설정방법 예시 4

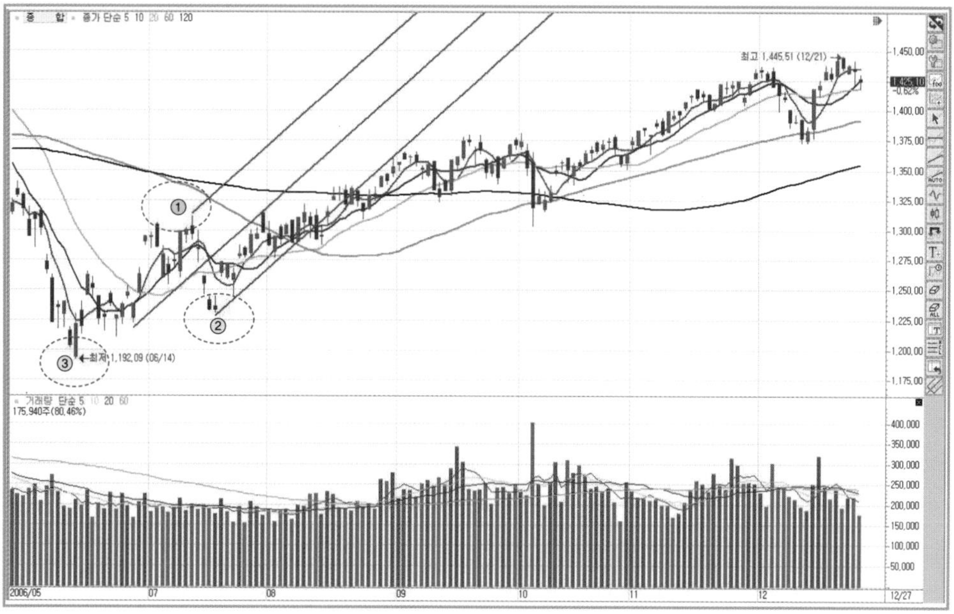

앞서 언급한 방식과 같이 ③번을 피치포크를 돌려보면, 다음의 차트가 그려질 것이다.

〈차트 2-6-9〉 앤드류 피치포크 설정방법 예시 5

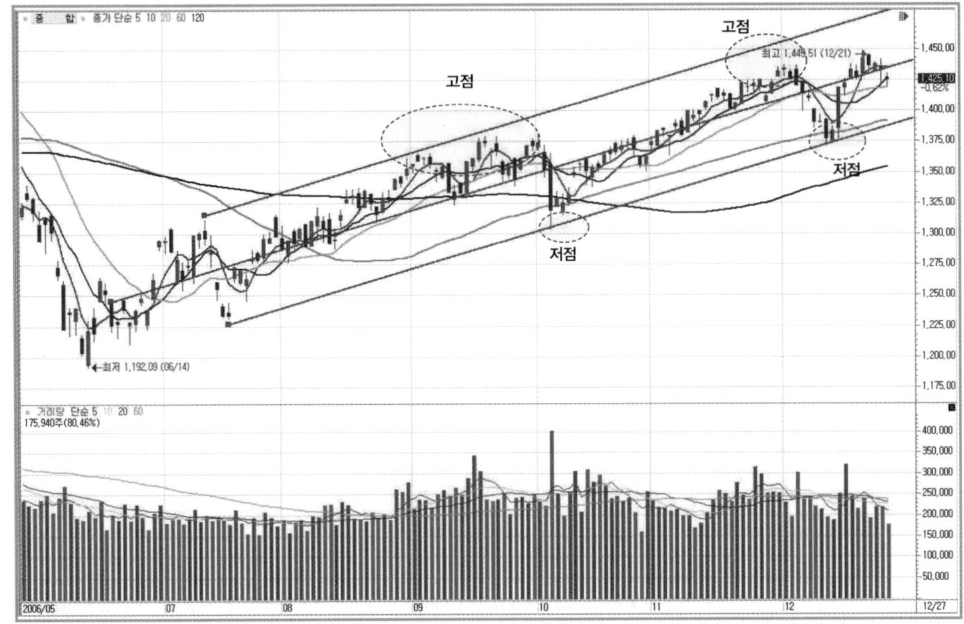

미래의 주가나 지수의 추세가 그려지지 않는가?

이 앤드류 피치포크를 조금만 응용해 보면 하락이나 상승 등 모든 것을 그려낼 수 있다. 충분히 연습하여 본인의 것으로 만들어 보기를 바란다.

〈카페회원들의 실전 주식투자 이야기〉

큰 손실을 보게 된 아픈 경험

필명 : 소나무

안녕하세요? 카페의 주옥같은 글을 읽다가 예전 일이 생각나서 글쓰기 창을 열었네요. 초보님들에게 조금이나마 도움이 되었으면 합니다. 5년 전쯤인가? 경제에 대한 관념이 없었는데 〈부자 아빠 가난한 아빠〉를 읽고 경제에 대한 마인드가 바뀌게 되었죠. 그래서 주식을 시작하게 되었습니다.

어느 날 TV를 보니 증권방송을 하더라고요. 종목 상담도 해주고, 강의도 해주고, 정보도 주고 정말 좋은 프로였습니다. '열심히 하면 되겠구나.' 생각하며 강좌를 계속 보았지요. 어느 정도 공부를 하고 나서 부푼 꿈을 안고 모 증권사 계좌를 텄습니다.

그리고 매매를 시작했는데요. 그냥 생활에서 오는 감으로 했습니다. 예를 들면 주병진이 속옷 회사를 하는데 잘 된다는 이야기를 들어서 '좋은 사람들' 을 매수했습니다. 장기 보유했으면 수익이 났을지도 모르지만 사고 나면 마음이 급해져서 팔아, 잘하면 본전치기 정도였습니다.

모 경제TV에서 종목 상담을 해주는 코너가 있습니다. 거기에 유명한 분이 계시는데요. 그분이 참 신뢰가 가더라구요. 보통 그분들은 인터넷으로 방송도 하는데요. 채팅창에서 질문을 하고 그분이 라디오 방송처럼 진행을 합니다. TV방송에서는 못하는 이야기도 하고, 음악도 틀어주고 사람들도 엄청나게 몰려들어옵니다.

방송 도중 종목을 추천하는데요. 중소기업인데 재무구조도 튼튼하고 앞으로 성장성도 좋아서 괜찮은 종목이다. 등등 그 종목에 대해 칭찬을 거듭했습니다. 신뢰감이 가데요.

월요일 날 투자금의 50% 비중으로 그 종목을 매수했습니다. 첫날 조금 오르는 것 같더라고요. 그런데 장 막판에 조금 많이 내렸습니다. 괜찮아! 고수가 추천했는데… 다시 오르겠지. 여유를 부렸습니다. 1주일이 지나고 -30% 손실, 헉… 왜 이러지.

그분이 인터넷 방송을 하고 있을 때 막 따지려다가 공손하게 물었습니다. 저번에 추천한 종목이 이렇게 되었는데 어떻게 해야 되는 건가요? 질문했더니 질문에 답을 않더라구요. 워낙에 많은 사람들이 질문을 하니까… 계속 기다리고 있었습니다.

드디어 나의 질문에 답을 했습니다. 딱 한마디(조금 비꼬는 듯이)
"손절매를 모르십니까?"

이 말뿐이었습니다. 그리고 다음 종목에 대해 쭈욱 이야기합디다.

자신이 그렇게 호언장담하듯이 추천한 종목인데, 어떻게 하라는 말도 없이… 할 말을 잃었습니다. 무작정 신뢰하던 사람인데….

추천해서 가지고 있던 종목은 부도가 나서 관리종목으로 지정되고, 감자되고 주주총회 오라는 편지만 오고, 그 충격으로 2년간 주식을 멀리 했습니다. 오래전 일이라 기억이 왔다갔다 해서 글에 두서가 없네요. 이 이야기가 하고 싶었어요. 아무리 실력 있고 신뢰하고, 믿음이 가는 사람이 종목을 추천하더라도 손절매는 해야 합니다.

초보들은 손절매를 잘 못합니다. 거기에다 친분이 있고, 믿고 있는 실력자가 추천했다면 손절매는 더더욱 힘들어지지요. 많은 시간이 지났지만 저의 뇌리엔 그 억양과 비꼬는 듯한 음성이 생생하게 각인되어 있습니다.

"손절매를 모르십니까?"

PS : 조금 오해하시는 분이 있는 것 같아 추가 글을 올립니다. 추천한 고수를 비난하는 것은 아닙니다. 고수나 전문가가 추천하면 100% 정확할 거라는 초보의 아둔함을 비난하는 겁니다. 그 전문가가 그렇게 말한 것은 다른 사람

들에게 경종을 울리기 위함이었을 겁니다. 손절매를 모르면 주식시장을 떠나라는 암시일 수도 있고 공부 좀 하라는 암시일 수도 있습니다.

다른 사람이 추천한 종목으로 한동안 조금씩 수익을 낼 수도 있습니다. 하지만 자신이 공부를 안 한다면 언젠가는 호되게 당할 날이 있을 것입니다. 그러므로 이 카페의 회원님들은 운이 좋은 것 같습니다. 운이 왔으면 잡아야죠. 열심히 공부하시어 모두 성공투자 하시길 기원하겠습니다.

증권사 리포트와 반대로 투자해라

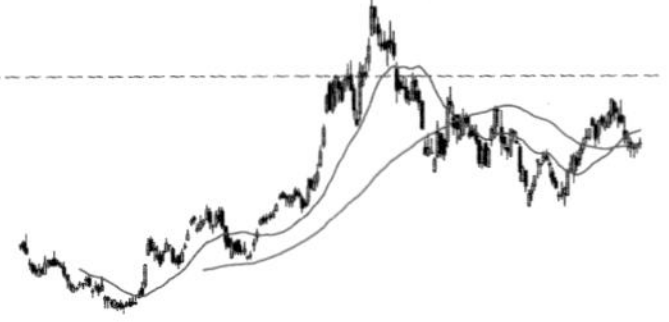

1. 증권사 매도의견 리포트 믿을 수 없다

〈차트 2-7-1〉 증권사 목표가 하향 및 매도의견 직후 급등한 사례 1

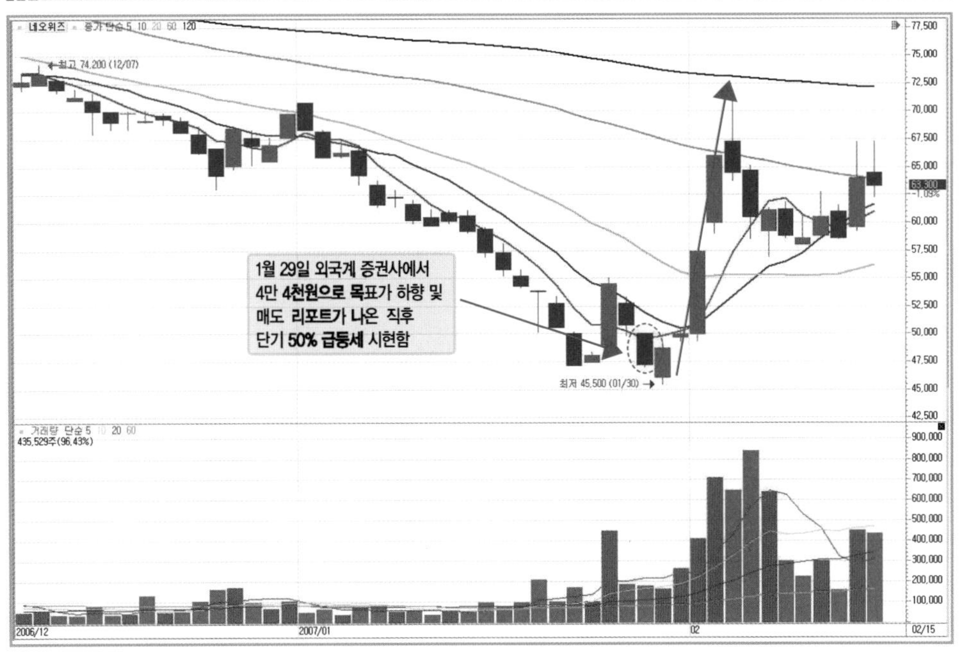

〈차트 2-7-2〉 증권사 리포트 1

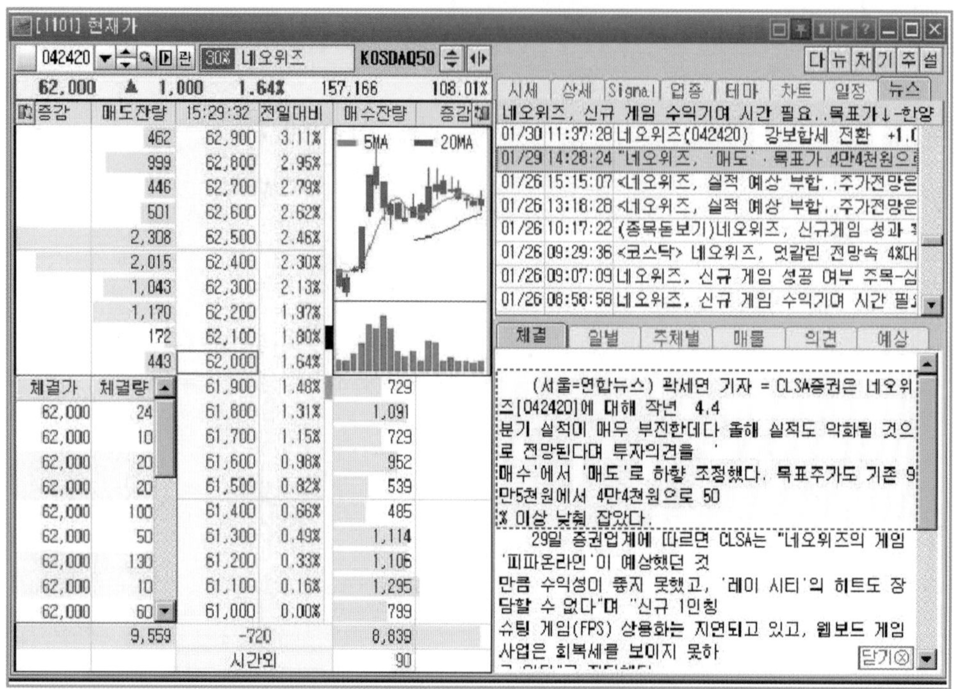

네오위즈에 대한 외국계 증권사의 리포트를 과연 믿을 수가 있을까?

기존 목표가 95,000원에서 50% 이상 낮춘 44,000원으로 하향 조정하고, 매수에서 매도 투자의견을 내놓았지만 리포트가 나온 직후 50% 이상 급등세를 시현한다.

필자의 경우, 증권사 리포트를, 바닥권에서의 매도의견은 매수의견으로 생각하며, 고점에서의 매수의견은 매도의견으로 생각하고 매매에 적용해서 오히려 더 적중하는 경우가 많았다.

2. 증권사 매수의견 리포트 믿을 수 없다

〈차트 2-7-3〉 증권사의 호재 리포트 및 매수의견 나온 직후 급락한 사례 2

성호전자는 반대로 증권사의 매수의견과 호재 리포트가 나온 직후 50%의 급락세를 나타내었다. 정보력이 없는 개인 투자자들이 과연 어디를 믿고 투자할 것인가? 물론, 매수의견을 낸 이후에 주가가 떨어질 수도 있다.

하지만 문제는 주가가 바닥일 때 매수의견이 나오면 좋은데, 꼭 고점대에서 매수의견이나 호재 리포트가 나오면 떨어진다. 필자는 이에 의문을 갖지 않을 수 없다.

〈차트 2-7-4〉 증권사 리포트 2

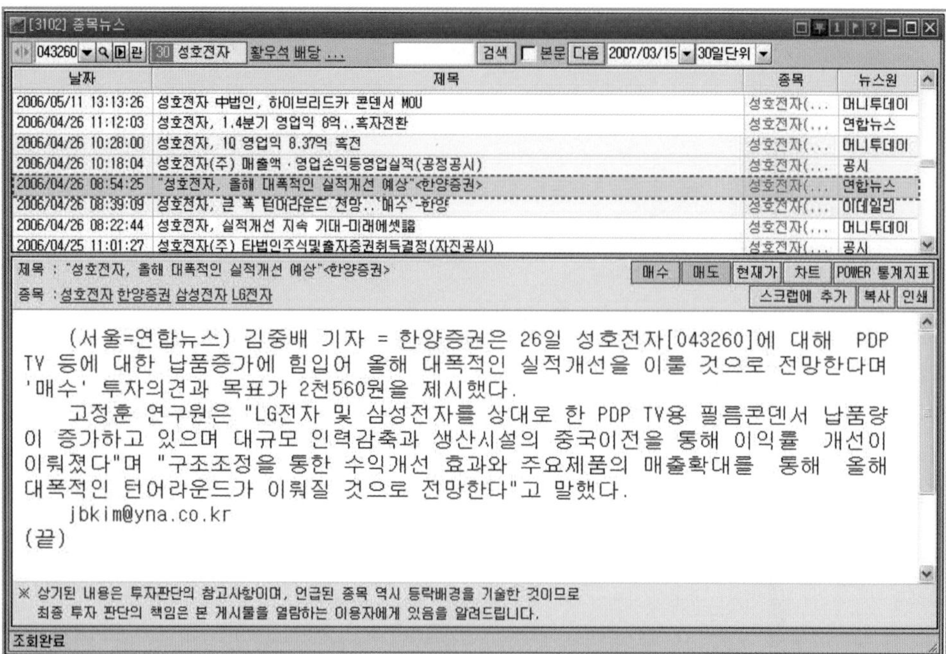

[3102] 종목뉴스

043260 관 30 성호전자 황우석 배당 ... 검색 본문 다음 2007/03/15 30일단위

날짜	제목	종목	뉴스원
2006/05/11 13:13:26	성호전자 中법인, 하이브리드카 콘덴서 MOU	성호전자(...	머니투데이
2006/04/26 11:12:03	성호전자, 1.4분기 영업익 8억..흑자전환	성호전자(...	연합뉴스
2006/04/26 10:28:00	성호전자, 1Q 영업익 8.37억 흑전	성호전자(...	머니투데이
2006/04/26 10:18:04	성호전자(주) 매출액 · 영업손익등영업실적(공정공시)	성호전자(...	공시
2006/04/26 08:54:25	"성호전자, 올해 대폭적인 실적개선 예상"<한양증권>	성호전자(...	연합뉴스
2006/04/26 08:39:09	성호전자, 큰 폭 턴어라운드 전망..'매수'-한양	성호전자(...	이데일리
2006/04/26 08:22:44	성호전자, 실적개선 지속 기대-미래에셋證	성호전자(...	머니투데이
2006/04/25 11:01:27	성호전자(주) 타법인주식및출자증권취득결정(자진공시)	성호전자(...	공시

제목 : "성호전자, 올해 대폭적인 실적개선 예상"<한양증권>

종목 : 성호전자 한양증권 삼성전자 LG전자

매수 매도 현재가 차트 POWER 통계지표 스크랩에 추가 복사 인쇄

(서울=연합뉴스) 김중배 기자 = 한양증권은 26일 성호전자[043260]에 대해 PDP TV 등에 대한 납품증가에 힘입어 올해 대폭적인 실적개선을 이룰 것으로 전망한다며 '매수' 투자의견과 목표가 2천560원을 제시했다.

고정훈 연구원은 "LG전자 및 삼성전자를 상대로 한 PDP TV용 필름콘덴서 납품량이 증가하고 있으며 대규모 인력감축과 생산시설의 중국이전을 통해 이익률 개선이 이뤄졌다"며 "구조조정을 통한 수익개선 효과와 주요제품의 매출확대를 통해 올해 대폭적인 턴어라운드가 이뤄질 것으로 전망한다"고 말했다.

jbkim@yna.co.kr

(끝)

※ 상기된 내용은 투자판단의 참고사항이며, 언급된 종목 역시 등락배경을 기술한 것이므로 최종 투자 판단의 책임은 본 게시물을 열람하는 이용자에게 있음을 알려드립니다.

조회완료

물론, 정직하게 회사의 내용을 보면서 매수 · 매도 의견을 내는 증권사도 많다. 하지만, 필자는 그동안의 주식거래 경험에서 너무나 의도적인 이러한 행태를 많이 봐왔기 때문에 개인 투자자들은 소문이나 리포트에 의존하지 말고 소신대로 투자해야 한다고 조언하고 싶다.

8장 가치투자의 맥을 짚어라

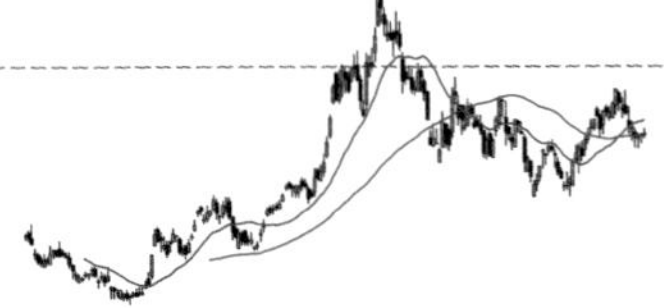

1. 초보자도 이제 기업분석의 핵심을 알 수 있다

주식투자를 함에 있어서 기업분석 하는 법은 기본으로 알고 있어야 한다. 내가 투자하고 있는 회사가 어떤 회사인지, 무엇을 파는 회사인지, 앞으로 성장 가능성이 있는지 등 어느 정도 파악을 한 상태에서 투자하는 것이 안정적인 투자라 할 수 있다.

투자하는 해당 기업을 알지 못하고서는 넓은 바다에서 나침반 없이 항해하는 배와 같은 것이다. 필자도 단기매매를 주로 했고, 가끔 중장기 투자도 병행했지만 매수하기 전 한 번 정도는 기업을 분석하고 주가와 연관성을 고려해서 매매하였다. 해당 기업이 감자할 가능성이 있는가를 공시와 뉴스를 통해 항상 체크해서, 보유종목이 부실화되어 상장 폐지될 수도 있는 위험요소, 즉 리스크를 최소화하여 안정적인 매매를 할 수 있는 것이다.

꾸준하게 수익을 낸다 하더라도 단 한 번에 큰 손실로 연결될 수 있는 고위험과 고수익을 동시에 가지고 있는 것이 주식투자이다. 옛날에 우량했던 기업이 영원한 우량한 기업으로 남으라는 법은 없고, 부실했던 기업이 영원히 부실하다는 법은 없다. 다만 내가 현재 그 기업에 투자할 때 만큼은 위험성이 없어야 한다.

어떤 증권사 HTS 프로그램이든 기업분석을 볼 수 있도록 제공하고 있다. 기업분석의 맥을 알고 초보자들도 충분히 이해하고, 습득만 한다면 최소한 피 같은 나의 돈을 잃어버리는 우를 범하지는 않을 것이다.

자, 그럼 이제부터 주가와 연관성이 있는 기업분석의 핵심을 배워 보도록 하자.

2. 기업분석으로 투자시 고려할 요인들

1) 회사채 등급이란?

회사채를 발행한 기업이 원리금 상환 만기일까지 제대로 돈을 갚을 수 있는지를 따져 그 상환능력에 따라 한국신용평가(KIS) · 한국신용정보(NICE) · 한국기업평가(KMCC) 등 신용평가기관이 매기는 등급을 말한다.

예를 들면 3년 만기 장기 회사채를 발행하고 돈을 빌려간 기업이 제때에 원금을 상환하지 못할 수도 있는데, 이러한 위험성을 방지할 목적으로 신용도에 따라 총 18개의 등급으로 차등을 두어 신용도를 평가한다.

18개 등급은 AAA, AA+, AA, AA−, A+, A, A−, BBB+, BBB, BBB−, BB+, BB, BB−, B, CCC, CC, C, D 등 영문 알파벳순으로 매겨지는데, AAA는 원리금 지급능력이 최상급을, AA+는 아주 우수함을 의미하며, 그 아래로 내려갈수록 지급능력은 떨어지게 된다.

보통 원리금 지급능력은 있으나 경제여건이나 환경에 따라 원리금 지급능력이 떨어질 위험성을 안고 있는 BBB까지를 투자적격 등급이라 하고, BB 이하를 투자 부적격 등급, 즉 투기 등급이라고 한다.

그 가운데서도 C는 채무 이행 가능성이 거의 없는 상태를, D는 부도나 화의 등으로 인해 이미 채무를 이행할 수 없는 상태에 있음을 뜻한다. 따라서 등급이 낮을수록 위험도 커지기 때문에 회사채 발행회사는 돈을 빌려준 금융기관 등에 더 높은 이자를 부담하게 되는 것이 일반적이다.

2) CP(기업어음) 등급이란?

기업어음 신용등급은 신용도에 따라 A1에서 D까지 6개의 등급으로 구성되어 있다. 등급 중 A1에서 A3까지는 적기 상환능력이 인정되는 투자 등급이며, B와 C는 환경 변화에 따라 적기 상환능력이 크게 영향받을 수 있는 투기자 등급으로 분류된다.

A1 : 적기 상환능력이 최상이며, 상환능력의 안정성 또한 최상임.

A2 : 적기 상환능력이 우수하나, 그 안정성은 A1에 비해 다소 열위임.

A3 : 적기 상환능력이 양호하며, 그 안정성도 양호하나 A2에 비해 열위임.

B : 적기 상환능력은 적정 시 되나 단기적 여건 변화에 따라 그 안정성에 투기적인 요소가 내포되어 있음.

C : 적기 상환능력 및 안정성에 투기적인 요소가 큼.

D : 상환불능 상태임.

상기 등급 중 A2부터 B등급까지는 +, - 부호를 부가하여 동일등급 내에서의 우열을 나타내고 있다.

회사채는 장기인 3년의 기간에 대한 채권의 등급을 표시하고, 기업어음(CP)은 보통 270일 이내의 단기자금에 대한 평가등급이므로 안정적인 등급을 든다면 회사채 등급이 그 회사를 평가하는 등급이라고 보면 될 것이다.

3) ROE란?

당기 순이익 / 평균치 자기자본 = 자기자본 이익률인데, 업종 평균에 비해서 높을수록 좋다.

예시 : 자기자본이 200억인 A, B 두 기업이 있다고 하자. A기업은 당기 순이익을 40억 원 벌었고, B기업은 당기 순이익을 10억 원 벌었다고 하면

A기업 = 40억 / 200억 = 20% ROE
B기업 = 10억 / 200억 = 5% ROE

상대적으로 A기업은 200억을 가지고 20% 수익을 올린 셈이고, B기업은 200억을 가지고 5% 수익을 올렸다는 것이다. 그래서 ROE가 높은 종목에 투자해야 효율적인 주식투자라 할 수 있다.

4) 사업 구성

매출 구성이 독과점 업체이거나 점유율이 1위 업체면 괜찮지만, 생산품목이 하나이면서 과다경쟁일 경우에는 리스크도 있을 수 있고, 이 회사가 내수 위주인지 수출비중이 높은 회사인지를 파악할 필요가 있다. 이유는 수출기업들은 환율 급락 시 원화절상에 따른 수익성이 악화되어서 실적에 타격을 받을 수도 있다. 즉 수출기업인 경우에는 적정한 환율 유지를 하여야만 안정적인 수익구조를 가져다 줄 수 있는 것이다.

5) 유상증자 및 전환사채 발행

유상증자 및 전환사채를 많이 발행하면 주당 가치가 떨어지며 물량 부담으로 인해 주가에는 부정적인 요인이 될 수도 있다. 또한 많은 전환사채를

발행하면 잠재적인 주식으로서의 성격을 지니고 있기 때문에 기존주주들의 주식가치는 떨어지게 되는 것이다.

전환사채 발행가보다 주가가 높으면 주식으로 전환해서 차익을 얻는 게 대부분이다. 물론, 사채가 주식으로 전환되고 회사 입장에서는 빚이 자본으로 바뀌니까 현금 유출은 없지만, 전환사채가 발행되면 주가가 대개 약세를 띠게 된다.

하지만 신기술 개발이나 사채 발행 목적이 회사의 경영에 좋은 영향을 준다면 주가가 상승하는 경우도 가끔 있다. 특히 중소형주에 스포츠스타 또는 대기업의 대주주가 참여하는 3자 배정 유상증자 같은 경우에 주가가 폭등하면서 급등하는 사례가 많았다. 그래서 유상증자를 실시하는 경우에 주주 배정 유상증자가 아닌 제3자 배정 유상증자에 참여하는 사람이 누군가 유심히 볼 필요가 있는 것이다.

3. 투자지표를 살펴보자

1) 주당가치 지표

〈표 2-8-1〉 주당가치 지표 (단위 : 원)

구 분	2003. 12	2004. 12	2005. 12	2006. 9
주당순이익(EPS)	36,356	67,899	49,970	49,530
주당순이익(EPS)	262,387	357,487	368,562	375,570
주당순자산(BPS)	162,421	189,640	218,329	235,535
주당순자산(BPS)	68,499.9	107,037.3	96,104.3	89,418.6

주당 순이익(EPS)

당기 순이익을 그 기업이 발행한 총 주식수로 나눈 값인데, 적정주가라고 하면 '주당 순이익 × 10' 전후를 '적정주가'라고 보통 말한다.

필자가 그동안 수많은 주식거래를 하면서 느낀 점은 적정주가라는 것은 현재를 기준으로 적정주가이지, 기업의 가치에 따라 적정주가가 매겨지는 것은 아니라는 것이다. 물론 블루칩과 옐로칩은 기업가치에 따라 파동을 그리면서 주가가 형성되는 경우가 많다.

세력주라든가, 중소형주는 기업의 가치에 따라 움직이는 것도 있지만 수급과 재료에 따라서 주가가 움직이는 경우가 많다. 하지만 주식의 적정주가를 알고 투자하는 것과 모르고 투자하는 것은 엄연히 다르기 때문에 적정주가 정도는 알고 투자하여야 리스크 관리 차원에서 안정적인 투자를 할 수 있다.

주당 순자산(BPS)

순자산을 발행주식 수로 나눈 것이며, 현주가보다 높을수록 기업 내용이 저평가되었다고 말할 수 있다.

주당 순이익(기업의 성장성) + 주당 순자산(기업의 안정성), 이 두 가지 요소를 잘 알아야 리스크가 적은 주식투자를 할 수 있는 것이다.

2) 내재가치 지표

〈표 2-8-2〉 내재가치 지표 (단위 : 배)

구 분	2003. 12	2004.12	2005.12	2006.9
PER(최고/최저)	13.20/7.41	9.38/5.92	13.25	14.94/11.08
PSR(최고/최저)	1.83/1.03	1.78/1.12	1.80/1.18	1.97/1.46
PBR(최고/최저)	2.96/1.66	3.36/2.12	3.03/1.99	3.14/2.33
PCR(최고/최저)	7.01/3.93	5.95/3.76	6.89/4.53	8.28/6.14

주가수익률(PER)

동종업계와 대비해서 낮은 PER 종목을 찾아서 투자한다는 이론이다. PER(주가/주당 순이익)는 보통 7~15배 수준이 적정수준이라고 한다. PER는 1주당 순익을 나눈 것으로, 숫자가 적을수록 저평가되었다고 보는 것이다. 예를 들어 주가가 10,000원인 주식의 주당 순익이 1,000원이면, 10,000에서 1,000을 나누어 PER가 10이 된다.

그렇다고 PER가 무조건 낮은 회사가 좋은 것만은 아니다. PER가 낮은 주식의 상당부분은 유통 주식수가 적고, 성장성이 없는 사업을 하는 경우 낮게 형성되는 경우도 있다. 유통 주식수가 적은 경우에는 기관들도 못 사고, 단기매매 위주의 개인도 사지 않는 극단적인 저평가 상태가 계속 유지되는 경우가 있기 때문이다.

업종별로 PER의 기준이 다른데, 내수주가 5~10, 제조업이 10~15, 첨단기술주가 15~20, 인터넷 업종이 20~25를 적정가로 보고 있기도 하다. 인터넷사업은 성장성이 높기 때문에 PER가 높게 형성되어 있다. 인터넷 업종은 몇 년 후의 좋은 실적이 이미 주가에 상당히 반영되어 있는 경우가 많기 때문에 악재에 민감하며 성장성의 기대치가 줄어들면 주가가 많이 떨어질 수 있다고도 생각해야 한다.

PBR(주가/주당 순자산)은 현재의 기업 밸류에이션(가치)의 청산가치 비율이라고 하면, PER는 기업의 미래가치를 보는 것이라고 쉽게 말할 수 있다. PBR이 1 이하일 경우는 기업이 청산을 해도 주주에게 돌아갈 금액이 충분하다는 뜻이다. 반대로 생각하면 대부분 PBR 1 이하인 종목들은 성장성이 낮거나 수익률이 적은 종목도 있고, 또한 적자기업도 PBR 1 이하일 수가 있다.

그때는 자본금 내역을 보면 알 수가 있다. 자본 총액 중에서 이익잉여금이 없고 자본금과 자본잉여금으로만 구성되어 있는 종목은 PBR 비율이 낮아도 수익을 낼 수 있는 구조가 아니기 때문에 투자 매력이 떨어지는 것이다.

따라서 PBR 1로 적정주가를 낼 때는 꾸준히 수익을 내는 기업인지 꼭 확인해야 한다. 간혹 성장성이 적은 경우가 있기 때문에 장기적인 시각으로 접근해야 하며 배당 여부를 확인하는 것도 좋다.

삼성전자는 PBR로 주가 흐름을 보면 좋은데, 주가가 바닥권에서 PBR이 2.0 전후가 되는 경우가 많았고, 주가가 상투권에서 PBR은 3.0 전후가 많았다. 또한 삼성전자는 지수의 영향력이 크기 때문에 2.0 전후가 되면 종합주가지수가 바닥 근처라는 추론도 해 볼 수가 있다.

3) EBITDA 지표

〈표 2-8-3〉 EBITDA 지표 (단위 : 억원, 배)

구 분	2003.12	2004.12	2005.12	2006.9
기업가치(EV)	737,852.49	731,741.29	***,***.**	***,***.**
EBITDA	105,851.70	175,419.79	139,491.17	141,942.20
EBITDA/매출액	0.24	0.30	0.24	0.25
EBITDA/금융비용	66.75	102.24	61.25	49.61
EV/EBITDA	6.97	4.17	7.76	7.69

EV(기업가치)는 기업 매수자가 기업을 매수할 때 지불해야 하는 금액을 뜻하며, 주식시가 총액에 순부채(총차입금－현금예금)를 더한 것이다.

EBITDA(쉽게 에비타라고 한다)는 기업이 영업활동을 통해 벌어들인 현금창출 능력을 나타내는 수익성 지표이다. **이자비용, 법인세, 감가상각비를 공제하기 이전의 이익으로, 편의상 영업이익과 감가상각비를 더해서 구한다.**

EV/EBITDA 비율은 기업이 자기자본과 타인자본을 이용하여 어느 정도의 현금흐름을 창출할 수 있는지를 나타내는 지표로 비율이 높을수록 주가가 고평가, 낮을수록 저평가되어 있다고 할 수 있다.

그렇다면 회사는 점점 좋아지고 있는데 EV/EBITDA 비율이 전년도에 비해서 낮아지는 경우 주가에 반영이 안 되었다면 앞으로 주가가 상승할 수 있는 잠재력을 내포하고 있다고 볼 수 있는 것이다.

한국 상장기업들의 평균 EV/EBITDA는 1990년대 들어 6.5~7배를 나타낸다. 즉 EBITDA 등의 지표는 경제적 가치를 보다 정확하게 파악하기 위해 만든 지표인 것이다. 용도로 구분하면 영업활동 현금흐름은 금융기관에서, EBITDA는 주식시장에서 주로 많이 보는 경향이 있다.

핵심 포인트!

EBITDA는 높아질수록 좋다. ↑

EBITDA/매출액도(에비타 마진율)이 높아질수록 좋다. ↑

EBITDA/금융비용도 높아질수록 좋다. ↑

EV/EBITDA는 낮아질수록 좋다. ↓

Tip

영업이익이나 순이익 증가추세는 느리지만 에비타 마진율(EBITDA/매출액)의 개선이 두드러진 회사, 주가가 상당폭 하락하여 EV/EBITDA가 더욱 낮아진 회사는 급등의 조건을 갖추었다고 말할 수 있다.

이는 성장형 턴어라운드 종목으로, 고PER에서 매수하여 나중에 저PER가 되어 매도하면 되는 유형이다.

4. 재무제표를 쉽게 보는 법

1) 대차대조표

〈표 2-8-4〉 대차대조표 (단위 : 억원)

항 목	2002.12.31	2003.12.31	2004.12.31	2005.12.31	2006.9.30
현금 및 현금등가물	14,093.8	12,682.0	9,578.1	10,535.5	15,511.0
유가증권	17,448.9	24,706.0	22,893.6	19,172.2	14,196.8
매출채권	11,048.8	13,814.2	13,315.8	14,969.3	21,260.3
당좌자산(계)	98,072.7	110,024.5	108,041.7	113,138.6	103,682.2
재고자산(계)	22,727.2	24,799.5	31,543.1	29,094.4	30,678.0
유동자산(계)	120,799.9	134,824.0	139,584.9	142,233.1	134,360.2
투자자산(계)	78,405.9	81,986.3	94,188.3	109,302.8	122.995.4
유형자산(계)	142,257.1	171,892.0	197,278.0	246,501.9	280,065.2
무형자산(계)	2,932.9	3,331.3	3,993.7	4,658.0	5,069.9
고정자산(계)	223,596.0	257,209.7	295,460.1	360,462.8	408,130.6
자산총계	344,396.0	392,033.8	438,165.4	505,387.7	544,866.8
매입채무	16,573.3	18,611.8	18,233.1	18,671.8	23,331.5
단기차입금	–	–	–	–	–
유동성장기부채	4,389.8	10,452.1	–	–	–
유동부채(계)	84,186.6	91,918.9	87,209.0	83,452.7	89,057.0
사채(계)	11,870.0	1,138.6	985.4	955.5	888.5
장기차입금(계)	4.1	–	–	–	–
고정부채(계)	17,106.4	5,970.0	6,552.3	25,368.8	27,947.5
부채총계	101,293.1	97,889.0	93,761.3	108,821.6	117,004.6
자본금	8,891.4	8,952.4	8,975.1	8,975.1	8,975.1
자본잉여금	59,249.0	62,188.1	63,316.6	63,653.1	63,686.6
이익잉여금	194,920.6	244,097.0	305,750.4	373,658.9	421,145.6
자본조정	−19,958.3	−21,092.9	−33,638.1	−49,721.0	−65,945.1
자본총계	243,102.9	294,144.7	344,404.0	396,566.1	427,862.2

대차대조표란 어떤 기업의 내실이 튼튼한지, 즉 빚이 많은지, 튼실한 경영을 해 왔는지, 자산가치는 얼마나 되는지 등등을 다 보여주는 표다. 현금 및 현금등가물이 전년도에 비해 점점 늘어난다는 것은 기업의 현금성 자산이 많고 기업이 혈기왕성하게 잘 운영된다고 볼 수 있다.

유동자산은 운용자산이라고도 하며 현금 및 1년 이내에 현금화할 수 있는 예금, 받을 어음, 외상매출금, 미수금, 유가증권 등의 당좌자산과 상품 · 제품 · 반제품 · 원재료 · 저장품 등의 재고자산이 포함된 개념이다. 그리고 고정자산은 회사의 건물이나 부지와 같은 부동산을 말한다. 이처럼 유동자산과 고정자산을 살펴보면, 해당 회사의 크기가 대략 어느 정도 되는지 알 수 있을 것이다.

유동부채는 1년 이내에 갚아야 할 외상매입금, 지급어음, 기타 영업거래에서 생긴 금전채무와 단기차입금, 미지급금, 미지급비용, 선수금, 예수금, 충당금 등을 말하며, 유동부채는 기업분석에 있어서 대단히 중요한 의미를 갖는다. 이는 자산총계 대비 유동부채가 너무 많으면 부도가 날 수 있기 때문이다. 즉, 유동부채는 단기에 갚아야 하는 빚이므로 유동부채가 많은 기업은 재무가 건전하지 못한 기업으로 인식되고 있다.

자본잉여금은 영업을 통해 얻은 수익이 아닌 자본을 통해서 얻은 수익 등을 말하는 것이다. 그리고 마지막의 이익잉여금이 있는데, 이는 수익이 난 것에서 배당 등을 하고 일정부분을 남겨둔, 말 그대로 잉여금이다.

여기서 중요하게 살펴보아야 하는 것으로 자본총계가 마이너스인 기업이다. 일례로 얼마 전 팬택앤큐리텔의 2006년 3분기까지의 자본총계가 마이너스였다. 즉, 자산총계보다 부채총계가 더 높아서 자산보다 빚이 더 많은 기업이 되다 보니 회사가 어려움을 겪고 재무구조의 악화로 주가 또한 폭락하였던 것이다.

또한 자본잠식이 된 기업은 항상 위험성을 내포하고 있고, 재무구조 개선을 위해 감자를 하는 기업도 많다. 감자를 실시하는 경우 주가가 폭락하는 경우가 대부분이기 때문에 아무리 주가가 싸다 하더라도 최소한 자본잠식이 된 기업에 투자하는 것은 시한폭탄을 항상 안고 가는 것이나 마찬가지라고 할 것이다.

2) 손익계산서

〈표 2-8-5〉 손익계산서(누적) (단위 : 억원)

항 목	2002.12.31	2003.12.31	2004.12.31	2005.12.31	2006.9.30
매출액	398,131.0	435,820.1	576,323.5	574,576.7	432,835.9
매출원가	263,005.6	295,187.5	372,796.8	401,581.5	315,710.1
매출총이익	135,125.4	140,632.6	203,526.7	172,995.2	117,125.7
판매비와 관리비	60,343.5	68,705.6	83,357.9	92,397.2	68,310.5
영업이익	74,781.9	71,927.0	120,168.7	80,597.7	48,815.2
영업외수익	21,239.5	11,151.5	21,367.4	26,713.5	24,596.8
영업외비용	7,316.8	14,033.6	10,290.9	18,606.6	8,309.1
경상이익	88,704.6	69,044.9	131,245.2	88,704.7	65,102.9
특별이익	–	–	–	–	–
특별손실	–	–	–	–	–
법인세 차감전 순이익	88,704.6	69,044.9	131,245.2	88,704.7	65,102.9
법인세 등	18,187.0	9,454.9	23,377.8	12,302.5	9,298.3
당기순이익	70,517.6	59,589.9	107,867.4	76,402.1	55,804.6

손익계산서를 통해서 이 기업이 꾸준히 이익을 내고 있는지, 매출이 증가추세인지, 영업이익이 꾸준히 증가하는지, 이 영업이익률이 얼마나 되는지, 순이익이 얼마나 나오는지 등등을 볼 수 있다. 물론 이를 통해서 앞으로의

성장 여부 등을 생각해 볼 수 있다.

손익계산서에서 주의 깊게 보아야 하는 부분은 바로 영업이익 부분이다. 영업이익은 말 그대로 장사를 해서 즉, 영업을 해서 얼마나 이익을 냈는지 확인할 수 있는 부분이기 때문이다.

보통 투자자들이 당기 순이익을 더 중시하는 경향이 있는데, 필자가 보는 견해는 영업이익이 더 중요하다고 본다. 왜냐하면 자산매각 등의 특별손익을 통해서 영업이익은 적자가 있었는데, 순익은 흑자인 경우가 있기 때문에 영업이익이 꾸준하게 발생하는 기업이 장수기업이 될 수 있는 것이다.

그리고 영업이익이 지속적인 적자를 보이는 기업은 아무리 순이익이 흑자가 난다 하더라도 자산총계라든가, 기업의 상황을 유심히 살펴본 다음에 투자할 필요가 있다 하겠다.

매출액이 연 500억~1,000억 이상, PBR 0.5~1.0 이하, 배당수익률 3~7% 이상 종목은 배당수익률이 충분하고 자산가치가 저평가되어 있으면 반드시 이익이 나는 종목이다.

3) 현금흐름표

〈표 2-8-6〉 현금흐름표(누적) (단위 : 억원)

항 목	2001.12.31	2002.12.31	2003.12.31	2004.12.31	2005.12.31
영업활동으로 인한 현금흐름	62,907.8	111,931.9	98,484.1	148,043.4	127,904.0
현금의 유출이 없는 비용 등의 가산	41,869.6	46,238.2	50,510.7	57,804.3	69,838.7
유형자산 감가상각비	31,443.2	30,976.1	36,912.1	44,389.9	49,510.3
무형자산 감가상각비	419.1	580.4	699.0	871.2	1,094.3

현금의 유입이 없는 수익 등의 차감	10,575.5	11,670.0	5,149.2	8,495.7	15,172.3
영업활동으로 인한 자산부채의 변동	2,144.3	6,846.1	−6,467.2	−9,132.5	−3,164.5
투자활동으로 인한 현금흐름	−42,284.0	−84,620.7	−76,441.6	−87,916.5	−99,452.6
투자활동으로 인한 현금유입액	50,045.7	43,214.9	38,115.2	35,996.9	45,502.3
투자활동으로 인한 현금유입액	92,329.7	127,835.7	114,556.8	123,913.4	144,955.0
재무활동으로 인한 현금흐름	−22,310.3	−23,121.1	−23,454.2	−63,230.7	−27,494.0
재무활동으로 인한 현금유입액	253,825.9	4,093.3	7,267.7	1,159.2	2,493.2
재무활동으로 인한 현금유입액	276,136.2	27,214.4	30,721.9	64,390.0	29,987.3
현금의 증가(감소)	−1,686.5	4,190.0	−1,411.7	−3,103.9	957.3

영업활동으로 인한 현금흐름은 일반적으로 〈 + 〉가 되어야 좋다. 여기서 〈 − 〉가 될 경우는 영업활동을 해서 회사의 현금자산이 늘어나지 않고 줄어들고 있다는 신호인데, 원인은 계속 적자이거나 혹은 적자가 아니더라도 기술우위에 있지 못하거나 시장에서의 과다경쟁 및 노마진, 역마진 등의 출혈경쟁을 하고 있는 것으로 생각해 볼 수 있다.

마이너스 흐름이 일시적이거나 또한 현금흐름표만 봐서는 이 회사의 완벽한 미래가치를 알 수 없다는 것이다. 위에 있는 대차대조표 및 손익계산서를 함께 보면서 판단해야 한다. 은행이 기업대출을 해줄 때도 영업활동 현금흐름이 마이너스 2년 이상일 때는 대출을 꺼리거나 기존 대출에 대해서 상환압력이 있을 수 있다.

투자현금 흐름은 기계나 시설투자를 많이 하는 회사는 투자활동으로 인한 현금흐름이 〈 − 〉일 것이고, 이미 과거연도에 설비투자를 많이 한 경우는 투자활동으로 인한 현금흐름의 〈 − 〉폭이 줄어들거나 설비자산을 매각한 경우는 〈 + 〉로 돌아섰을 수도 있다. 이 경우는 숫자의 부호에 의미를 두기는 어렵다 하겠다.

만약 투자한 현금이 결실기에 있고 수익성이 좋아진다는 가정 하에 본다면 실적도 좋아지고 턴어라운드 가능성도 있고 해서 긍정적이라 할 수가 있다. 외국인들이나 기관들은 정보력에서 개인 투자자들보다도 앞서기 때문에 좋아질 거라는 정보를 미리 입수하고 꾸준하게 매수하게 된다. HTS에서 종목별 투자자를 보면 종목별 전체 매수 · 매도에 대한 현황이 투자자별로 다 나오기 때문에 참조하면 메이저 세력들의 움직임을 미리 포착할 수가 있다.

또한 몇 년간 영업현금 흐름이 계속 〈 - 〉가 나는데도 투자현금 흐름이 〈-〉라면 이 회사는 심각한 자금압박에 시달릴 가능성이 있다. 획기적인 신규사업에 투자를 한다면 모르겠지만 일반적으로는 부정적으로 볼 수밖에 없는 것이다.

재무현금 흐름은 일반적으로 회사의 자금조달 및 운용을 보여준다. 〈+〉라면 차입이나 증자 등을 많이 해서 자금조달한 것이고, 〈-〉라면 잉여현금으로 차입금 상환과 배당 등을 해서 마이너스가 되는 것이다. 하지만 이것도 부호로만 판단하기는 어렵다.

무차입 경영은 이자가 안 나가고 안정성은 있지만 반드시 좋은 것만은 아니다. 주식회사의 주 목적이 차입이자율 이상의 영리 추구이기 때문이다. 즉 회사는 안정성이 있지만 성장성이 떨어진다는 한계가 있다. 무차입 경영과 적절한 기업투자 활동이 주가와의 상관성에 있어서 좋다고 말할 수 있는 것이다.

Tip

현금흐름표에서 현재 플러스로 나오고 있는 재무현금이 마이너스로 전환되는 것도 턴어라운드의 징표 중에 하나이다.

영업현금 적자 → 흑자 전환

재무현금 흑자 → 적자 전환

이렇게 현금흐름표가 바뀌고 이런 흐름이 꾸준하게 유지되면 우량주의 패턴으로 가는 과정이며, 급격한 상승을 하든지 아니면 이런 추세가 계속 유지되면 주가에도 상승의 기폭제로 작용할 수가 있다.

여기에 자산가치와 실적까지 뒷받침된다면 금상첨화라 할 수 있다.

5. 재무분석을 쉽게 보는 법

〈표 2-8-7〉 활동성 비율 (단위 : %)

항 목	2002.12.31	2003.12.31	2004.12.31	2005.12.31	2006.9.30
총자본회전율	1.28	1.18	1.39	1.22	1.10
매출채권회전율	39.37	34.58	41.98	40.19	31.52
재고자산회전율	18.79	18.34	20.46	18.95	19.31

활동성 비율이란 기업이 소유하고 있는 자산들이 얼마나 효율적으로 이용되고 있는가를 추정하는 비율로 일정기간, 보통 1년의 매출액을 각종 주요 자산으로 나누어 산출한다. 따라서 회전율이 높다는 것은 자산의 활용도가 높음을 의미한다. 정배열로 이루어져야 기업이 원활하게 잘 운영된다고 볼 수 있다.

〈표 2-8-8〉 성장성 비율 (단위 : %)

항 목	2002.12.31	2003.12.31	2004.12.31	2005.12.31	2006.9.30
매출액증가율	22.95	9.47	32.24	−0.30	3.21
영업이익증가율	225.80	−3.82	67.07	−32.93	−17.61
총자산증가율	23.35	13.83	11.77	15.34	7.81
자기자본증가율	24.84	21.00	17.09	15.15	7.89

재무분석에서 주식투자와 연관이 있는 핵심적인 사항만 알아도 기업을 보는 눈이 달라질 것이다.

기업이 전기에 비해 당기에 얼마만큼 성장했는지 판단할 수 있다. 여기서 매출액의 증가율과 영업이익의 증가율을 눈여겨 볼 필요가 있다. 매출액은 기업의 호흡과도 같으며, 매출액 증가율이 줄어들면 호흡 곤란이 올 수도 있다.

〈표 2-8-9〉 수익성 분석 (단위 : %)

매출액 대비	2001.12.31	2002.12.31	2003.12.31	2004.12.31	2005.12.31
매출원가	75.71	66.06	67.73	64.69	69.89
판매 및 일반관리비	17.20	15.16	15.76	14.46	16.08
연구개발비	7.54	7.46	8.10	-	-
감가상각비	9.71	7.78	8.47	7.70	8.62
금융비용	0.92	0.46	0.36	0.30	0.40
영업이익	7.09	18.78	16.50	20.85	14.03
경상이익	9.52	22.28	15.84	22.77	15.44
납세 전 순이익	9.52	22.28	15.84	22.77	15.44
당기순이익	9.10	17.71	13.67	18.72	13.30

또한, 영업이익 증가율이 점점 높아져야만 기업의 주된 영업활동이 점점 성장한다고 말할 수 있다. 수익성 분석에서 감가상각비가 줄어들어야 하고, 금융비용은 점차 감소하여야 안정적인 수익구조가 창출된다고 말할 수 있다.

Tip

우량한 기업이 단기간에 설비투자 비용이 크게 늘어나서 일시적으로 실적이 악화되는 경우 주가가 큰 폭 하락하여 리스크가 따르기도 하지만, 설비투자에 대한 성과가 서서히 나타나면 추후 턴어라운드 대상 종목이 될 수 있다.

〈표 2-8-10〉 차입금 구조 (단위 : 억원, %)

항 목	2001.12.31	2002.12.31	2003.12.31	2004.12.31	2005.12.31
총차입금	27,046.1	16,263.9	11,590.7	985.4	955.5
단기차입금	–	–	–	–	–
유동성 장기부채	9,650.4	4,389.8	10,452.1	–	–
장기차입금	17,395.7	11,874.1	1,138.6	985.4	955.5
단기차입금/총차입금	–	–	–	–	–

차입금 구조가 점점 줄어드는 구조를 보여야 기업이 안정성이 있다 하겠다. 특히 단기차입금이 자산총계 대비 전년도에 비해서 과도하게 늘어나는 기업은 조심해야 한다.

6. 기업분석의 사례

1) VK의 부도 원인(상장 폐지) 사례

독자들 중에서도 보유한 주식이 휴지조각이 되어 상장 폐지를 경험해 본 경우가 있을 것이다. 왜 기업분석이 중요한지는 상장 폐지된 VK의 예를 보면서 배워 보도록 하자.

2006년 여름 하나의 사건이 있었다. 중견기업인 VK가 부도가 난 것이다. 부도가 나기 전 필자가 운영하는 카페의 한 회원에게서 기업분석을 요청하는 문의가 있었다.

그래서 회사의 재무제표를 살펴보니 조만간 부도가 날 수 있는 기업의 내용이었다. 부도가 날 수 있으니 빨리 주식을 처분하라고 조언을 했는데, 이틀 있다가 부도가 난 것이다.

말한 필자도 그렇게 빨리 부도날 줄이야 하면서, 깜짝 놀라기도 하였지만 역시 주식거래는 데이트레이딩을 하던 중장기 투자를 하던 안정성에 기본을 두어야 한다는 것을 다시 한번 느꼈던 것이다.

다음은 왜 부도가 날 수밖에 없는지를 함께 배워 보도록 하자.

〈표 2-8-11〉 주요 지표 (단위 : %)

매출액 증가율		ROE		부채비율		유보율	
당사	28.53	당사	-209.53	당사	875.04	당사	-3.15
업종평균	7.29	업종평균	3.12	업종평균	51.92	업종평균	402.05

ROE · 부채비율 · 유보율을 보면 다분히 부도 위험성을 내포하고 있다.

〈표 2-8-12〉 사업 구성 (단위 : %)

구 분	GSM 단말기	94.9	구분	재료비
매출 구성	LCD	4.2	원가 구성	노무비
	Battery	0.8		기타경비
수출 비중		59.0	원자재	IC, LCD

매출 구성을 보면 경쟁이 치열한 제품이다.

〈표 2-8-13〉 주당가치 지표 (단위 : 원)

구 분	2003.12	2004.12	2005.12	2006.3
주당순이익(EPS)	135	471	−1,662	−1,373
주당매출액(SPS)	11,264	15,705	7,931	8,144
주당순자산(BPS)	2,591	2,570	337	4
주당현금흐름(CPS)	−701.7	565.5	490.6	−623.1

주당 순이익이 점점 악화되고 있다는 것을 볼 수 있으며, 주당 순자산 또한 4로 위험수준까지 와 있었던 것이다.

〈표 2-8-14〉 내재가치 지표 (단위 : 배)

구 분	2003.12	2004.12	2005.12	2006.3
PER(최고/최저)	36.74/12.96	6.18/2.89	−/−	−/−
PSR(최고/최저)	0.44/0.16	0.19/0.09	0.32/0.13	0.26/0.17
PBR(최고/최저)	1091/0.68	1.13/0.53	7.46/3.15	486.70/310.03
PCR(최고/최저)	−/−	5.15/2.40	5.14/2.17	−/−

PBR 즉 청산가치가 2005년 대비 급속히 악화되고 있는 상황을 볼 수 있다.

〈표 2-8-15〉 EBITDA 지표 (단위 : 억원, 배)

구 분	2003.12	2004.12	2005.12	2006.3
기업가치(EV)	927.01	1,036.22	1,414.36	1,672.22
EBITDA	191.21	352.98	−572.39	−313.51
EBITDA/매출액	0.10	0.09	−0.18	−0.08
EBITDA/금융비용	5.89	6.21	−7.57	−3.05
EV/EBITDA	4.85	2.94	−	−

에비타 지표에서도 2005년부터 마이너스로 점점 회사사정이 악화되고 있다.

〈표 2-8-16〉 대차대조표 (단위 : 억원)

구 분	2003.12	2004.12	2005.12	2006.3
자산총계	1,674.3	2,026.5	2,235.3	2,332.7
매입채무	334.0	324.1	526.4	631.6
단기차입금	491.3	514.2	717.3	775.6
유동성장기부채	91.2	6.6	19.5	18.5
유동부채(계)	980.3	1,006.2	1,744.9	1,910.1
사채	85.8	146.8	19.7	97.2
장기차입금	11.6	61.9	75.4	72.9
고정부채	104.1	226.3	101.5	183.3
부채총계	1,084.5	1,232.5	1,846.4	2,093.5
자본금	90.2	129.0	231.9	247.0
자본잉여금	450.6	518.7	664.2	670.2
이익잉여금	53.9	169.0	−480.0	−644.5
자본조정	−4.9	−22.7	−27.3	−33.5
자본총계	589.8	794.0	388.8	239.2

대차대조표에서도 2006년 3월 부채 총계가 2,093억 원으로 자산총계 대비 과도하여 어느 정도 자금악화가 예견된 상황이었다.

2) 팬택과 팬택앤큐리텔의 재무구조 악화 사례

2006년 하반기 코스피 200종목이었던 팬택과 팬택앤큐리텔의 부도설이 있었다. 다행히 부도는 나지 않았지만 주가가 폭락하면서 주주들의 피해가 컸다. 왜 이 기업의 재무구조가 급격히 나빠졌는지에 대해서 배워 보자.

〈팬택〉

〈표 2-8-17〉 실적과 전망 (작성일 : 2006. 8. 23)

해외시장 부진으로 영업적자
- 계열회사인 팬택앤큐리텔 유상증자에 참여해 단기차입금이 투입 부채비율 증가로 재무구조에 부정적 영향 - 내수도 기대만큼 받쳐 주지 못했지만 환율 하락, 글로벌 업체의 공세, 유통 재고 등에 따른 수출악화로 적자 - 차입금 증가에 따른 이자비용 증가와 유럽 현지법인의 지분법 손실로 영업외비용의 증가
수익성 회복 지연
- 통합시스템(국내생산/구매)으로 향상된 제조경쟁력의 수익성 반영 기대 - 고정 및 무수익 자산 매각하는 등 구조조정을 지속적으로 추진, 부채비율 및 차입금을 줄여나가 재무안정성 추구 - 휴대폰세트 업체들 간의 경쟁이 심화되어 수익성 확보 어려워지고 있으며, 북미시장 사업자 시장의 치열한 경쟁 - 지속적으로 수익성 회복 지연

〈표 2-8-18〉 주요 지표 (단위 : %)

매출액 증가율		ROE		부채비율		유보율	
당사	-	당사	-33.90	당사	477.84	당사	253.40
업종 평균	4.45	업종 평균	2.90	업종 평균	53.63	업종 평균	430.33

팬택의 실적과 전망인데 그리 좋은 말은 찾아볼 수가 없다. 그리고 특히 휴대폰 제조회사들 간의 경쟁 심화 및 환율이 하락하면 수익성 확보에 어려움이 발생하기도 한다. 유보율보다 부채비율이 더 높고, ROE 또한 업종 평균에 비해서 마이너스를 유지하고 있다.

〈표 2-8-19〉 현금흐름표(3개월) (단위 : 억원)

항　목	2004.9.30	2004.12.31	2006.3.31	2006.6.30	2006.9.30
영업활동으로 인한 현금흐름	74.5	−160.3	−336.6	−872.5	−288.3
현금의 유출이 없는 비용 등의 가산	248.9	−532.3	388.3	417.8	672.6
유형자산 감가상각비	48.9	−47.9	98.2	103.1	100.4
무형자산 감가상각비	40.1	−73.0	63.6	97.3	163.5
현금의 유입이 없는 수익 등의 차감	8.9	1.9	98.7	56.9	42.5
영업활동으로 인한 자산부채의 변동	−228.2	111.3	−688.6	−1,071.4	−466.4
투자활동으로 인한 현금흐름	−221.6	245.8	−329.3	−625.2	−357.1
투자활동으로 인한 현금유입액	353.4	−1,044.7	148.6	71.4	124.8
투자활동으로 인한 현금유출액	575.1	−1,290.6	477.9	696.7	481.9
재무활동으로 인한 현금흐름	221.3	−714.8	424.0	1,983.4	81.2
재무활동으로 인한 현금유입액	1,399.1	−3,227.6	1,907.5	2,703.5	1,633.1
재무활동으로 인한 현금유출액	1,177.7	−2,512.8	1,546.5	720.1	1,551.9
현금의 증가(감소)	74.2	−629.3	−241.8	485.6	−564.2

현금흐름표에서 영업활동으로 인한 현금흐름이 계속 마이너스를 내고 있는데도, 기업의 투자활동은 계속 큰 폭으로 투자가 되고 있어 재무적으로 위험적인 요소가 계속 노출되고 있다. 즉 현금이 원활하게 돌아가야 하는데, 현금이 남아돌 겨를이 없는 것이다. 그래서 재무활동으로 인한 현금흐름이 플러스가 되면서 차입금이 계속적으로 늘어나고 있는 것이다.

〈표 2-8-20〉 대차대조표 (단위 : 억원)

항 목	2002.12.31	2003.12.31	2004.12.31	2005.12.31	2006.9.30
현금 및 현금등가물	61.1	72.0	760.2	520.2	199.7
유가증권	31.1	25.8	–	2.7	0.4
매출채권	392.1	751.0	1,083.6	1,634.9	3,436.4
당좌자산(계)	684.0	1,133.0	2,088.3	2,931.9	4,967.4
재고자산(계)	599.8	1,152.6	411.9	1,523.0	1,740.6

대차대조표에서 2006년 9월까지 보면 현금은 199억 원으로 점점 줄어들고 있고, 매출채권은 작년보다 두 배 이상 쌓여 가고 재고자산 등이 계속 불어나고 있다.

〈표 2-8-21〉 활동성 비율 (단위 : 회)

항 목	2002.12.31	2003.12.31	2004.12.31	2005.12.31	2006.9.30
총자본 회전율	2.07	1.77	1.70	1.10	1.36
매출채권 회전율	12.93	10.40	7.00	4.69	5.01
재고자산 회전율	10.97	7.02	8.34	6.77	8.18

〈표 2-8-22〉 성장성 비율 (단위 : %)

항 목	2002.12.31	2003.12.31	2004.12.31	2005.12.31	2006.9.30
매출액 증가율	41.40	12.66	6.04	0.39	–
영업이익 증가율	190.22	−74.33	81.51	–	–
총자산 증가율	11.55	49.90	−16.11	140.77	32.85
자기자본 증가율	78.48	−14.00	73.23	13.97	−19.11

활동성 비율과 성장성 비율이 역배열 상태로, 기업의 경영상태가 점점 악화되고 있다.

〈표 2-8-23〉 차입금 구조 (단위 : 억원, %)

항 목	2001.12.31	2002.12.31	2003.12.31	2004.12.31	2005.12.31
총차입금	1,348.4	785.2	1,688.1	254.9	3,658.0
단기차입금	481.5	323.6	453.4	254.9	1,424.8
유동성 장기부채	115.9	155.5	391.5	-	365.1
장기차입금	750.9	306.0	843.2	-	1,868.0

차입금 구조는 2005년 차입금 규모가 전년도에 비하여 과도하게 늘어남으로써 금융비용이 크게 증가하고 있다.

〈팬택앤큐리텔〉

〈표 2-8-24〉 대차대조표 (단위 : 억원)

자산총계	3,157.5	7,223.6	8,101.3	10,180.6	9,679.5
매입채무	737.1	1,848.9	1,545.1	1,390.8	1,452.4
단기차입금	45.0	1,332.5	1,538.7	2,260.7	2,148.8
유동성장기부채	-	3.8	22.0	22.0	621.5
유동부채(계)	1,697.7	4,208.0	4,416.1	4,892.2	5,946.2
사채(계)	-	-	598.0	3,596.1	4,064.4
장기차입금(계)	61.5	263.1	191.0	106.8	174.6
고정부채(계)	269.5	314.6	837.9	3,783.1	4,329.9
부채총계	1,967.2	4,522.6	5,254.1	8,675.3	10,276.2
자본금	531.6	748.7	749.3	749.3	831.8
자본잉여금	24.3	905.5	914.6	915.9	995.8
이익잉여금	585.0	1,002.4	1,467.1	183.8	-2,397.3
자본조정	49.3	44.1	-284.0	-343.9	-27.0
자본총계	1,190.3	2,700.9	2,847.2	1,505.2	-596.7

자산총계보다 부채총계가 많아서 자본잠식 상태이다. 이런 경우 위험성도 있으며 또한 감자 등을 실시하기도 하는데, 감자만 해도 주가가 폭락하는 경우가 많다. 주식투자를 함에 있어 주식시장에서 '모 아니면 도' 라는 식의 투자를 한다면 오랜 기간 살아남을 수가 없는 것이다.

〈표 2-8-25〉 차입금 구조 (단위 : 억원, %)

항 목	2001.12.31	2002.12.31	2003.12.31	2004.12.31	2005.12.31
총차입금	-	106.5	1,599.5	2,349.9	5,985.8
단기차입금	-	45.0	1,332.5	1,538.7	2,260.7
유동성 장기부채	-	-	3.8	22.0	22.0
장기차입금	-	61.5	263.1	789.1	3,702.9
단기차입금/총차입금	-	42.25	83.31	65.48	37.77

차입금 구조 또한 자산 대비 급격하게 늘어남으로써 금융비용 증가 등으로 이익을 창출하기가 힘든 것이다.

직장인들이나 자주 HTS 프로그램을 못 보는 투자자들에게는 기업분석을 통한 스윙 이상의 중기 투자를 권하고 싶다.

중기 투자는 기업분석을 통해 충분히 저평가되었다고 판단이 들거나, 주가가 장세 영향으로 하락하여 저평가된 주식을 분할로 매수한다면 충분히 수익을 낼 수가 있다.

위 사례들처럼 단지 기업의 분석 없이 주가가 많이 떨어졌다고 매수한다거나, 투자하고자 하는 기업에 대해서 전혀 모르는 상태에서 투자한다면 위태로운 외나무 다리를 걷듯이 나의 소중한 재산을 날릴 수도 있는 위험에 처한다는 것을 명심해야 할 것이다.

원칙을 정하기가 힘드네요

필명 : 원칙매매

주식투자하는 사람들 중에는 원칙을 정해 놓고 하는 사람들이 있고, 원칙 없이 투자하는 사람들이 있지요. 원칙이 없는 사람의 수익이 더 높은 경우도 있지만…

전 이제 주식에 입문한지 7개월 정도 되었는데 수익률은 말이 아니에요. 모의투자에서 수익률 올리기가 쉽더라고요. 그래서 실전에 뛰어들었는데, 하하… 그놈의 건방 때문에 첫 석 달 동안에 손실의 대부분을 봤어요.

그 후 두 달 동안 절반 정도는 만회했는데, 저번 달 말부터 이번 달 초까지 제 자신도 흔들리고 주식시장도 흔들리면서 다시 손실액이 좀 되네요.

그래서 첨부터 시작하는 마음으로 원칙을 정하기로 하였는데, 생각만큼 쉽지가 않아요. 주식시장에는 여러 가지 원칙이 있겠지요. '어떠한 원칙이 더욱 좋은 것이다.' 이러한 것은 없겠지만 자신에게 딱 맞는 원칙을 정하는 것이 중요하겠지요.

우선은 욕심을 버리기로 했습니다. 이놈 참 버리기 힘들더라고요. 지금도 욕심! 너 이놈, 저리로 가라고 계속 발로 차고 있는 중입니다.

이익을 보려는 마음보다는 손실을 보지 않겠다는 마음으로 매매에 임하기로 하였습니다.

기다림의 미학도 필요할 것 같고 그렇다고 무작정 기다리는 것은 곤란하지만요. 단기투자보다는 중기투자의 비중을 크게 가져가기로 했습니다. 중기투자 80, 단기투자 20 아직도 원칙을 세우고 있는 중인데… 참 어렵네요.

Part 3

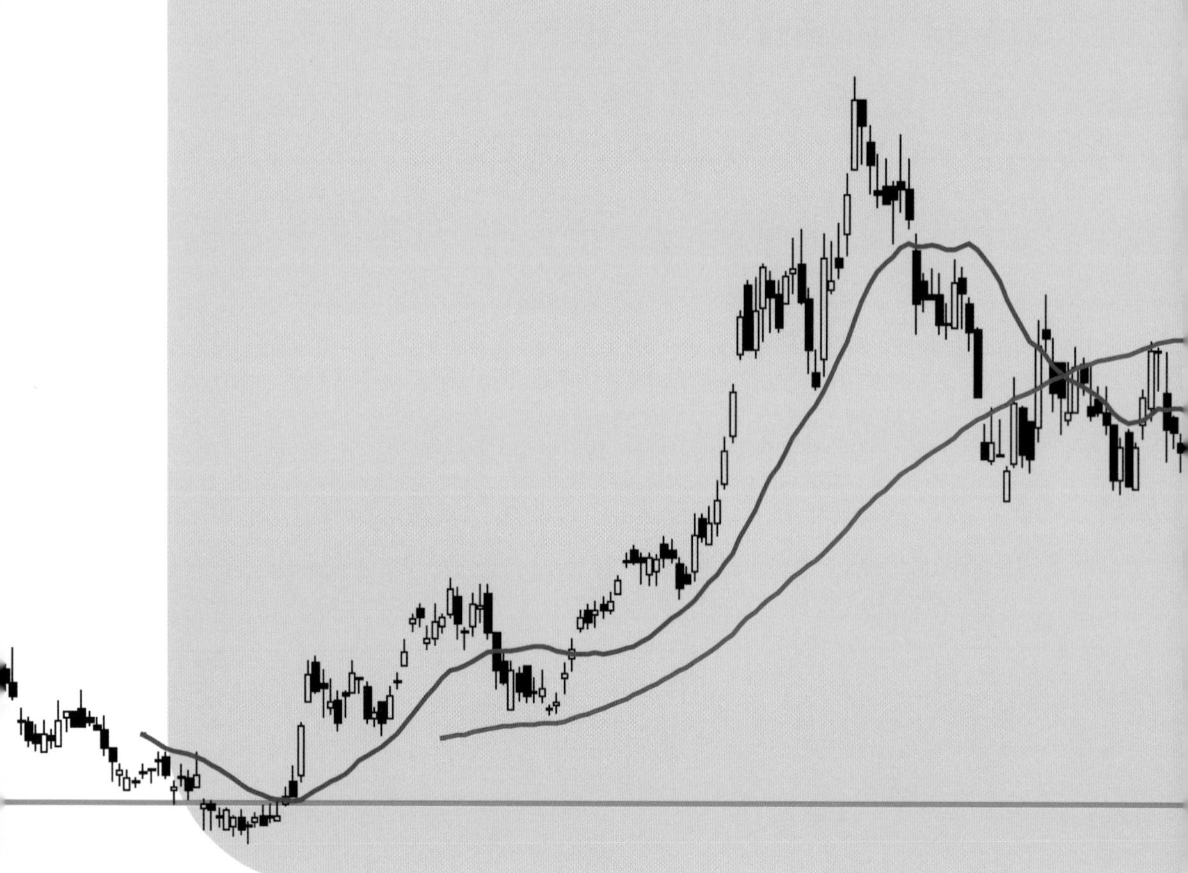

Stockstory 증권아카데미 강사들의 新 매매기법

1장 조선최강의 新W 매매기법

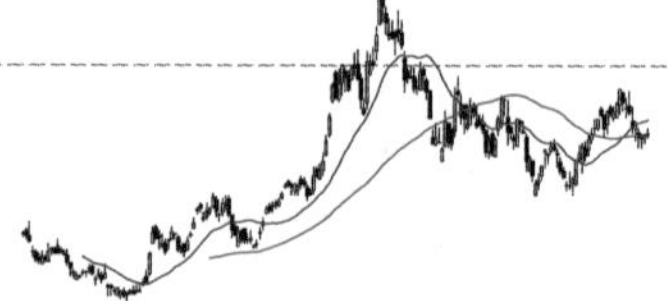

1. 조선최강의 느낌말

자본주의가 본격적으로 우리 사회에 안착하고 난 뒤부터 대부분의 사람들은 자산 늘리기에 많은 관심을 가지기 시작하였다. 재테크라는 말이 이제는 일상생활에서도 흔히 사용되는 언어가 되었고, 우리들은 대표적인 재테크 수단으로 부동산과 주식을 선택하게 되었다.

부동산으로는 그간 많은 사람들이 부를 축적하게 되면서 행복감을 만끽하였으나, 주식투자로 돈을 벌었다는 사람은 우리 주위에서도 극히 찾아보기가 드문 것이 사실이다. 그러나 자본주의의 꽃이라고 불리는 주식은 분명히 아주 매력적인 재테크 수단이며, 투자의 한 방법이다.

아주 많은 사람들이 주식투자로 돈을 벌고자 주식시장에 첫 발을 내딛고, 증권계좌를 개설한다. 그러나 결과는 매우 암담한 경우가 많음에도, 이 주식시장을 벗어나지 못하는 것은 무슨 이유에서일까? 주식을 종합예술이라 하지만, 어떻게 보면 도박의 일종이다. 그것도 합법적인 도박! 물론 주식투자가 나쁘다는 것은 아니다. 나 조선최강 역시 주식투자를 아주 사랑하니까 말이다.

개인적으로 주식투자에는 두 가지의 얼굴이 존재하다고 생각한다. 주식투자의 성과에 따라, 우리에게 아주 좋은 동반자가 될 수도 있고, 두 번 다시 보기 싫은 원수가 될 수도 있는 것이다. 선물이나 옵션은 제로섬 게임이라고 해서, 누가 돈을 벌면 다른 누구는 분명히 번 만큼을 반드시 잃어야 한다.

하지만 주식투자는 확실히 Win-Win할 수 있는 게임이기 때문에 확실히 대비하고 투자에 임한다면 분명히 우리에게 좋은 동반자가 되어 줄 준비가 되어 있는 것이 바로 주식시장이라고 생각한다.

그럼 처음 주식투자를 하게 된 때로 돌아가 보도록 하자. 보통 주식투자를 시작하게 되는 것은, 주위에서 정보를 듣거나 신문이나 방송을 통해 귀를 솔깃하게 하는 내용을 보고 시작하는 경우가 대부분일 것이다. 물론 조선최강 역시 마찬가지였는데 여기서부터 바로 문제가 발생되는 것이다.

요즘 들어서는 많은 사람들이 어느 정도 인식을 하고 있기 때문에 그나마 낫다고 생각이 들지만, 불과 얼마 전까지만 해도 주식투자를 처음 시작하는 사람이 소액이 아닌 큰 금액을 가지고 주식투자를 했던 것이 문제였다. 이것이 바로 주식투자를 동반자가 아닌 원수로 만드는 이유이다.

힘들게 직장을 다니거나 장사를 해서 번 돈 즉, 몇 년 동안 사고 싶은 거 안 사고, 먹고 싶은 거 안 먹고, 남에게 듣기 싫은 소리 들어가면서 힘들게 모은 돈을 아무런 준비도 없이 주식에 투자한다는 것 자체가 바로 우리 인생을 힘들게 하는 전초전이 되었던 것이다.

각자 자신을 한 번 뒤돌아보기 바란다. 주부들의 경우 시장에서 콩나물 사면서 몇 백 원 비싸다고 깎은 경험이 있을 것이다. 그리고 가전제품이나, 어떤 물건을 살 때조차 몇 만 원, 몇 천 원 비싸다고 사지 않고, 더 싼 것을 찾아 발품을 판 경험이 있을 텐데, 주식투자를 할 때는 어떤가?

수수료만 해도, 콩나물 1년 치 먹을 정도는 사고도 남을 것이다. 물론 손실이 난다면 금액에 따라서 소형차 한 대 정도도 날아가는 것이다. 주식투자를 현금으로 한다면 아마도 지금처럼 거래를 함부로 하지는 못할 것이다.

바로 주머니에서 돈이 오가는 것이 보이기 때문이다. 하지만 지금은 인터넷이 워낙 발달하다 보니까, 사이버거래를 할 수 있게 되었고, 잔고에 숫자는 움직이지만 그것이 진짜 돈이라는 감각은 무뎌질 수밖에 없다.

앞으로는 거래를 할 때 증권사 HTS에 뜨는 계좌가 사이버 머니가 아닌, 주머니 속의 진짜 돈이라고 생각하고 거래하기 바란다. 그러면 분명 투자를 할 때 선뜻선뜻, 아무 종목이나 매수하지는 않을 것이다. 이렇게 하면 최소한 이전보다는 신중하게 매매에 임하게 될 것이다.

그럼 또 본론으로 들어가서, 그렇게 많은 돈, 어렵게 모은 돈을 투자하면서 왜? 아무런 준비도 없이 무작정 투자하는 걸까? 주식투자는 어떻게 보면 쉬울 수도 있지만, 어떻게 보면 정말 어려운 것이다. 어느 정도 준비를 하고, 주식시장을 어느 정도 알고 난 뒤에 본격적인 투자에 임해도 늦지 않는다.

대부분의 사람들이 많은 손실을 보고 난 뒤에야 자신의 잘못을 알고, 여기저기 자문도 구해보고 나름대로 공부도 해보고 한다. 지금의 많은 고수분들 역시 마찬가지였을 테고… 소 잃고 외양간 고치면 상당히 힘들어진다. '시작이 반' 이라고 하는 속담이 있듯이, 처음부터 시작을 잘해야 한다.

돈을 벌었다고 해서 시작이 좋다는 건 아니며, 어느 정도 기본적인 지식을 가지거나, 투자에 대한 마인드를 최소한 정립하고 투자에 접근해야 한다는 의미다. 백만 원이든, 십만 원이든, 모의투자든, 전혀 부담이 되지 않는 한도 내에서만 투자하고 주식시장이 어떤 곳이라는 것을 알고서 들어가야 한다.

그리고 자신의 현재 본업에 맞게 투자 스타일을 정하는 것이 아주 중요하다. 장중 모니터링이 지속적으로 불가능한데, 단기간의 많은 수익을 위해서 단기투자를 하고, 스캘핑[주)]을 하는 것은 돈을 그냥 내다 버리는 것밖에 되지 않는다. 그럴 바에야 차라리 그 돈으로 불우이웃을 돕는 것이 더 낫지 않을까? 그러면 최소한 마음만은 뿌듯할 거니까 말이다.

그러므로 주식투자를 할 때는 직장인이면 직장인답게, 학생이면 학생답게, 전업자면 전업자답게 투자 스타일을 정해야 한다. 그리고 자신이 정한 투자 스타일을 계속 고수하며, 그쪽 분야에서만큼은 남 못지않은 노력을 해야 한다.

단기투자, 분명히 매력적인 투자 방법인 건 확실하다. 하지만, 그만큼 힘들고 위험이 따른다는 것도 잘 기억해 두기 바란다. 무조건 장밋빛을 바라보고 들어가기보다는 잿빛까지도 생각하고 투자를 하기 바란다.

그럼 고수들의 매매 성향에 대해 한번 알아보도록 하자. 흔히들 주식투자를 처음에는 기초로 중장기 투자부터 시작하고, 그 다음 스윙투자, 단기투자, 스캘핑으로 가는 수순이 많다. 매매기간이 짧아질수록 고수의 영역이라고 볼 수 있다.

하지만, 그보다 더 뛰어난 고수들은 다시금 중장기 투자로 매매를 하게 된다. 물론 자신만의 확고한 원칙을 가지고서 1년에 단 몇 번의 매수 · 매도만으로도 엄청난 수익을 거두게 되는 것이다. 이처럼 무작정 잦은 매매를 한다고 해서 수익이 늘어나는 것은 아니다.

주) 스캘핑(Scalping)은 근소한 가격변동에도 민감하게 대응하며, 아주 작은 이익을 목적으로 매매하는 투기성 거래이다. 스캘핑은 투자위험을 극소화하기 위해 아주 적은 이윤을 목적으로 거래되며, 보유기간이 보통 하루를 넘지 않는다. 스캘핑의 최대 관심사는 단기적인 가격과 수급 변동이다.

오히려, "가랑비에 옷 젖는다."는 속담처럼 잦은 매매로 인한 손절매와 수수료, 세금 등의 부담으로 인해 어느덧 계좌는 줄어들 가능성이 크다는 것이다. 그럼 단기매매는 하지 말라는 말인가? 그것은 아니다. 단기든 중기든 매매를 할 때는 반드시 자신의 매매기법을 가지고 투자에 임하라는 것이다.

자신만의 매매기법을 찾지 못하는 분들이 상당 부분을 차지하는데, 자신만의 매매기법이라고 해서 꼭 아무도 모르는 신비한 매매기법을 의미하는 것은 아니다. 물론 고수들 역시 신비한 매매기법을 가지고 매매하는 분들도 있겠지만, 누구나 다 아는 매매기법을 가지고 꾸준히 수익을 내시는 분들이 많다.

여기서 바로 초보자와 고수가 차이 나는 것이다. 마치 보석이 가공하기 전에는 빛을 발하지 못하고, 가공을 해 주어야지만 비로소 값비싼 보석이 되듯이, 굳이 어려운 기법을 찾으려고만 하지 말고 시장에서 자주 접할 수 있는 매매기법을 자신만의 것으로 가공해 보는 것이 중요하다.

예를 들어 5일선 돌파 매매라든지, 20일 이평선 눌림목 매매라든지, 차트 공부를 조금이라도 해본 분들은 이런 용어들을 많이 접해 보았을 것이다. 이렇게 시중에서 많이 접할 수 있는 기법을 가지고, 어떤 모습일 때 주가가 더 상승할 확률이 높은지 계속적으로 분석해 보는 것이다.

매매를 할 때도 이것저것 좋아 보이는 것들을 무작정 매매하지 말고, 한 매매기법을 가지고 꾸준히 계속적으로 매매하다 보면 그 매매기법에 대해서는 누구한테도 뒤지지 않을 실력이 될 것이다.

우리는 주식투자를 할 때 굳이 주식의 전문가가 되지 않아도 되는데, 사실 대다수의 분들이 주식으로 수익 내는 것을 원하지, 꼭 애널리스트나 전문가가 되려고 하지는 않을 것이다. 그러기 때문에 한 가지 매매기법이라도 자신이 그 분야에서는 전문가만큼 자신 있어야지만 주식에서 남의 도움 없이 수익을 낼 수 있는 것이다.

2. 新W(쌍바닥) 매매기법

지금부터는 실전에서 쉽게 적용할 수 있는 매매기법을 소개하고자 한다.

어느 정도 주식 차트에 대해서 나름대로 공부해 본 분이라면 '쌍바닥'이라는 용어를 잘 알고 있으리라 생각된다. 주가의 완전한 바닥을 포착하기가 그리 쉽지 않으므로, 끝없이 이어지는 하락추세에서 섣불리 바닥을 예상하고 매수에 접근하게 된다면 최저점에서 매수할 수도 있으나, 자칫 떨어지는 칼날을 받는 꼴이 되어 매수 후 손실의 폭만 키워 버리는 경우가 많다.

그렇기 때문에 하락추세에서 한 차례 저점을 형성하는 바닥을 확인한 후, 이전의 저점을 이탈하지 않으며, 바닥을 형성하는 모습을 확인한 후에 매수로 접근하는 것이 쌍바닥 매매의 기본이다.

앞서 말씀드린 것처럼 이 新W 매매기법을 가지고 매매에 임한다면 어떤 시점에서 매수에 들어가야 보다 확실한 매수 포인트가 되는지, 그리고 어떤 자리에서의 상승이 현재까지 이어져 온 하락추세에서 벗어나 상승추세로의 전환이 이루어지는지를 파악하는 것이 중요하다.

1) 기존 쌍바닥 매매기법의 정의

쌍바닥 매매기법의 큰 조건을 본다면 최근에 저점을 형성한 지점보다 현재 주가의 바닥지점이 최소한 같거나 높아야 한다는 점이다. 그로 인해 한 차례 바닥권에서 주가가 벗어나 이때까지 이어온 하락추세에서 상승추세로의 전환이 이루어지는 것이라고 볼 수 있다.

그럼 매매 포인트는 차트상으로 20일 이평선을 돌파하는 지점이 바로 포인트가 되는 것이다. 물론 확실히 20일 이평선을 돌파하겠다는 근거가 있다고 스스로 판단이 선다면 바닥구간 대에서 선취매로, 매수관점으로 접근하는 것이 수익을 더 크게 발생시킬 수 있다.

대개 차트 분석에서는 20일 이평선이 중요한 역할을 하는 것이 현실이며, 현 시장에서 20일 이평선을 돌파하는 시점에서는 단기적인 추세의 전환이 이루어지는 지점이라는 것을, 학습효과로 인해 많은 분들이 알고 있기에 20일 이평선을 돌파하는 지점에서는 대부분 단기적인 매수세가 많이 붙는 것이 일반적인 현상이다.

위의 내용들은 쌍바닥 매매기법의 큰 흐름을 제시하는 것으로, 지금부터는 기본적인 쌍바닥 패턴의 좀 더 세부적인 내용으로 들어가 보도록 하겠다.

2) 기존 쌍바닥 매매기법의 적용사례

〈차트 3-1-1〉 기존 쌍바닥 매매기법 적용사례 1

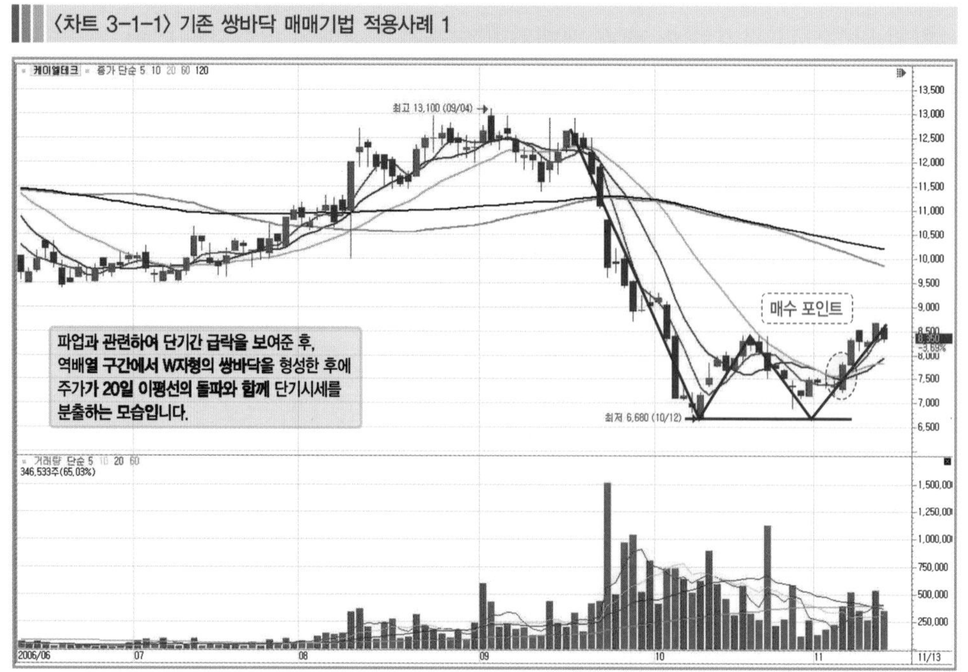

앞의 차트는 최근 노조파업과 관련하여 단기 급락을 맞이하였던 케이엘테크이다.

차트에서 보는 바와 같이 9월, 바닥을 알 수 없는 끝없는 주가의 하락추세가 이어지는 모습을 보인 후에 11월 초, 10월에 형성된 6,680원의 저점을 지켜내면서 비로소 W자형의 바닥권을 형성하는 모습을 보여주었고, 그 후 20일 이평선을 돌파하는 모습을 보여주는 시점에서 한 차례 상승세와 함께 단기 상승추세로의 전환이 이루어지는 모습을 볼 수 있다.

앞의 차트처럼 주가가 하락한 후에, 주가가 W자형의 바닥을 형성한 뒤, 단기시세를 낼 수 있는 지점 및 단기 상승추세로의 전환을 기대할 수 있는 구간이 차트상 20일 이평선을 돌파하는 구간이라고 볼 수 있으며, 이 지점을 매매 포인트로 접근하는 것이 쌍바닥 매매기법의 큰 포인트라고 볼 수 있다.

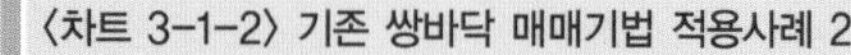
〈차트 3-1-2〉 기존 쌍바닥 매매기법 적용사례 2

수도약품
최고 2,700 (07/04)
매수 포인트
9월과 10월에 걸쳐 한 차례 하락세를 강하게 보여준
후에 1,500원대에서 W자형의 바닥을 형성하면서
주가가 단기 상승으로의 전환에 성공한 패턴
최저 1,555 (10/09)
2,256,417주(259.40%)
2006/06
07
08
09
10
11
11/21

앞의 차트는 항생제를 주력으로 생산하는 제약업체인 수도약품이다.

회사 대주주의 검찰 고발설과 관련하여, 시장에서 악재로 작용하면서 단기 급락을 보여주었다. '사실 무근'이라는 내용과 함께 W자형의 패턴을 완성하면서 20일 이평선을 돌파하고 한 차례 상승을 강하게 보여준 모습이다. 역배열 구간에서는 바닥이라는 것을 선불리 예측하기보다는 W자형의 패턴을 보면서 보다 상승 확률이 높은 지점의 포착을 눈에 익히는 것이 중요하다.

〈차트 3-1-3〉 기존 쌍바닥 매매기법 적용사례 3

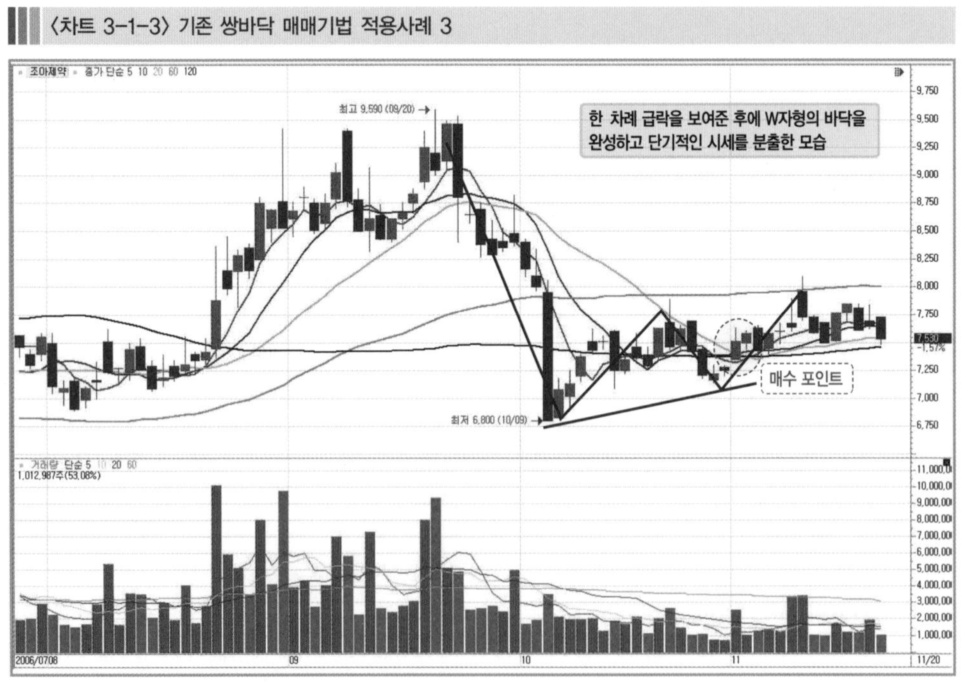

위의 차트는 줄기세포주로 한때 개인 투자자의 가슴을 설레게 했던 조아제약이다.

9월 말과 10월 초 9,500원대를 고점으로 북핵과 관련하여 단기간 급락을 맞이하면서 단기간 30% 이상의 하락률을 보여주었다. 그 후, 차트에서처럼 단기 역배열 상황에서 W자형의 유형을 완성한 후 20일 이평선의 돌파와 함께 주가가 단기적인 상승시세를 분출한 것을 볼 수 있다.

이처럼 역배열 구간에서 W자형의 패턴을 완성하고 주가가 20일 이평선을 돌파한다는 것은 최근까지 이어 온 하락추세에서 벗어나 단기적 상승추세로의 전환을 암시하게 된다.

하지만, 이 같은 매매 방법은 하락추세의 역배열 구간에서 나오는 시세 전환의 지점이기 때문에 특별한 이슈가 없다면 큰 폭의 상승으로 이어가기보다는 한 차례 상승 후, 다시금 추세의 전환을 확인하는 유형이 많이 나오므로 매매 시에는 포지션을 짧게 가져가야 하는 점이 다소 단점이라면 단점이다.

쌍바닥의 국면이 굳이 역배열 상황에서만 발생되는 것은 아니다. 주가가 상승추세를 지속적으로 형성된 후 이격을 줄이는 중기적인 구간 대에서도 조정의 마무리 국면에서 W자형의 패턴을 형성한 후에 추세의 변곡점으로 작용하는 경우가 많이 있다.

3. 新W 매매기법의 정의 및 사례

그럼 이제부터는 쌍바닥 매매기법 중 보다 확률 높은 지점을 포착하는 구간에 대해 알아보도록 하겠다.

〈차트 3-1-4〉 신W 매매기법 적용사례 1

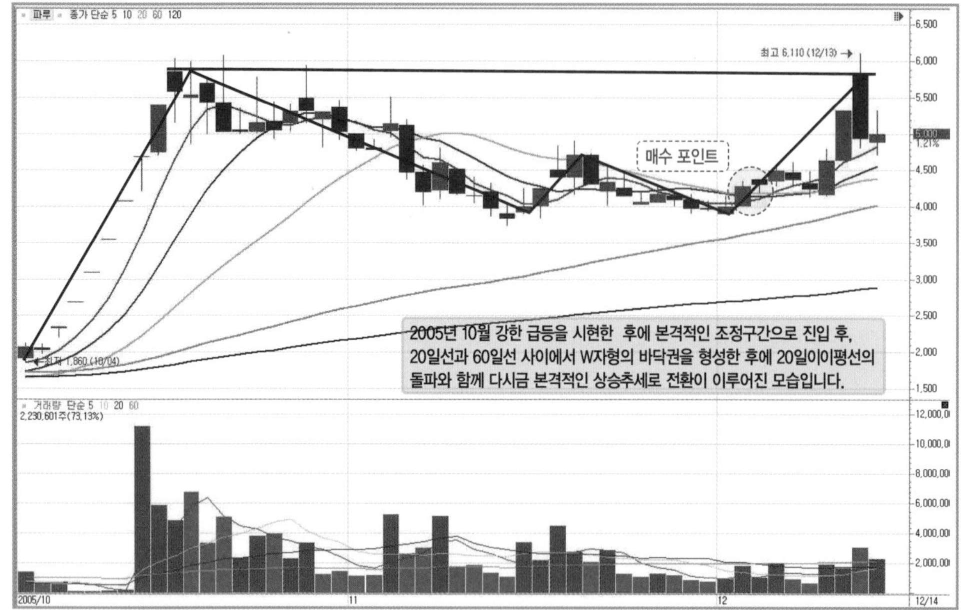

위의 차트는 사스(SAS) 관련주인 파루이다.

차트에서 설명된 내용처럼 2005년 10월 연이은 상한가의 행진에 강한 급등세를 보여준 후 2달여 간 상승폭에 대한 주가의 조정구간으로 이어지는 모습이다.

이 같은 주가의 현상이 이루어지는 것은 중장기 상승추세에 놓인 종목들이 최근의 상승으로 인해 그동안 벌어진 20일 이평선과 60일 이평선과의 이격의 과다로 인해, 한 차례 조정구간을 거치면서 중기적인 이격 줄이기 조정을 거쳐 가면서 다시금 상승추세를 형성하기 위한 밀집과정의 한 부분이라고 간단히 생각하면 되며, 이 과정을 거친 후에야 비로소, 다시금 중기적인 추세의 방향을 결정하게 되는 것이다.

위의 차트를 잘 보면 주가가 20일 이평선을 이탈한 후에 앞서 배운 쌍바닥의 형태를 보여주면서 20일 이평선 돌파와 함께 하락의 시작 지점인 전 고점대 부근까지 주가가 상승추세를 지속적으로 이어가는 모습이다.

이와 같이 쌍바닥의 유형이라고 하더라도 매매패턴에 대한 연구와 매매를 지속적으로 하다 보면 보다 확률이 높고 수익률이 좋은 지점을 파악할 수가 있다.

역배열 구간에서 나오는 쌍바닥의 모습 후에 상승으로 전환되는 지점은 하락추세는 어느 정도 마무리되었다고 볼 수 있지만, 특별한 이슈가 없다면 그 지점에서는 바로 상승추세로 전환이 이루어지기보다 단기 이익실현성 물량의 소화와 함께, 반등 시 물량 축소로 접근하는 고점대에서 들어온 물량부분 역시 소화를 해주어야 하기에 한 템포 쉬어가는 모습이 많다.

그러나 위의 차트처럼 중기 정배열을 한창 진행하고 있는 시점에서 나온 조정구간에서는 현재 큰 흐름이 상승을 이어가는 모습이며, 추세에 다시금 재진입하는 시점이기 때문에 상승 시는 추세적인 상승을 강하게 이어가는 것이 보통이다.

이 구간에서 역시 확신이 든다면 쌍바닥 형성구간에서 선취매로 접근할 수 있으나, 안정적으로 접근하려면 20일 이평선을 기준점으로 돌파 시 매수 후 20일 이평선 부근을 마지노선으로 접근하는 것이 보다 효율적인 매매전략이라고 판단된다.

자, 그럼 또 다음 차트를 한번 보도록 하겠다.

〈차트 3-1-5〉 신W 매매기법 적용사례 2

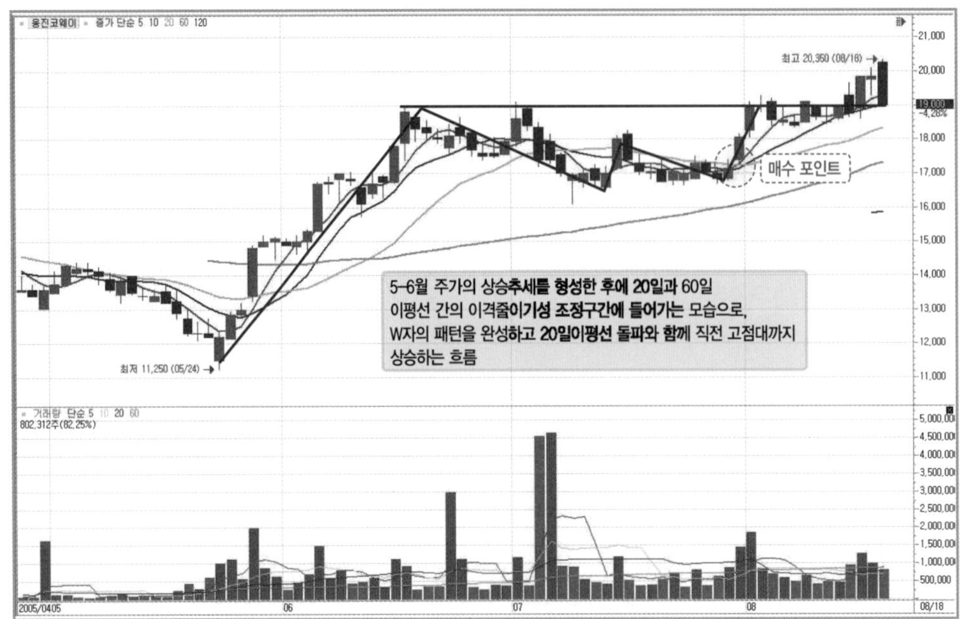

위의 종목은 웅진코웨이이다.

이 차트 역시 상승추세를 이어오던 중에 주가가 상승에 대한 본격적인 조정구간으로 진입하였던 모습이다. 물론 단기적인 조정구간으로 큰 흐름은 아직 상승추세에 위치하고 있는 상황이다.

차트에서 보는 바와 같이 20일 이평선과 60일 이평선을 사이에 두고 주가와 5일 이평선들이 쌍바닥의 유형을 만들면서 양호한 바닥 다지기의 움직임을 보여주는 모습이다. 이후 20일 이평선의 돌파와 함께 단기적인 상승세를 강하게 이어가면서 단기간 15% 정도의 수익을 안정적으로 창출해 주는 모습이다.

이처럼 대부분의 경우 다시금 20일 이평선의 돌파와 함께 주가가 상승으로 전환된다면 직전 전 고점대까지는 충분히 상승하는 예가 많으며, 특히나 대형주 및 우량주의 경우는 전 고점대를 넘어 신고가를 형성하면서 상승추세를 이어가는 경우가 허다하다.

이 부분이 바로 쌍바닥 매매기법의 핵심이 되는 포인트이다. 역배열 구간에서는 한 번의 단기 시세로 접근해야 하지만 위의 경우처럼 정배열 구간에서의 쌍바닥은 스윙관점으로 보다 많은 수익을 창출할 수가 있는 것이다.

그럼 정리를 한 번 해보도록 하겠다. 역배열 구간에서의 쌍바닥 매매기법은 20일 이평선 돌파 시 매수관점으로 접근하여, 한두 차례의 시세에 만족하는 것이며, 정배열 구간에서의 쌍바닥 매매기법은 20일 이평선을 기준점으로 하여, 돌파 시 매수관점으로 접근하되, 목표가는 직전 고점대까지를 목표가로 정하고 접근한다는 것이다.

하지만 중소형주의 경우는 주가의 움직임이 다소 불규칙하게 가는 경우가 많기 때문에 보유원칙에 있어서 다소 기준을 다르게 잡고 접근할 필요가 있다. 기본적인 기준을 20일 이평선으로 정하되, 차트상으로 5일 이평선을 이탈하거나, 주가의 상승과 함께 주가의 5일 이평선과의 이격부분 즉, 공백부분이 과도하게 이루어진다면 차후 단기적인 조정구간으로 이어질 가능성이 크기 때문에 상승 시에는 분할 매도로 접근하면서 대응하는 것이 더 효과적인 투자 방법이다.

다음의 차트들을 보면서 기법에 대해 더 깊이 이해해 보도록 하겠다.

〈차트 3-1-6〉 신W 매매기법 적용사례 3

금호산업
8월경 상승추세를 보이고 20일이평선과 60일이평선
사이에서 주가의 쌍바닥이 형성된 모습이다.
그 후 다시금 본격적인 상승추세의 형성구간
매수 포인트
최고 24,150 (11/07)
최저 14,000 (08/02)
2006/07
08
09
10
11
11/08

위의 종목은 금호산업이다.

금호산업은 국내 10위권 정도의 건설업체로 2006년 5월 대우건설 인수와 관련하여, 시장에서 부정적인 반응으로 인해 주가가 26,000원 대에서 13,000원 대까지 단기간에 50% 정도의 하락을 보여주었다. 작년 6월을 기점으로 상승추세로의 전환에 성공한 후 위의 차트에서처럼 9월과 10월 W자형의 바닥을 형성하고, 다시금 정배열 확산구간으로의 진입과 함께 본격적인 상승추세를 형성하는 모습이다.

9월의 경우 직전 고점대까지 한 차례 예상 목표가까지 상승한 후 다시금 20일 이평선을 이탈하면서 조정구간으로 진입한 모습으로, 다시 한번 쌍바닥을 형성해 주면서 또 한번의 매수 기회를 준 형태이다.

이처럼 대형주 및 우량주의 경우에서는 패턴의 완성이 이루어진다면 직전 고점대를 넘어 주가 레벨 업과 함께 새로운 상승시세로 접어드는 경우가 많다. 개인의 매매 성향에 따라 앞서 목표가인 직전 고점대를 기준으로 정하여서 매매할 수 있으며, 5일 이평선이라든지 20일 이평선을 기준으로 이탈하지 않는 시점에서는 지속적인 관심을 가지면서 대응하는 것이 보다 효율적인 대응방법일 것이다.

〈차트 3-1-7〉 신W 매매기법 적용사례 4

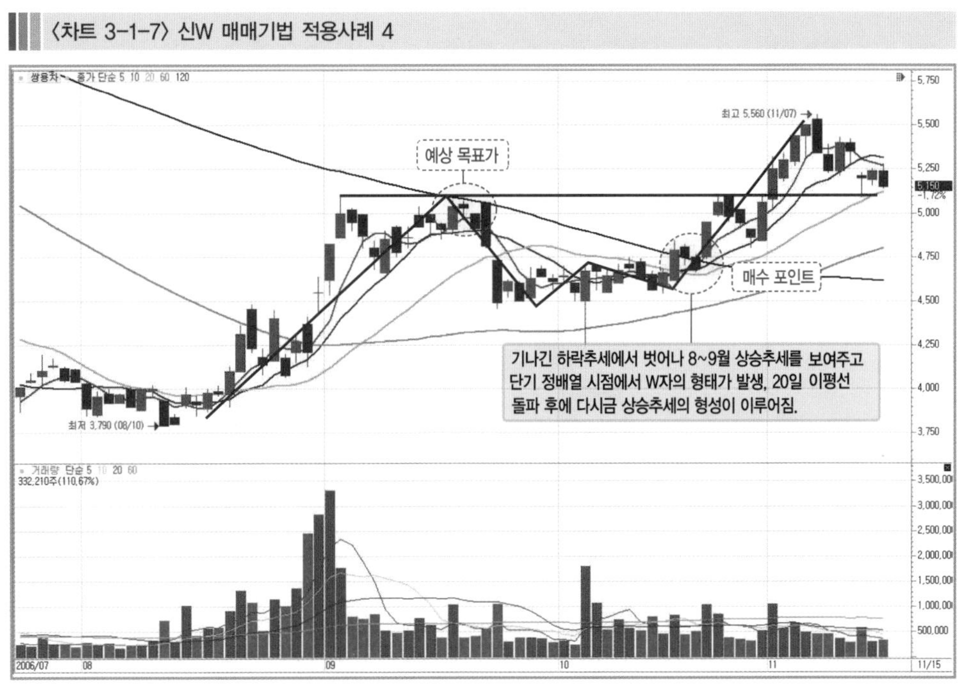

위의 차트는 국내 최고의 SUV 차량 생산업체인 쌍용차이다.

2006년 1월부터 실적 부분의 악화와 함께 지속적으로 주가가 하락하면서 최고 1만 원대에서 3,700원 대까지 60%의 하락률을 보여 거의 반년이 넘게 주가가 하락추세를 이어 왔다. 그 후, 8월의 대량 거래와 함께 상승추세로의 전환이 이루어졌는데, 상승추세 형성 후에 차트에서처럼 20일 이평선과 60일 이평선의 사이에서 W자형의 바닥구간을 완성한 후 20일 이평선의 돌파와 함께 주가가 상승추세를 지속적으로 이어 가는 모습을 보여주었다.

예상 목표가가 직전 고점대이나, 앞서 말씀드린 것처럼 우량주 및 대형주에서는 최소 예상 목표가를 달성하면서 새로운 시세로 주가가 레벨 업되는 것이 많다. 그렇기 때문에 정배열 구간에서 매매할 때는 보유기간에 대해 어느 정도 융통성을 가지면서, 매매기준을 20일 이평선 이탈 시 또는 분할매도로 접근하면서 상승추세에 동행해 가는 것이 중요하다.

〈차트 3-1-8〉 신W 매매기법 적용사례 5

메리츠화재
최고 6,330 (09/21)
매수 포인트
최저 4,420 (07/19)
9월 한달 간 상승추세 형성 후 정배열 구간에서 20일 이평선과
60일 이평선 사이에서 주가의 조정구간이 나오는 모습이다.
W자형의 쌍바닥 형성 후 전 고점대까지 주가 상승
2006/07
08
09
10
11
11/10

위 차트는 메리츠화재이다.

2006년 7월을 저점으로 상승추세로의 전환에 성공한 후 근 3달여 간 상승추세를 형성하였고, 10월 W자형의 쌍바닥을 형성한 후에 상승추세로 전환된 모습이다. 10월 후반 W자형의 패턴을 완성한 후에 20일 이평선을 돌파하고 다시금 조정구간으로 접어들었으나, 60일 이평선의 지지와 함께 W자의 연장을 보여주면서 다시금 상승추세로 전환되었고 예상 목표가인 직전 고점대까지 주가가 상승세를 꾸준히 보여주는 모습이다.

위와 같은 패턴에서는 20일 이평선을 돌파 후 한 차례 하락하는 구간이 나오는데, 20일 이평선을 지지하지 못하고 이탈할 시에는 작은 손실을 감소하고 일단 매도로 접근해야 한다. 그리고 다시 W자형의 패턴을 완성하는지 확인하고, 재매수의 관점으로 접근하는 것이 올바른 투자법이다.

굳이 위험부담을 안고 기준점을 이탈하였음에도 홀딩관점으로 접근하기보다는 작은 손실로 마무리하고 매수의 기회가 왔을 때 접근하는 것이 손실을 최소화하고 기회비용을 최대한 줄일 수 있는 방법이니까 말이다.

그럼 또, 다른 차트의 유형을 보도록 하겠다.

〈차트 3-1-9〉 신W 매매기법 적용사례 6

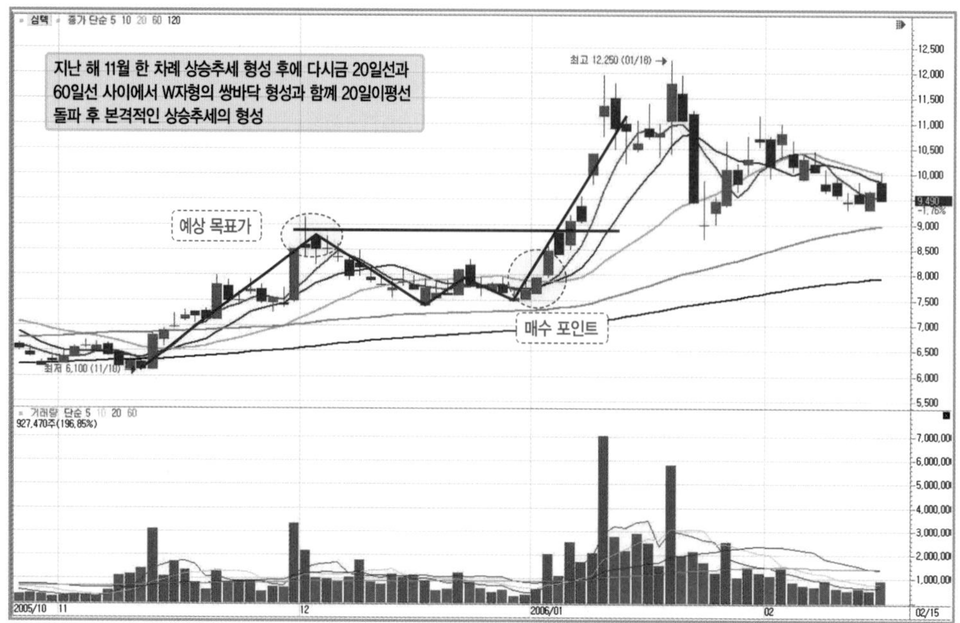

위 차트는 KOSDAQ 50에 속한 반도체용 PCB를 제조하는 심텍으로 성장성이 뛰어난 기업 중의 한 업체이다.

신규 상장한 후에 지속적인 중장기 상승추세를 이어오고 있다. 지난 2005년 12월 상승에 대한 주가의 조정구간이 정배열 구간대에서 이루어지는 모습을 확인할 수가 있다. 차트에서처럼 W자형의 유형을 완성하면서 2006년 1월, 20일 이평선의 돌파와 함께 상승추세가 지속적으로 이어지고 있다.

심텍의 경우 역시 예상 목표가를 뛰어넘으며, 매수 포인트 후 스윙관점으로 단기간 30%가 넘는 수익을 창출하였다. 앞으로 몇 개의 종목을 추가적으로 보면서 수익을 많이 내줄 수 있는 확률 높은 구간이 어디가 되는지를 잘 파악하면서 봐주기 바란다.

〈차트 3-1-10〉 신W 매매기법 적용사례 7

위 차트는 최근 유명한 헤지펀드인 타이거펀드의 매입과 함께 시장의 관심을 받고 있는 종목이며, 실적이 우수한 기업이다.

근 반년 동안 중기적인 상승추세를 형성하며 주가의 상승을 이끌어 오는 모습이다. 차트에서처럼 중기적인 상승추세 구간대에서 2006년 10월 본격적인 주가의 조정구간을 거쳐 가며 W자형의 바닥구간을 완성하는 것을 볼 수 있다.

10월 하순 경 60일 이평선의 지지와 함께 W자형의 패턴을 완성하고, 20일 매매기준이 되는 20일 이평선을 강한 거래량의 분출과 함께 돌파하면서 단기간에 30% 가까운 수익을 충분히 올릴 기회를 제공하였다.

이 종목은 비록 상장한 지 얼마 되지 않았고 코스닥 종목이기는 하나, 회사의 가치가 우수한 기업에 속하기 때문에 W자 패턴을 완성한 후, 20일 이평선 돌파와 함께 예상 목표가인 전 고점대를 뛰어넘어 새로운 시세국면으로 진입하게 된다.

이처럼 중대형주 및 우량주를 매매할 때에는 융통성을 가지고 꼭 예상 목표가에 한정시키지 말고 5일 이평선을 가미하여, 투자에 임한다면 보다 나은 수익을 낼 수 있을 것이다.

〈차트 3-1-11〉 신W 매매기법 적용사례 8

또 다른 차트를 한 번 보도록 하겠다.

위의 차트는 네비게이션 전문업체인 팅크웨어이다.

2006년 9월부터 외국인들과 기관들의 매수세가 꾸준히 유입되면서 신규상장 후 지속적인 주가의 상승추세를 이어가고 있다. 10월 상승추세의 흐름에서 발생한 W자형의 이격 줄이기성 주가의 조정을 마무리하고 다시금 신고가를 갱신하는 모습이다.

차트에서처럼 10월 20일 이평선과 60일 이평선 간에 수렴을 보여준 후 20일 이평선을 돌파하는 지점이 핵심적인 포인트라고 할 수 있겠다. 이 기법은 이평선과 주가를 이용한 추세매매의 한 방법이기 때문에 거래량 부분이 가미되면 더 좋을 수 있으나, 크게 작용하지 않는다고 보아도 무방하다.

〈차트 3-1-12〉 신W 매매기법 적용사례 9

마지막으로, 한 종목만 더 보도록 하겠다.

위의 차트는 물류업체 중 한 곳인 한솔CSN이다.

지속적인 적자사업이었던 쇼핑몰 사업을 매각하면서 기업구조의 개선에 성공하였으며, 제3자 물류사업에서 안정적인 수익구조를 확보하게 되어 차후 실적 개선이 기대되는 기업이다. 2006년 8월까지 이렇다 할 상승추세의 형성 없이 계속적인 주가의 하락추세를 이어갔으나, 9월부터는 실적 개선에 대한 기대감과 함께 상승추세로의 전환을 보여주고 있다.

앞서 보여드렸던 차트와 마찬가지로, 8월에서 9월까지 형성된 상승추세 후, 20일 이평선과 60일 이평선의 사이 구간에서 주가가 W자형의 모습을 보인 후에, 다시금 상승추세로 전환되는 모습이다.

앞에서 말씀드린 것처럼, 섣부른 선취매 전략보다는 20일 이평선을 돌파하는 지점대에서 매수관점으로 접근하는 것이, 주가가 상승으로의 움직임을 확인한 후에 매수관점으로 접근할 수 있다는 점을 잘 기억하고 매매에 임하면 좋을 듯하다.

위의 매매기법이 실전에서 유용하게 사용될 수 있는 매매기법이긴 하나, 예상과 다르게 움직일 시에는 어떻게 접근해야 되는지에 대해 몇 가지 종목으로 사례를 들어보도록 하겠다.

4. 新W 매매기법의 손절매 기준

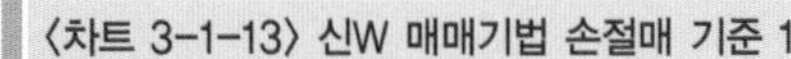
〈차트 3-1-13〉 신W 매매기법 손절매 기준 1

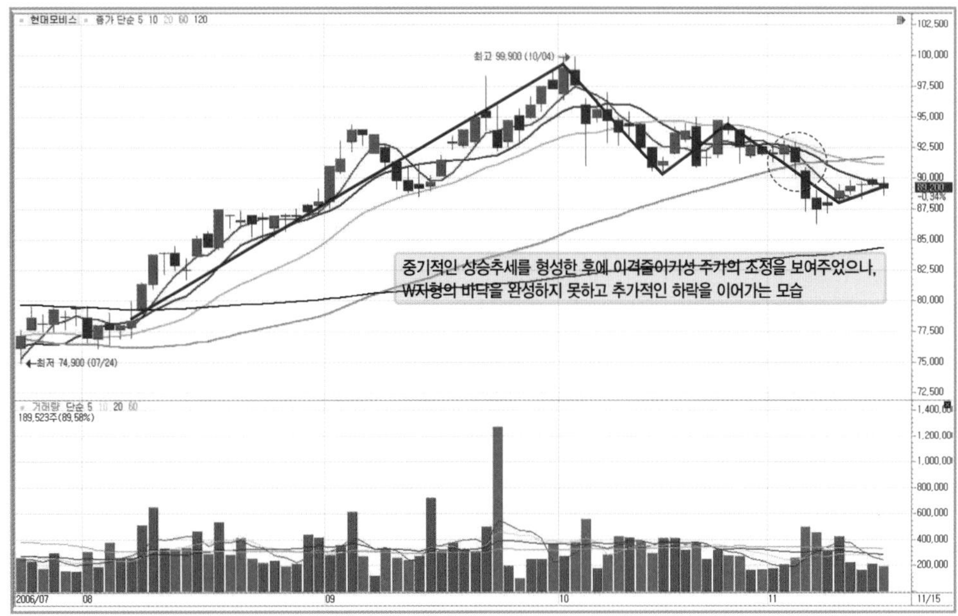

위의 차트는 현대모비스이다.

이전에 중장기 상승추세를 지속적으로 형성해 준 후, 2006년 10월 주가가 그동안의 상승폭에 대한 본격적인 조정구간으로 진입하고 있다. 한 차례 주가의 조정구간 대에서 쌍바닥의 유형을 만들어 가는 모습이었으나, 20일 이평선 돌파 실패와 함께 60일 이평선마저 하향하면서 하락추세로 진입하고 있다.

현대모비스의 경우는 섣부른 선취매 관점으로 접근하였다면 오히려 손실을 보고 매도해야 하는 상황이 발생하였을 것이다. W자형의 바닥을 완성하려고 했지만, 20일 이평선을 돌파하지 못한 시점에서는 이격을 줄이는 과정이 아닌, 20일 이평선과 60일 이평선의 데드 크로스가 발생할 가능성이 크다.

종목과 시장의 흐름에 따라 다소 차이가 있을 수 있으나, 차트상으로 60일 이평선 부근대를 마지노선의 자리라고 판단하고 접근하면 만약 실패를 하더라도 작은 손실로 마감할 수 있다.

〈차트 3-1-14〉 신W 매매기법 손절매 기준 2

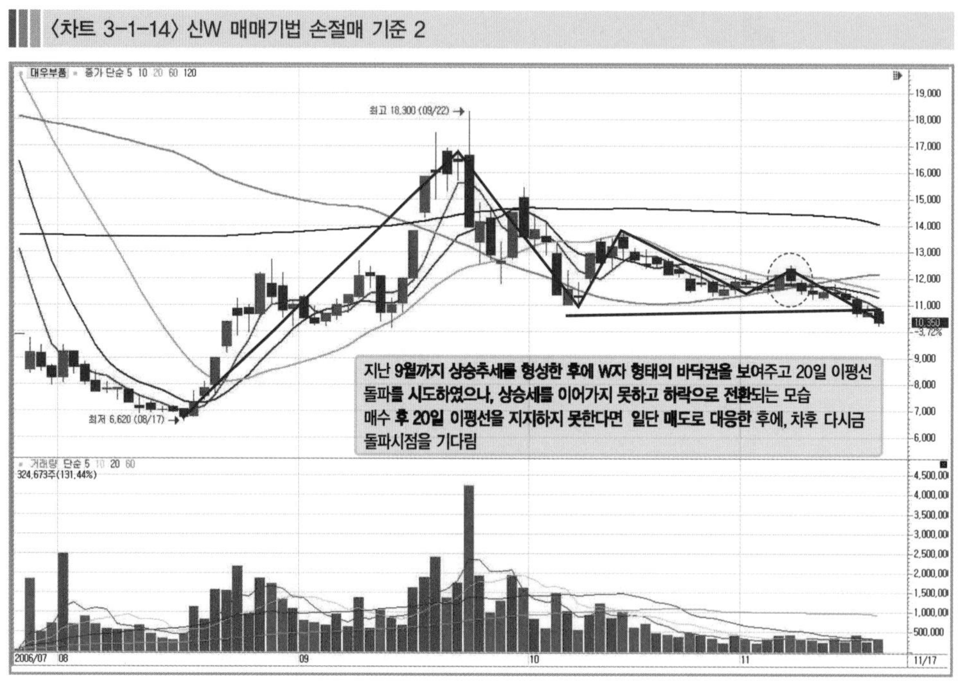

위의 차트는 대우부품이다.

차트에서 보는 바와 같이 2006년 9월 상승추세 후에 20일 이평선과 60일 이평선 사이에서 W자형의 바닥을 완성하면서 20일 이평선을 돌파해 주었으나, 전일 20일 이평선을 지키지 못하고 주가가 하락하면서 다시금 하락추세로의 전환이 이루어진 모습이다.

이 같은 경우에서는 20일 이평선을 이탈하는 지점에서는 일단 작은 손실을 인정하고 매도로 접근한 후에, 차후 다시금 W자형의 바닥을 완성하는지에 대해서 지켜보아야 한다. 그래야 다시금 돌파 시 매수관점으로 접근할 수가 있기 때문이다.

20일 이평선을 하향하였는데, 고집이나 미련 때문에 지속적으로 홀딩관점으로 접근한다면 다시금 W자의 연장을 만들어 주고, 상승한다면 다행이나 그렇지 않고 60일 이평선의 이탈과 함께 주가가 본격적인 하락추세로 전환된다면 꽤나 마음고생이 심할 수 있기 때문이다.

어떤 매매를 하든지 간에 매매기법뿐만이 아니라, 그 매매기법을 가지고 어떠한 원칙 아래 투자를 하느냐, 그리고 기준점을 어떻게 정하느냐, 이 원칙과 기준을 잘 지키느냐, 못 지키느냐에 따라서 수익과 손실이 크게 차이나게 되는 것이다.

〈차트 3-1-15〉 신W 매매기법 손절매 기준 3

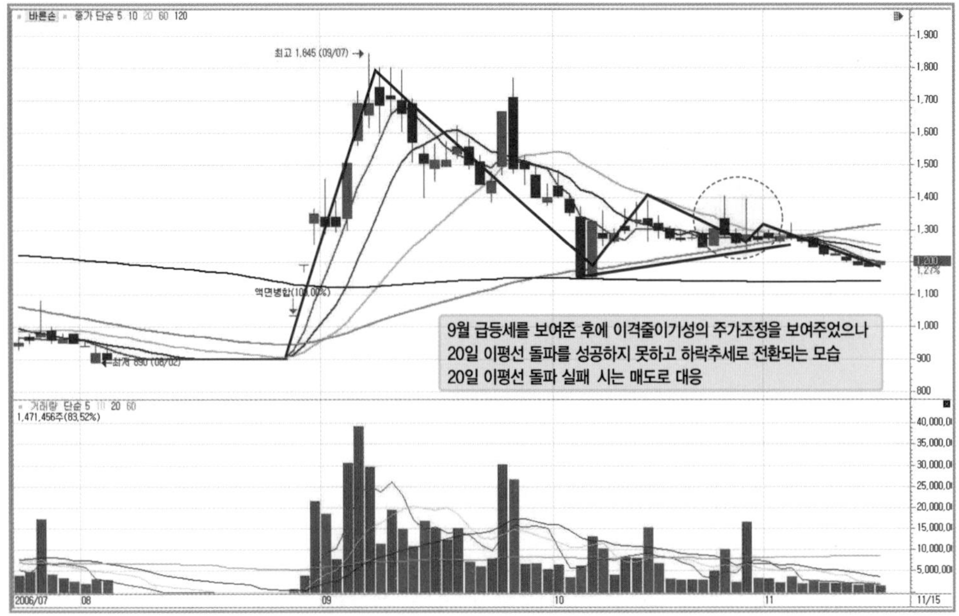
최고 1,845 (09/07)
9월 급등세를 보여준 후에 이격줄이기성의 주가조정을 보여주었으나
20일 이평선 돌파를 성공하지 못하고 하락추세로 전환되는 모습
20일 이평선 돌파 실패 시는 매도로 대응

그럼 마지막으로 조심해야 할 유형에 대해 알아보도록 하겠다.

위의 종목은 바른손이다.

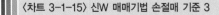

2006년 9월 초 단기간 급등의 모습을 보여준 후에 단기 상승폭에 대한 주가의 조정구간이 9월에서 10월까지 두 달에 걸쳐 이루어지고 있다. 10월에 주가가 W자 형태의 유형을 완성시키고 20일 이평선의 돌파를 두 차례에 걸쳐 시도하였으나, 종가상 돌파를 완성하지 못하고 무너지는 유형이다.

그 후 20일 이평선의 상승 전환을 못시키고 20일 이평선과 60일 이평선과의 데드 크로스가 발생하면서 주가는 본격적인 하락구간으로 이어지는 것을 알 수있다.

이 W자 매매기법을 실전에서 적용할 때 조심해야 하는 점은 보통 중소형

주의 경우에서는 등락이 크게 움직일 수 있기 때문에 가급적 리스크 관리에 중점을 두고 접근해야 한다는 점이다.

앞서 말한 것처럼 매매의 기준을 20일 이평선으로 정하고 매수 후 20일 이평선을 주가가 돌파하지 못하고 무너진다면 미련을 갖지 않는 것이 좋다. 무리하게 보유관점으로 접근하기보다는 작은 손실을 인정하고, 매도로 대응한 후에 차후 다시금 W자를 형성하는지에 초점을 두고 접근하는 것이 보다 안정적인 수익을 올리는데 도움이 될 것이다.

〈카페회원들의 실전 주식투자 이야기〉

주식 공부를 많이 하고 실제 투자를 한다?

필명 : 베로니카

음, 실제 투자는 안 하시고, 이 카페에서 공부만 하시는 분이 있다고 하더군요.

예전의 저를 보는 느낌입니다. 아니, 여기서 실제 투자를 하는 분들 모두를 보는 느낌입니다. 대다수가 그랬을 것입니다.

"난 공부 많이 해서 실패하지 말아야지!" "난 남들이 내었다는 수업료(?)를 내지 말아야지!" 다들 그렇게 생각하고, 시작을 했을 것입니다. 저 자신도 그랬거든요.

하지만, 이론만 알고 있는 것이나 모의투자에서 잘 나가는 것과 실전투자는 확실히 틀립니다. 어차피 낼 수업료, 조금만 내고 경험을 쌓는 것이 중요합니다.

전 항상 생각하는 것이 이제 주식을 시작했다는 분들이 수익을 내고 기뻐하는 모습을 보면, 그리고 수업료도 안 낸 것을 보면 도리어 불안합니다. 수업료를 내지 않았기 때문에, 주식시장이 만만하지 않은 곳이라는 것을 모르지 않을까?

자신은 주식시장을 만만히 보지 않는다고 하지만, 실제로는 첫 투자에 수익을 내버렸기 때문에 정작 수업료에서 얻는 뼈저리는 경험

을 해볼 기회가 없어서 더욱 위험하다는 것입니다.

인간은 신기한 것이 다른 사람의 경험담이나 성현의 가르침에 귀 기울이면서도 똑같은 실수를 반복하는 경우가 있습니다. 즉, 자신이 직접 경험해 보지 않은 이상 그릇된 행동을 하는 경우가 그렇습니다.

제가 강조하고 싶은 것은 이것입니다.

어차피 낼 수업료, 백만 원 정도로 1년 6개월가량 굴리다가 손해 안 나면 본격적으로 주식투자해 보라고… 처음부터 큰 액수이면 수업료가 커지며, 또한 처음부터 수입을 내 버리면, 얻어야 할 교훈도 못 얻기 때문입니다.

아직 실제 투자를 안 하는 분들 지금이라도 시작해 보십시오.

직접 투자를 하는 것과 이론만 알고 모의투자 하는 것하고는 틀립니다. 모의투자야 잃으면 한 번씩 지르면 그만이고, 또 잃는다고 해도 내 돈도 아니니 상관없지만 실제 투자는 그게 아닙니다. 주식공부를 많이 하고 나서 실제 투자를 한다는 분들, 생각을 바꾸셨으면 합니다.

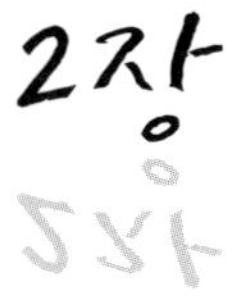

2장 똘레랑스의 음양돌파 新 매매기법

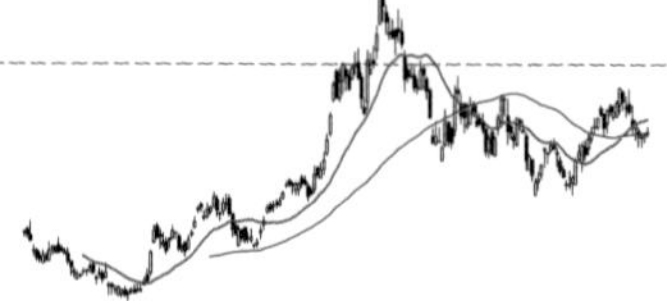

1. 음양돌파 新 매매기법의 의미 및 특성

1) 볼린저 밴드란?

음양돌파 매매기법을 이해하기 위해서 먼저 보조지표로써 많이 이용되고 있는 볼린저 밴드(Bollinger band)에 대해서 살펴보도록 한다.

볼린저 밴드란 급등주를 찾기 위해 John Bollinger가 개발한 기법으로써 주가의 움직임을 밴드 안에 묶어 놓고 주가의 변화 특징을 관찰하면서 매매 타이밍을 포착하는 기법이다.

주가의 변동성을 매일 매일의 주가 움직임에 따라 현실성 있게 반영하는 곡선형 트렌드 매매기법으로 중심선(12일 이평선), 상한선(중심선+2시그마), 하한선(중심선-2시그마)으로 구성되어 있다.

주가는 상한선과 하한선으로 구성되는 밴드 내에서 추세적으로 움직이며, 상한선과 하한선 사이에 주가가 위치할 확률은 95.44%이고 밴드 밖으로 벗어날 확률은 4.56%(상한선 바깥으로 2.28%, 하한선 바깥으로 2.28%)이다. 이것을 먼저 잘 이해하고 있어야 음양돌파 매매기법의 적용 방법을 충분히 이해할 수 있다.

2) 볼린저 밴드의 특성

〈차트 3-2-1〉 볼린저 밴드의 특성 1

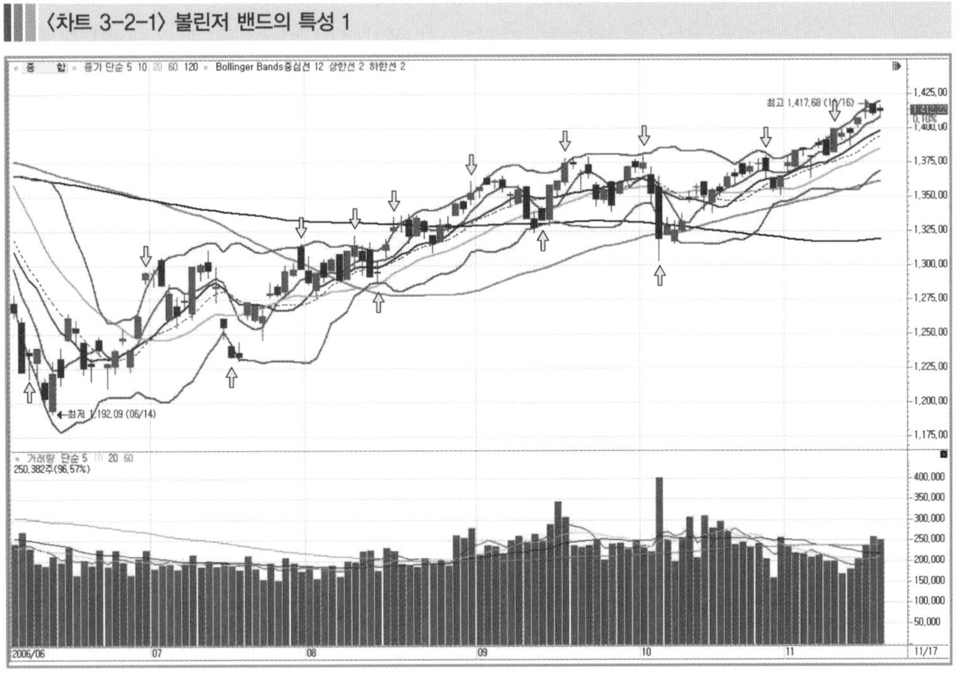

위의 코스피지수 일봉 차트를 보면 밴드 상한선과 5일선 사이에서 상승하던 주가가 갑자기 볼린저 밴드 상한선을 돌파하면 즉시 탄력이 둔화되거나 반락을 통해 밴드 내로 후퇴하는 것을 발견할 수 있다.

이와 같이 볼린저 밴드의 가장 중요한 특성은 주가의 변동성에 대한 탄력적 수용성에 있는데, 차트를 보면 6월 말부터 11월 중순까지의 기간에 주가가 밴드 바깥으로 벗어나는 순간이 몇 번 있었지만, 밴드 상한선에 접근하면 매물이 출회되면서 저항선 역할을 하는 것을 볼 수 있고, 6월 중순과 7월, 8월, 9월 중순, 그리고 10월 초의 모습을 보면 주가가 하한선을 벗어나자 즉각 반발 매수세가 유입되어 밴드 안으로 반등하는 모습을 보여주고 있다.

이와 같이 볼린저 밴드는 직선형 추세기법인 다우이론상의 장점을 수용하고 문제점을 보완한 곡선형 추세기법으로써, 다우기법상 직선형 추세매매 기법에서 발생하는 타이밍상의 비현실성을 보완하기에 충분한 트렌드 매매기법이다. 볼린저 밴드는 우리 몸속에서 장의 연동운동과 유사한데, 수축이 되면 다시 확장이 이루어지고 확장이 이루어지고 나면 다시 수축이 이루어지는 특성을 가지고 있다.

이러한 수축과 확장은 아주 중요한 주가 변화를 시사하는 것으로, 밴드 수축이 어느 정도 진행되면 다음의 확장을 통해 주가에 큰 변화가 올 수 있음을 미리 인지할 수 있는 것이다. 수축은 진행 방향이 일정기간 멈추는 과정 혹은 반전의 과정에서 나타나고, 확장은 진행 방향의 역전 시에 주로 나타나는 경향이 크다고 볼 수 있다.

〈차트 3-2-2〉 볼린저 밴드의 특성 2

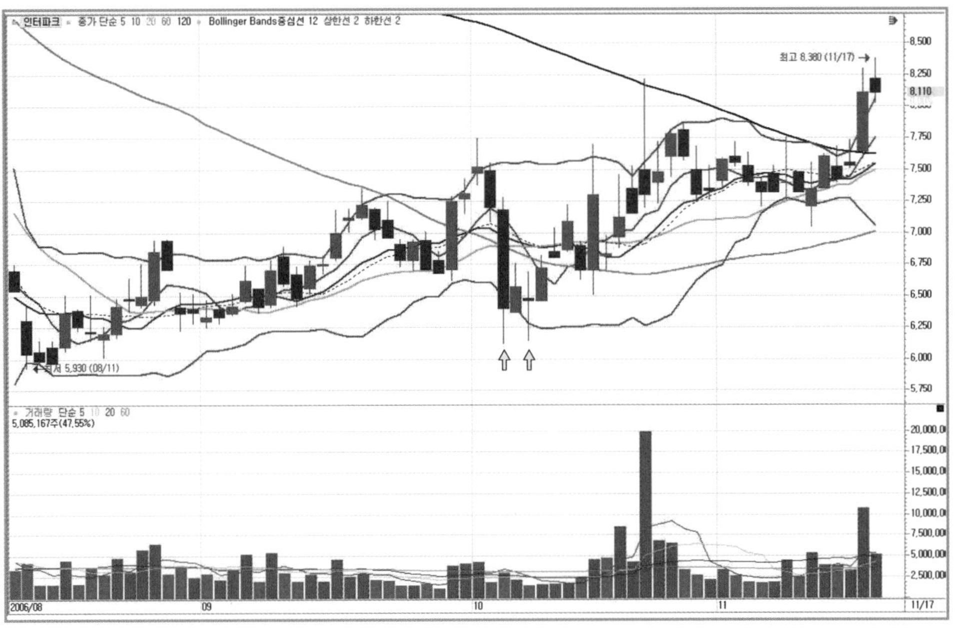

인터파크 차트를 보면 2006년 10월 9일과 10월 11일 밴드 하한선 위에서 하락하던 주가가 갑자기 밴드 하한선 아래로 급락하게 되고, 이때 대다수의 일반투자자들은 놀라면서 주식을 즉각 손절매 처리하였을 것이다. 그랬다면 이후 강한 상승으로 인한 시세차익을 얻을 수 없고, 오히려 최대 바닥에서 손절매를 하게 되는 뼈아픈 오점을 남기게 되는 것이다.

볼린저 밴드는 이러한 감정적 판단 오류를 막을 수 있는데, 바로 밴드 내로의 높은 주가 수용력 때문이다.

2. 볼린저 밴드를 이용한 실전 대응법

1) 밴드 수평 수축시의 대응법

밴드가 수축을 보인다는 것은 주가의 방향이 일시적으로 정지되거나 기존의 방향이 역전되는 과정에서 나타나는데, 밴드의 중심선과 상 · 하한선의 기울기가 거의 제로 상태임을 말하는 것이다. 이때에는 주가가 밴드 내에서 등락을 거듭하며 중심선을 중심축으로 상 · 하한선의 범위 안에서 박스권을 이루게 된다.

즉, 상한선은 저항선, 하한선은 지지선이 되는 것이다.

볼린저 밴드의 특성에서 살펴본 바와 같이 주가가 밴드 내에 위치해야 할 확률이 95.44%이고 벗어날 확률은 겨우 4.56%에 불과하기 때문에 밴드의 상한선에서는 매도하고 하한선에서는 매수로 대응해야 한다.

〈차트 3-2-3〉 볼린저 밴드의 실전 대응법 1

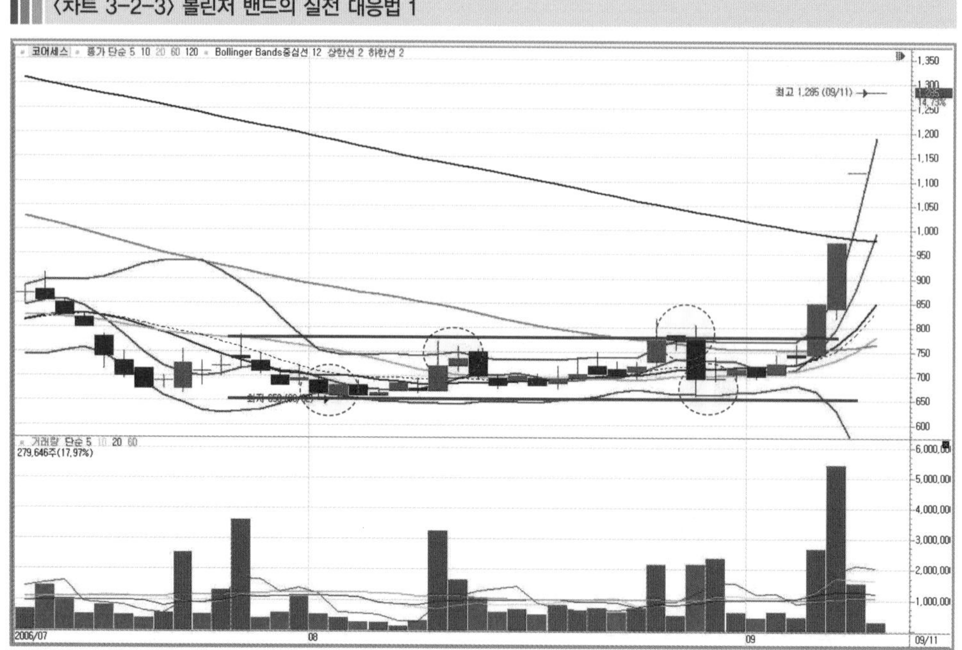

앞의 코어세스 차트에서 보는 바와 같이 밴드 상 · 하한선과 중심선의 기울기가 거의 제로상태를 보이게 되는 수평 수축시에는 8월 1일과 2일, 8월 29일의 모습처럼 밴드 하한선이 지지선이 되어 반등을 보여주고 있으며, 8월 9 · 10 · 11일의 3일 동안 그리고 8월 25 · 28 · 29일의 세 거래일의 모습처럼 밴드 상한선이 저항선이 되어 주가는 반락을 하고 있다.

이처럼 볼린저 밴드의 기울기가 거의 제로상태가 되는 수평 수축구간에서는 철저하게 상 · 하한선을 벗어나는 흐름에는 매도로 대응하되, 밴드 상한선을 거래량이 동반되며 강하게 돌파하는 순간에서는 보유물량을 그대로 유지하며, 장중 밴드 상한선 안으로 되 반락하는지 아니면 상한선 위에서 계속 강세를 유지하는지 잘 살펴서 대응해야 할 것이다.

2) 밴드 수축과정에서의 대응법

밴드 수축과정에서는 밴드 확장기와는 반대로 상한선이 하락하고 하한선이 상승하는 경우인데, 밴드가 확장을 보인 후 주가가 상승을 멈추거나 하락을 멈추는 경우에 나타나는 현상이다. 수축과정에서는 밴드 상한선에서의 저항에 의한 매도, 하한선에서의 지지에 의한 매수 전략이 가능하다.

〈차트 3-2-4〉 볼린저 밴드의 실전 대응법 2

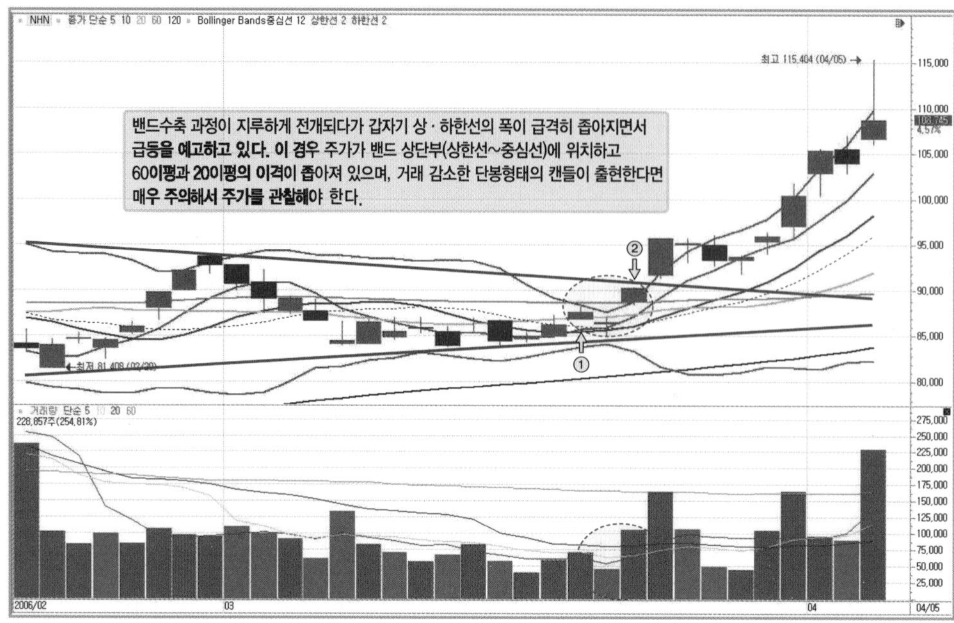

NHN의 2006년 3월 중순 경의 차트를 보면 밴드가 수축과정을 진행하던 중 점차 밴드 상 · 하한선의 폭이 급격하게 좁아지며, 거래 감소한 단봉의 캔들이 밴드 상단부(밴드중심선~밴드상한선)에 위치하고 있는 모습을 보여주고 있다.

이때에는 강한 에너지가 축적되어 급등을 예고하는 경우이며 이후 큰 폭의 주가 상승을 나타내고 있는데, 실전에서 이러한 모습을 발견하게 되면 ①번 위치 즉, 60이평, 20이평, 5이평이 역배열을 이루고 20이평과 5이평의 이격도가 7% 이내인 구간에서 5일선 위로 주가가 올라서 있을 때는 필사적으로 종가 매수에 임해야 한다.

3) 밴드 중심선을 이용한 대응법

밴드 중심선이 수평일 때 중심선은 주가 등락의 중심축이 되고, 상승이든 하락이든 방향을 가지면 지지선과 저항선이 된다. 중소형 주로써 강한 종목은 주로 5일선에서 지지와 저항이 이루어지지만 대형주는 중심선인 12일선과 20일선 사이에서 저항과 지지가 이루어지는 경우가 많다.

주가가 고점을 찍고 하락할 때 중심선과 고점 간의 이격이 크면 중심선의 지지력이 높고, 하한선이나 20일선까지 조정을 보이지 않고 중심선에서 지지하고 반등하는 경우가 많다. 만약 고점과 중심선, 저점과 중심선 간의 폭이 좁으면 그때는 중심선이 지지선과 저항선 역할을 하기가 어렵고 하한선과 상한선이 그 역할을 맡게 된다.

다만, 상승과 하락의 과정에서는 지지와 저항선 역할이 가능하지만 과열을 빛고 하락세로 반전하거나 급락 후 상승 반전시에는 지지와 저항의 역할을 할 수 없다는 점을 유의해야 한다.

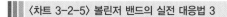

〈차트 3-2-5〉 볼린저 밴드의 실전 대응법 3

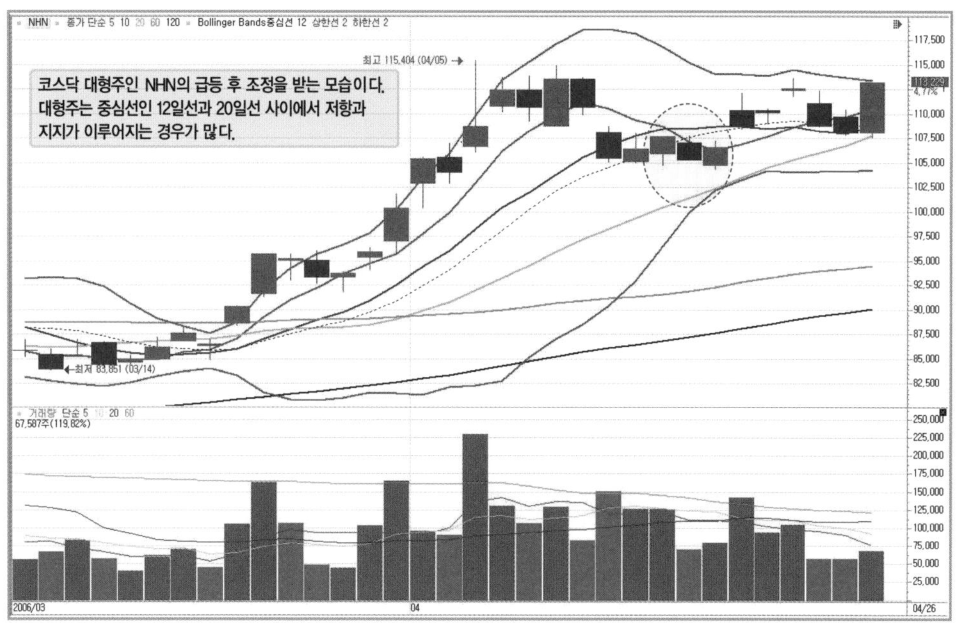

3. 음양돌파 新 매매기법

1) 조정 파동의 이해

엘리어트 파동론에서는 조정파동이 하락a파→반등b파→하락c파로 구성되는데, 고점을 찍고 반락하는 주가는 b파 반등의 기술적 반등을 보이게 되지만 이것은 단기성이며 짧은 반등에 불과하고 다시 c파 하락을 맞게 된다.

급등주는 b파의 기술적 반등구간에서 나오는 것이 아니고 c파 하락을 마무리한 후 바닥확인 과정을 거쳐서 이루어지게 되는데, 이평선을 놓고 보면 20일선과 12일선(중심선)을 이용한 단기파동 적용보다는 60일선과 20일선의 중기 적용에서 큰 상승이 나올 가능성이 매우 높다.

60이평선이 하향할 때 20이평선이 상승하면서 보이는 반등이 바로 b파 반등이 되는 것이며, 60이평선과 20이평선이 정배열을 이루면서 보이는 반등이 바로 c파 하락을 마무리한 후 본격적인 상승으로 진입하는 시점이 되는 것이다.

〈차트 3-2-6〉 파동의 이해

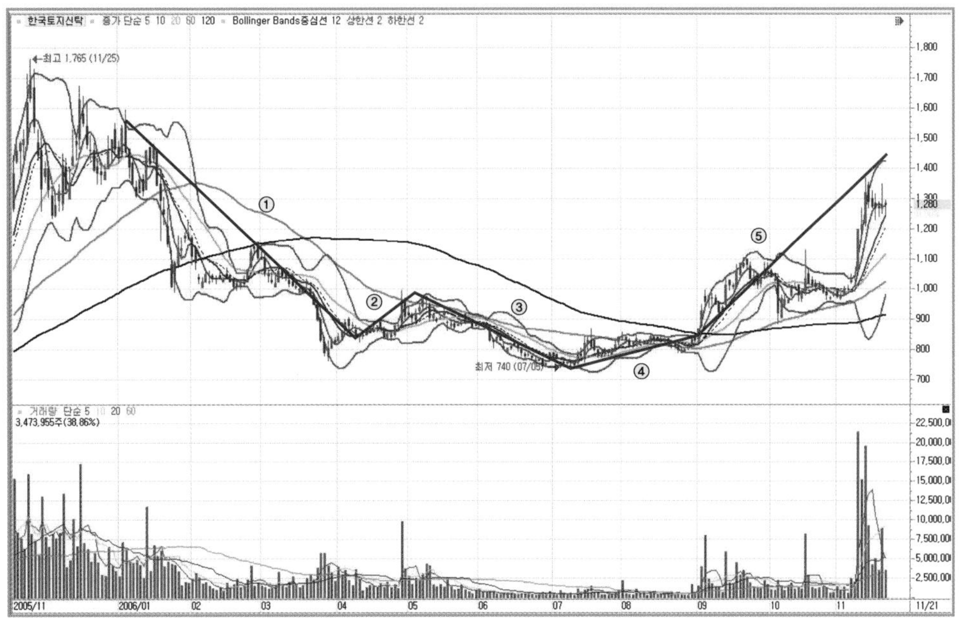

한국토지신탁의 차트를 살펴보면 2006년 초부터 시작된 하락추세에서 20이평이 먼저 하락으로 전환된 후 60이평이 하락함을 보이고 있는데, 4월 중순부터 20이평이 60이평을 향해 우상향하고 있는 구간이 b파 반등구간이며 다시 5월 중순 경부터 시작된 하락추세가 c파 하락구간이다. 이후 주가는 7월과 8월의 시세 조율과정을 거쳐 8월 말부터 새로운 상승추세를 형성하고 있다.

이와 같이 60이평이 하락하는 도중에 20이평이 상승으로 전환하며 주가가 반등하는 구간을 b파 반등으로 간주하는데, 이때에는 큰 폭의 주가 상승은 기대하기 힘들고 c파 하락을 마무리하고 두 달간의 시세 조율과정을 마친 8월 말부터의 상승이 본격적인 상승추세로의 시작이 되는 것이다.

2) 음양돌파 매매기법

이제 실전매매 사례를 통해서 차트상에서 급등지점을 포착하는 요령에 대해 알아보자.

위의 조정파동에 대한 이해에서 본격적인 급등과정은 c파 하락을 마무리한 후 시세 조율과정을 거쳐야 비로소 이루어진다고 언급하였다.

그러나 단순 b파 반등과정에서도 일정 정도 수익을 창출할 수 있는 구간이 존재하며, 지금부터 그 구간에서 어떻게 선취매 및 동행매수를 할 수 있는지 알아보도록 하자.

(1) 1차 매수 시점 – 급락 후 수평 수축구간

다음 차트는 코어세스의 급등 전 모습이다.

2006년 1월 초 하락추세가 시작된 이후 7월 말까지 20일선이 하향하는 60일선을 향해서 상승하는 b파 반등 없이 지속적으로 하락구간을 시현하고 있는 모습을 볼 수 있다.

8월 한 달간의 박스권 조정을 거쳐 20일선이 평평해지며 60일선에 가까워지는 반등의 구간이 나오고 있는데, 이때 중요한 매수 포인트는 밴드 중심선인 12일선 위로 주가가 올라서며 60일선 바로 밑에서 거래 감소한 단봉의 캔들이 출현한 시점이다.

장 후반인 2시 30분 이후 조건 검색식을 활용하여 이런 종목을 발견했다면 반드시 관심종목에 등록해 놓고 익일 아침 동시호가부터 주가 움직임을 관찰해야 한다.

〈차트 3-2-7〉 음양돌파 신 매매기법 1차 매수 예시 1

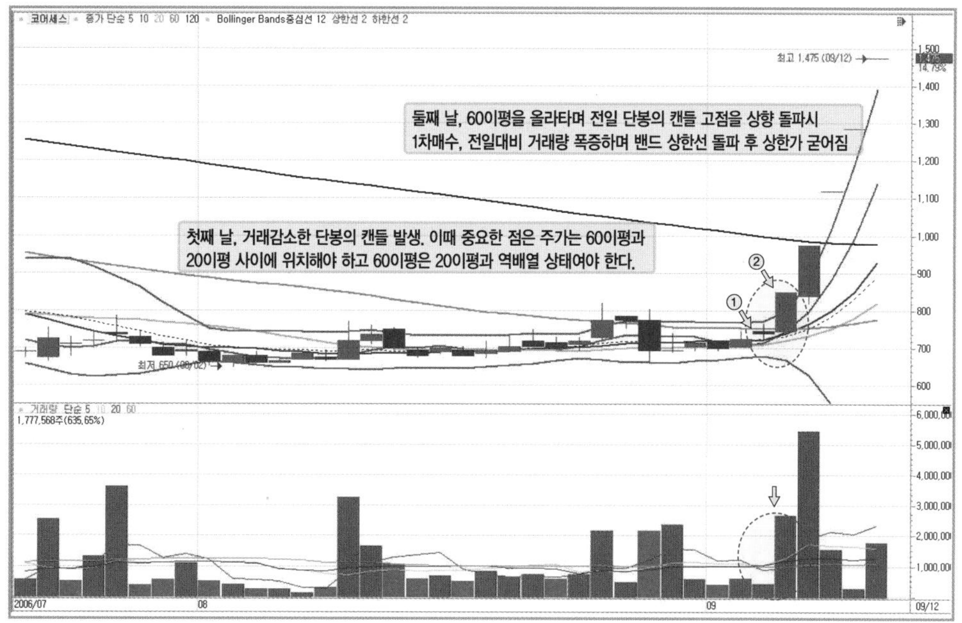

위의 차트에서 보면 첫째 날, 하락하는 60이평과 수평 수축과정을 거치며 일정한 박스권을 형성하고 있는 볼린저 밴드의 중심선(12일 이평선) 위에 거래 감소한 단봉의 캔들이 탄생하고 있다.

다음 날 전일 동시간대 대비 거래량 증가율 100% 이상을 보이며 강한 양봉으로 밴드 상한선을 돌파하는 모습을 볼 수 있는데, 이때의 매수 요령을 잘 이해하고 적용하기 바란다.

전일의 단봉 고점을 돌파하는 순간이 1차 매수시점, 밴드 상한선을 강한 거래량을 동반하며 돌파하는 순간이 2차 매수시점이다.

이때 중요한 점은 주가의 위치가 밴드 중심선 위에 있으면서 60이평과 20이평 사이에 있어야 한다는 것이다. 이때는 하락추세를 마무리하고 중요한 시세 조율작업을 거치는 과정이기 때문에 밴드 상한선을 거래량이 실리며 강하게 돌파되는 시점은 중요한 시세의 변화를 나타내 주는 것으로써 급등으로 이어지는 경우가 매우 많다.

초보투자자들이 흔히 오해하는 고정관념 중 하나가 이평선 역배열 구간에서는 절대 매수하지 말라는 말일 것이다. 하지만 주가의 생로병사하는 라이프사이클(Life Cycle) 과정을 자세히 살펴보면 반드시 역배열 구간을 돌파하며 상승해야 이평선이 정배열로 전환되는 것이고, 이때부터는 하위 이평선이 모두 지지선으로 작용하게 되는 것이다.

따라서 위에서 보듯이 60이평과 20이평이 역배열 구간에 있다고 해서 그것이 정배열로 전환되기를 기다려 매수하는 것은 오히려 확실히 수익을 낼 수 있는 구간을 알면서도 간과하는 오류를 범하는 것이며 이는 매우 안타까운 순간이 아닐 수 없다.

다음 차트는 예당의 급등 전 모습을 보여주는데 가장 먼저 보아야 할 것은 이 구간이 60이평과 20이평이 역배열 구간인지 정배열 구간인지 판단하고, 다음으로 60이평과 밴드 중심선의 이격이 좁혀진 상태에서 종가상 주가의 위치가 중심선 위로 올라서 있는지 여부를 판단하는 것이다.

〈차트 3-2-8〉 음양돌파 매매기법 1차 매수 예시 2

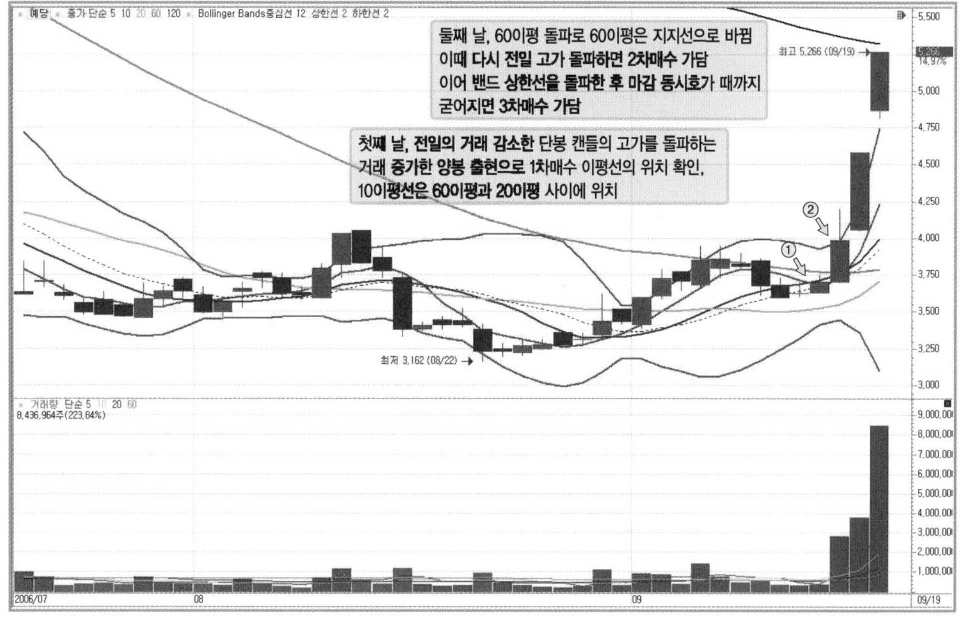
예당 종가 단순 5 10 20 60 120 Bollinger Bands중심선 12 상한선 2 하한선 2
둘째 날, 60이평 돌파로 60이평은 지지선으로 바뀜
이때 다시 전일 고가 돌파하면 2차매수 가담
이어 밴드 상한선을 돌파한 후 마감 동시호가 때까지
굳어지면 3차매수 가담
첫째 날, 전일의 거래 감소한 단봉 캔들의 고가를 돌파하는
거래 증가한 양봉 출현으로 1차매수 이평선의 위치 확인,
10이평선은 60이평과 20이평 사이에 위치
최고 5,266 (09/19)
최저 3,162 (08/22)
①
②
거래량 단순 5 10 20 60
8,436,964주(223.84%)
2006/07
08
09
09/19

예당의 차트는 이 조건을 모두 만족하고 있으며 첫째 날 거래 감소(혹은 소폭 증가도 무방)한 단봉의 캔들이 탄생하고 둘째 날 전일의 단봉 고점을 돌파하는 거래 증가한 캔들이 출현하였는데, 이날의 종가가 강력한 동행 매수 시점인 것이다.

60이평선이 하향하며 주가의 바로 위에 있다는 것은 저항선으로써의 주가 상승을 억제하는 요인이 아니라, 60이평만 살짝 넘어서면 오히려 강력한 지지선으로 작용하여 주가 상승의 도화선이 될 수 있다는 남다른 역발상을 해야만 큰 수익을 올릴 수 있다.

아래 차트는 한올제약의 11월 초 급등 전 모습이다.

앞서 음양돌파 기법의 첫 번째 수익구간이 60일 이평과 20일 이평의 역배열 구간에서 전일의 거래 감소(혹은 소폭 증가)한 단봉의 캔들 고가를 당일 거래 증가하며 돌파하는 시점이 강력한 선취매 시점이며, 밴드 상한선마저 거래량을 실으며 강하게 돌파하는 시점이 동행 매수시점으로써 최상의 매수 포인트가 됨을 언급하였다.

〈차트 3-2-9〉 음양돌파 매매기법 1차 매수 예시 3

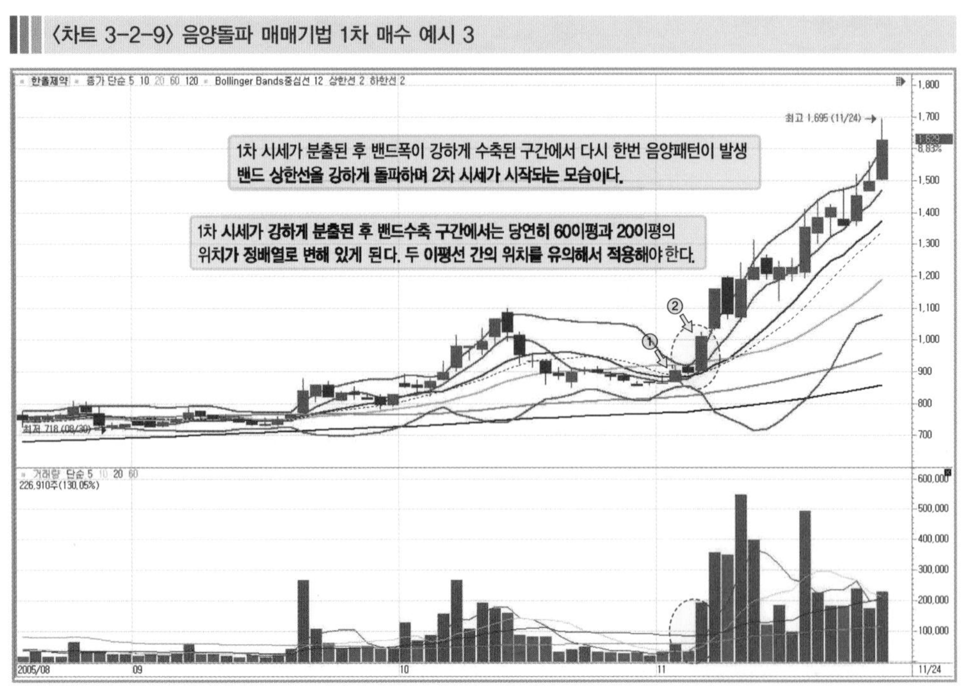

이렇게 매수하여 수익을 만끽한 후에는 모두 다 알다시피 상향하는 5일선을 종가상 음봉으로 돌파하는 날이 1차 매도시점, 다시 10일선을 종가상 음봉으로 하향 돌파하는 시점이 2차 매도시점이다.

1차 시세를 주고 난 후에는 밴드가 수평 수축구간을 형성하며 다시 한번 상승의 채비를 갖추는 경우가 많은데, 아래의 차트에서 1차시세 후의 밴드 수축구간에서는 당연히 60일 이평과 20일 이평이 정배열로 전환되어 있게 된다. 이때에도 앞서 설명한 바와 같이 밴드가 급격히 수축되며 당일 주가가 밴드 중심선 위로 올라서며 단봉의 캔들을 형성하고 있는데 거래마저 급감하여 매우 좋은 매수급소를 보여주고 있다.

익일 거래량이 급증하며 전일 음봉 캔들의 고점을 돌파하는 시점이 1차 매수시점이 되고 다시 강하게 밴드 상한선을 돌파하는 시점이 2차 동행 매수시점으로서 급등을 예고하는 매우 중요한 매수 포인트가 된다.

이상에서 살펴본 바와 같이 하락추세를 이어오던 주가가 c파 하락을 마무리하고 시세 조율과정을 거쳐 밴드 수평 수축구간을 거래량을 실으며 상한선을 강돌파하는 시점이 동행매수 시점으로써 이후 많은 수익을 올릴 수 있는 구간임을 꼭 명심하기 바란다.

이때 1차 시세의 분출구간에서는 60이평과 20이평이 역배열 상태에 있어야 하며 당일 종가상 단봉의 캔들을 보이며 밴드 중심선에 올라서는 모습을 보이면 선취매하거나, 일단 관심권에 두었다가 익일 거래량을 강하게 실으며 밴드 상한선을 강돌파하는 시점이 최적의 매수 타이밍임을 반드시 기억하기 바란다.

(2) 2차 매수시점 – 1차 급등 후 수평 수축구간

첫 번째 매수 포인트에서 급등한 주가는 이후 시세를 마무리하며 조정국면으로 진입하게 된다. 이때 60이평과 20이평은 정배열 상태를 보이게 되는데, 상향하는 20이평의 기울기가 하락하지 않으면서 주가가 20이평선 위에서 지속적으로 지지받는 모습을 보이는 것이 2차 급등으로 이어지기 위해서 요구되는 조건이다.

〈차트 3-2-10〉 음양돌파 매매기법 2차 매수 예시 1

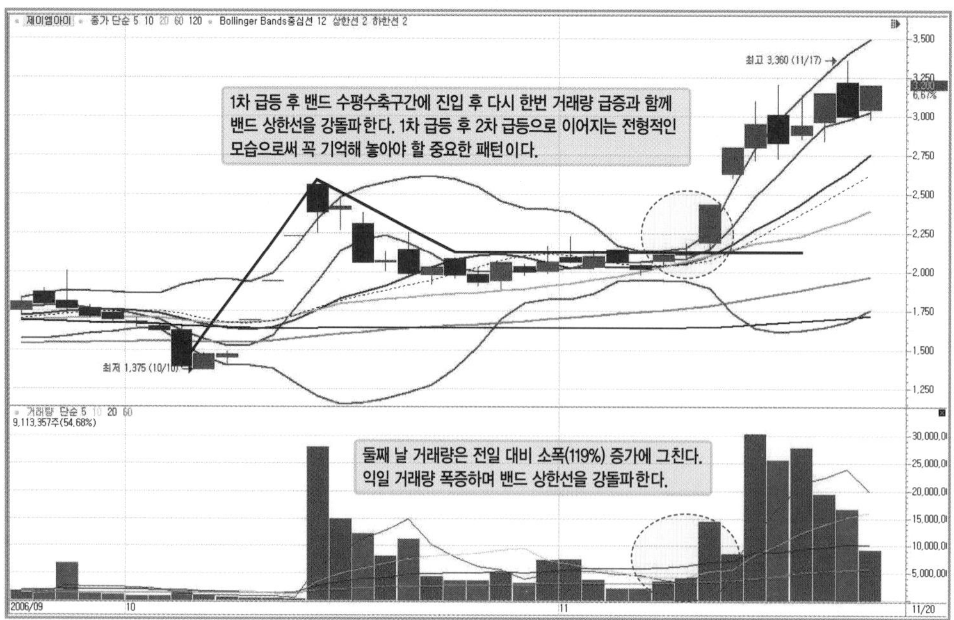

1차 급등 후 밴드 수평수축구간에 진입 후 다시 한번 거래량 급증과 함께 밴드 상한선을 강돌파한다. 1차 급등 후 2차 급등으로 이어지는 전형적인 모습으로써 꼭 기억해 놓아야 할 중요한 패턴이다.
최고 3,360 (11/17)
최저 1,375 (10/10)
둘째 날 거래량은 전일 대비 소폭(119%) 증가에 그친다. 익일 거래량 폭증하며 밴드 상한선을 강돌파한다.

위의 차트는 제이엠아이의 1차 급등 후 모습이다. 60이평과 20이평의 정배열 상태에서 상향하는 20이평선을 한 번도 종가상 하향 돌파하지 않으면서 조정구간을 소화하고 있다. 1차 급등 후 20이평선을 깨지 않는 양호한 조정을 거쳐 밴드 수축구간에 진입하게 되면 1차 급등 전의 매수 포인트에서와 마찬가지의 현상이 다시 발생하게 된다.

즉, 11월 8일의 캔들 모습을 보면 전일보다 거래량이 감소(혹은 소폭 증가)한 단봉의 도지형 캔들이 출현하고, 이어서 다음 날인 11월 9일 거래량이 급증하며 전일 단봉 캔들의 고점(2,185원)을 돌파하는 시점이 1차 매수시점, 밴드 상한선을 강돌파하는 시점이 2차 매수시점이며, 종가가 밴드 상한선 위에서 강하게 지지받고 있는 상태가 유지되면 장 마감 동시호가에 다시 최종 매수에 임해야 한다.

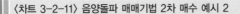

〈차트 3-2-11〉 음양돌파 매매기법 2차 매수 예시 2

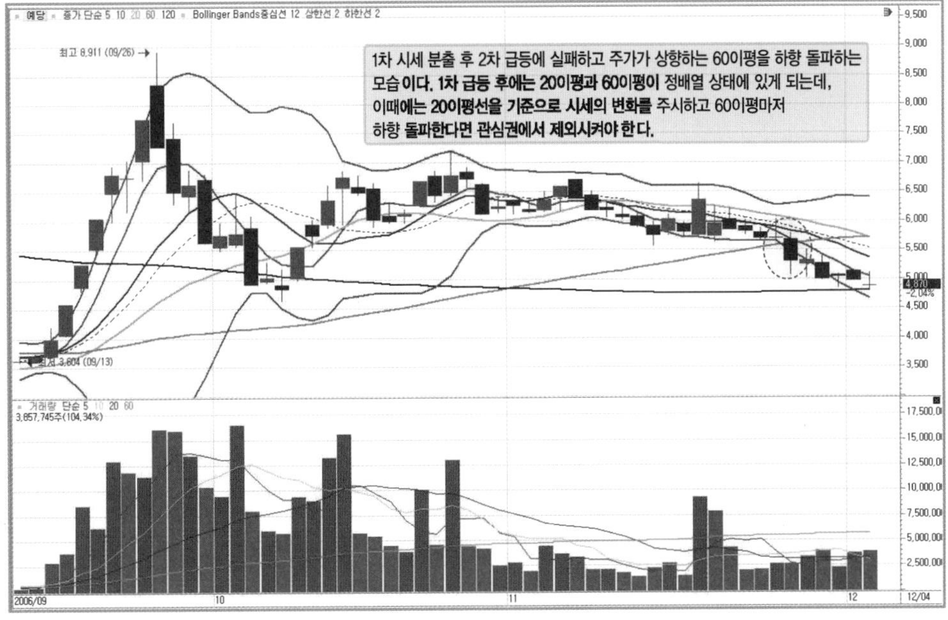

위의 차트는 예당의 급등 후 모습으로써 2차 급등 실패사례를 보여주고 있다.

급등 후 20이평선이 상승기울기를 유지하지 못하고 주가가 20이평선을 기준으로 등락을 거듭하는 모습을 보여주고 있다. 20이평선의 기울기가 상승기울기를 유지하며 완만하게 상승하는 것이 아니라 상승과 하락을 반복하며 강력한 매수 세력의 개입 없이 단타성 매수세만 유입되어 주가 상승에 걸림돌로 작용하는 모습이다.

10월 26일과 11월 17일에 한 차례 주가가 급등하며 밴드 상한선을 돌파하려는 시도가 있었으나, 이내 위 꼬리를 달며 밀리는 모습을 보여주고 있는데 전일 캔들의 고점을 돌파하는 순간 매수에 가담하였더라도 종가상 크게 밀리는 모습을 보이면 일단 매도로 대응하는 것이 바람직하다.

예당의 경우는 위 차트에서 보여주는 것처럼 20이평선이 저항선으로 작용하다가 상승 중인 60이평마저 종가상 하향 돌파됨으로써 관심권에서 제외시켜야 한다.

이와 같이 밴드 수평 수축구간을 거쳐 20이평과 60이평의 정배열 구간에서 수축된 밴드의 상한선을 거래량을 실으며 강하게 돌파하는 시점도 다시 한번 수익을 만끽할 수 있는 최적의 매수 급소임을 명심해야 한다.

(3) 매수시점 포착을 위한 조건 검색식

"구슬이 서 말이라도 꿰어야 보배"란 속담이 있다. 아무리 좋은 것이라도 쓸모 있게 만들어 놓지 않으면 아무 소용없다는 뜻이다. 지금까지 알아본 볼린저 밴드를 이용한 급등 매수시점 포착법을 아무리 이론으로 익혔다 하더라도 실전에서 정형화된 틀로 자신 있게 사용하지 못한다면 실제 매매수익으로 연결시키는데 아무 소용이 없는 죽은 지식이 되는 것이다. 어떤 매매기법이 있다면 그것을 이용하여 종목을 신속히 발굴해 내고 장중에 지속적으로 해당 종목과 교감을 느끼면서 일체가 되어 매매에 임하는 것이 중요하다.

아래는 필자가 실전에서 애용하는 음양돌파 매매 검색식이다.

증권사 HTS마다 대동소이하므로 아래 조건식을 샘플로 삼아서 각자 자신의 매매 스타일에 맞게 약간씩 변형하여도 괜찮을 것이다.

조건식에서 지표 D는 전일 캔들의 몸통이 단봉의 음봉 혹은 양봉으로 끝난 것들을 검색하는 것이고, 지표 E는 전일 캔들 고점 돌파시 반드시 거래량을 수반해야 하고 더구나 중요한 저항선인 밴드 상한선을 돌파할 때는 거래량을 동반해서 매물대를 강하게 돌파해야 함을 의미한다.

지표 M은 전일 캔들의 고점을 돌파하는 순간을 포착하기 위함인데, 전일 캔들은 5% 이내의 위 꼬리가 있는 것이 좋다. 지표 X는 금일 캔들의 위 꼬리가 6% 이하인 경우만 검색하는 것인데, 이것은 밴드 상한선 돌파가 이루어진다 해도 위 꼬리가 너무 길면 다음 날 추가적인 상승세를 이어가는 데 매물 부담이 커지기 때문에 이런 종목을 배제시키기 위함이다.

지표 Y는 밴드 수평 수축구간에 진입한 종목을 찾아내기 위한 조건인데, 10봉간 종가기준 등락폭이 크지 않아야 급등을 위한 시세 조율과정을 잘 소화했다고 보기 때문이다.

지표 Z는 전일 거래량이 2거래일 전보다 감소하거나 150% 이내로 소폭 증가한 경우를 찾아내어 단봉의 캔들과 함께 급등을 위한 중요한 요소로 고려하기 위함이다.

〈차트 3-2-12〉 음양돌파 조건 검색식

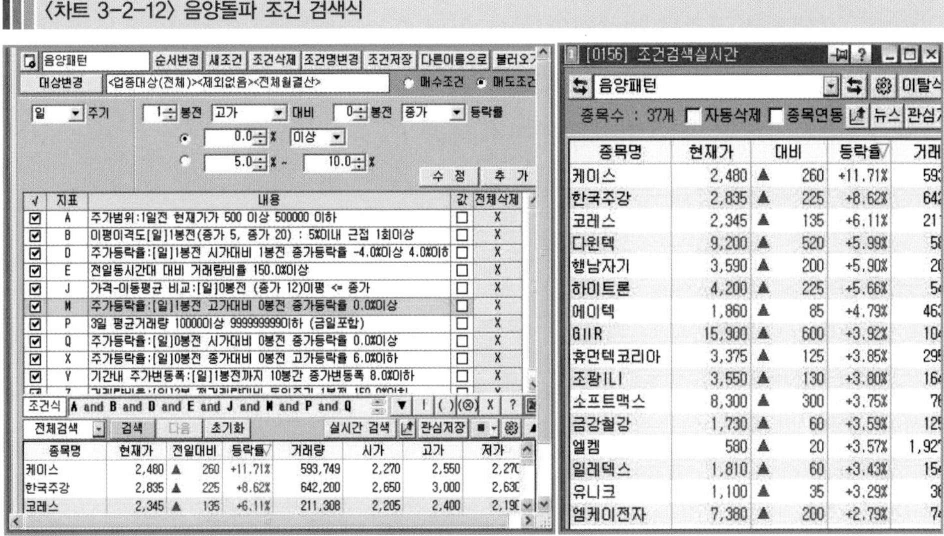

이상과 같은 조건 검색식을 활용하면 장중에 음양돌파 패턴을 위 오른쪽

과 같은 실시간 검색화면을 이용하여 검색할 수 있게 되고 신속하게 매수에 임할 수 있는 장점이 있다.

음양 패턴의 가장 큰 장점은 급등주를 신속하게 동행 매수할 수 있다는 점에 있지만, 그 외에도 장중 지속적으로 실시간 검색화면을 통해서 어떤 종목들이 테마를 형성해서 유사한 움직임을 보이는지 한눈에 알아볼 수 있다.

한 종목이 매수할 틈도 주지 않은 채 갑자기 급등하더라도 계속해서 다른 종목들이 검색화면에 잡히기 때문에 수익랠리에서 소외되지 않을 수 있다는 점, 그리고 음양 패턴을 통해서 나타난 종목은 지속적으로 상승하는 경향이 강하므로 설사 당일 매수하지 못하더라도 익일 매수시점을 포착하는 것이 매우 쉬워지는 등 장점이 매우 많은 패턴이다.

밴드 음양돌파 기법은 실전에서 곧바로 쉽게 적용할 수 있는 기법인 만큼 소액으로 꾸준히 검증하고 몸에 익힌 후 실전매매에 임해야 한다. 부디 이 기법이 소중한 여러분의 자산을 지켜내고 큰 꿈을 이뤄가는 밑거름으로 유용하게 적용될 수 있기를 간절히 바란다.

〈카페회원들의 실전 주식투자 이야기〉

처음 느끼는 이 기분, 뼈저리게 배운 거 같네요…

필명 : 푸하하하

오늘 처음으로, 주식 시작한 지 1년 좀 넘게 만에 아찔함을 느껴 봅니다….

자기가 생각한 적정가격에 왔더라도, 조금 더 싸게 사고 싶고 비싸게 팔고 싶은 게 우리 투자자들 마음 아닐까요? 대부분 그러실 거라고 생각되는데… 그래서 불과 1~2천 원, 1~2만 원의 욕심 때문에 좋은 타이밍을 놓쳐서 못 사고 못 팔 때가 있었습니다.

제 경우는 여태까지 못 샀을 때가 99%였습니다. 하지만 그런 작은 욕심이 더 무서울 때는 역시 손절매할 때인 거 같군요.

저번 금요일 아무 생각 없이, 자다 일어나서 "어라! 이거 왜 이렇게 싸지" 하며 NHN을 96,500원에 240주 매입했습니다. 그리고서 방금 93,600원, 93,700원에 분할로 손절매하고 나왔습니다. 사실 어젯밤 아침장 시작하자마자 '바로 팔아야지' 하고 마음먹었습니다.

그래서 아주 비싼 레스토랑 가서 스테이크 한 번 먹은 셈 치자 이러려고 했죠. 그런데 어라! 웬일, 장 시작하고 반짝 빨간불이 쭉쭉 올라가 한 천 원 정도 오르더이다. 거기에 혹해 조금만 욕심 부려볼까? 하다가 오히려 더 크게 손해보고 팔았습니다.

'설마 잠깐이겠지, 조금만 더 100원이라도 더 받고 팔아야지' 이런 마음이 제 발목을 잡았던 거였습니다. 몇 번이고 이런 마음에 95,000원에 못 팔고, 94,500원에 못 팔고 반복되다, 결국 93,700원대에 팔았던 것입니다.

오늘에서야 뼈저리게 항상 초심을 잃지 말아야 한다는 걸 느낍니다. 처음에 전 항상 목표한 가격대에서는 정말 눈감고 딱 던지는데, 주식에 어느 정도 맛이 들리니 그런 게 잘 안됩니다. 반성하고 있는 중입니다. 아직 멀었나 봅니다.

휴, 한 동안은 돈맛(?)으로 인해 흐트러진 마음을 다잡고, 제 자신을 먼저 다스려야겠습니다. 공부도 열심히 하고요. 오늘 손절매로 잃은 60만 원, 앞으로 제 인생과 주식대박을 위한 투자라고 생각하겠습니다.

PS : 그래도 속은 쓰리네요. 으!!!

3장 블루오션의 권리락의 비밀

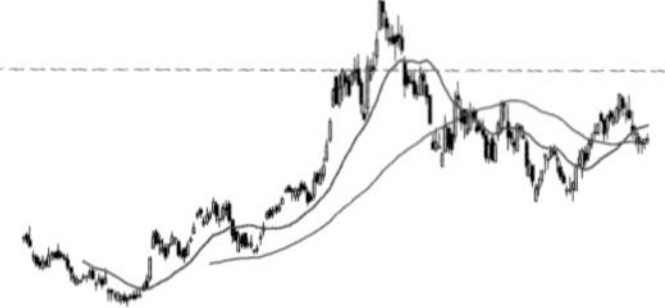

1. 권리락의 의미와 기법 이해

기업은 새로운 신규사업에 대한 투자나 부채상환 등을 이유로 자금조달이 필요하다. 자금조달 방법에는 신주인수권부사채(BW), 해외전환사채(CB) 등 여러 가지가 있으나 그중 가장 많은 기업들이 채택하는 방법이 유상증자라 볼 수 있다.

유상증자는 기존 주주들이나 또는 제3자에게 주식을 발행하고 그에 따른 신규자금을 유치하게 되므로 결과적으론 기업의 자본금이 늘어나게 되며 과거엔 이런 이유로 인해 유상증자가 회사의 재무 건전성이 좋아진다는 의미에서 호재성으로 인식되기도 하였으나 지금은 과거와는 달리 기업의 펀더멘털 약화와 주가에 대한 물량 압박으로 인식되어 악재로 작용하고 있다.

최근 들어서는 많은 기업들이 유상증자를 실시하고 있는데 유상증자를 실시하게 되면 새로이 발행하는 주식을 할인된 가격에 살 수 있는 권리를 주게 되고, 그에 상응하여 어느 특정일에 '권리락' 이라는 주가의 할인을 실시하게 된다. 새로 발행하는 주식을 할인된 가격에 매수할 수 있는 권리를 부여받으니 당연히 현재 주가는 권리락[주)]을 실시하게 되는 것이라고 볼 수 있다.

주가는 일정한 방향성을 유지하려는 지속성과 과도한 상승이나 하락으로 이평선과의 이격률이 커지게 되면 그 이격률을 좁히기 위한 회귀본능을 가지고 있다. 이것은 좀 더 좁게 분석해 본다면 하루의 캔들에도 같은 패턴을 적용시킬 수 있다.

예를 들어 보면 1,500원 하는 A라는 종목이 10월 1일 신규사업 투자자금을 유치하기 위해 유상증자를 발표하고 이후 권리락 기준일은 10월 30일, 기준가는 900원이라고 공시하였다.

그럼 권리락 당일의 주가는 어떤 흐름을 보일까?

앞서 말한 것을 유추해 본다면 "주가는 회귀본능이 있다."는 것을 생각해 볼 수 있다. 10월 29일 종가가 1,000원이라고 가정하면 10월 30일의 시가는 권리락 기준가액인 10% 하락한 900원이 된다. 하루아침에 주가는 10% 하락하여 시작하게 되는데, 주가는 이 가격을 좁히고자 하는 회귀본능을 보이게 되며 당일 주가는 상승하는 모습을 많이 볼 수 있다.

여기서 권리락은 우리에게 새로운 투자기법을 제시한다. 어떤 기법을 적용시킬 수 있을까? 제시한 예처럼 권리락 당일의 시가를 공략하는 법이다. 정말 간단하고도 주식의 기본적인 원리를 이용한 투자기법이라고 볼 수 있다.

높은 확률을 보이는 기법으로 이익실현과 손절매에 대한 대응만 정확하

주) 회사가 증자(增資)를 할 때, 어느 일정한 기일까지 주식을 소유한 사람에게만 신주(新株)를 배당하기 때문에, 그 이후에 주식을 산 사람에게는 배당을 받을 권리가 없어지는 일. 이때 그 주식의 시세는 신주의 프리미엄만큼 떨어지게 된다.

게 한다면 여러분도 이 기법만으로도 충분한 수익률을 경험하게 될 것이라고 자부한다.

이 기법에서 주의할 점은 권리락 실시 전일에 다음 날의 상승을 예상하고 매수에 가담하는 것은 어리석은 행동이다. 증자에 참여할 의사는 전혀 없는데 전날 장중 또는 시간외 거래에서 매수하게 되면 다음 날 실시되는 권리락을 맞게 되므로 이익보단 손실이 더 크다는 점을 유의해야 한다. 추가적인 보조지표를 활용한 매수종목 선정은 매수 포지션 편에서 살펴보도록 하겠다.

2. 권리락 시가공략법

〈차트 3-3-1〉 당일 상한가 진입 사례 1

상기 그림은 메디포스트 일봉 차트로 그림에서 보면 1월 31일에 유상증자에 따른 권리락을 실시하게 된다. 전일(2006. 1. 27) 종가는 27,650원에 마감하였으나 권리락 당일엔 기준가인 25,650원으로 7.23% 하락한 가격이 기준가로 형성되니 당연히 주가는 회귀본능의 원리에 따라 0.78% 상승한 25,850원에 시가를 형성한 후 상한가에 안착하는 것을 볼 수 있다.

이 기법의 매수 시점은 "시초가와 밑 꼬리 부분에서 분할 매수를" 하여 권리락 당일 단기로 수익 실현을 하는 것이 기준이며 상기 종목은 당일 상한가 안착을 통해 2일 동안 무려 20% 이상의 수익을 안겨준 종목이다.

〈차트 3-3-2〉 당일 상한가 진입 사례 2

〈차트 3-3-3〉 양봉으로 마감한 사례 1

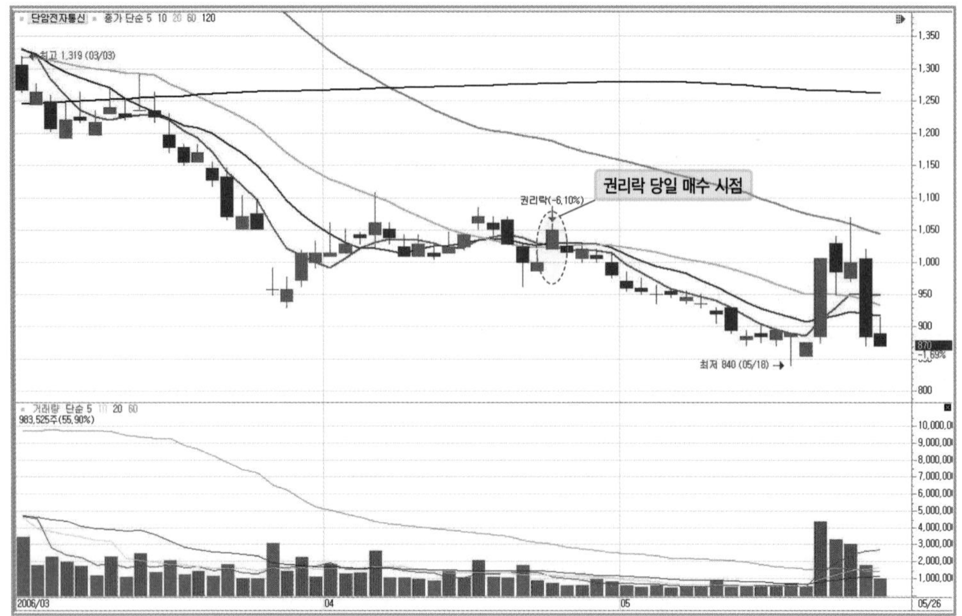

상기 그림은 단암전자통신의 일봉 차트로 권리락 당일 시초가 공략으로 4%대의 수익을 얻을 수 있었던 사례이다. 급등락이 심한 종목에서 마음을 졸이며 단타로 수익을 올리기보다 확률로써 검증된 기법을 통해 안정적으로 수익을 올릴 수 있다는 것을 보여준다.

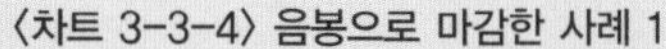

〈차트 3-3-4〉 음봉으로 마감한 사례 1

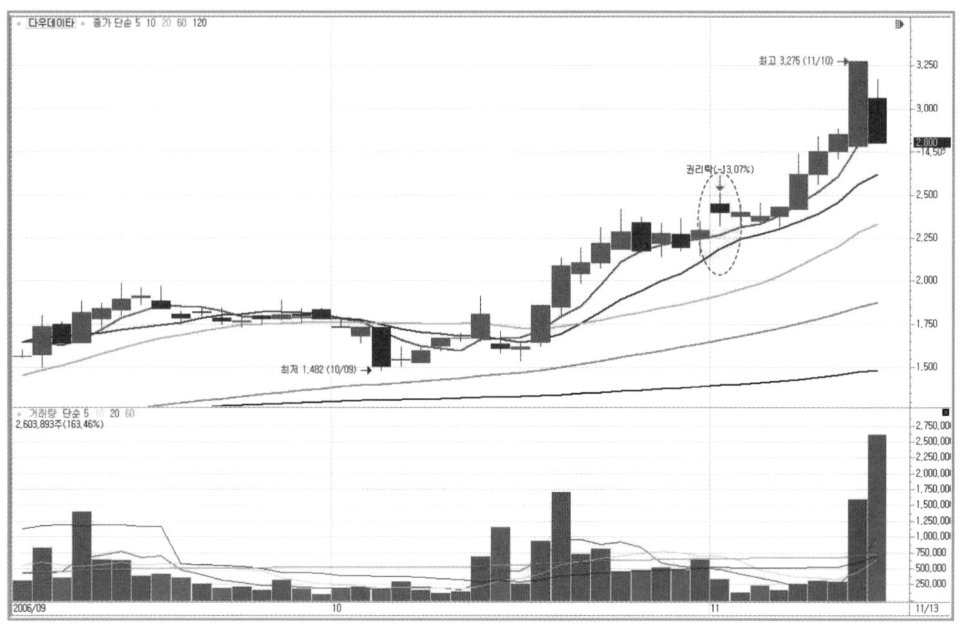

상기 그림은 다우데이타 일봉 차트로 시초가를 6.75% 상승한 2,450원에 시작하여 당일 고점인 2,510원을 찍고 하락한 후 음봉으로 장을 마감하였다. 만약 시초가에 매수하였다면 약 2.5%의 수익을 낸 시점이 고점이 되고 하락하게 되는데, 그럼 어떻게 대응해야 할 것인가? 당연히 매수가를 위협하는 하락이 나타난다면 수익이 크지 않더라도 수익 실현을 하고 빠져나오는 것이 최우선이다.

원칙을 지킬 자신이 없는 분은 이 기법을 통해 수익을 창출할 수 없다는 것은 불변의 원칙이다. 계좌 잔고에 파란불이 들어오면 더욱 매도 버튼을 누르기가 힘들어지기 때문에 단 1%의 수익이라도 소중히 여기고 손실에 대한 경각심을 한시라도 잊어서는 안 될 것이다.

〈차트 3-3-5〉 음봉으로 마감한 사례 2

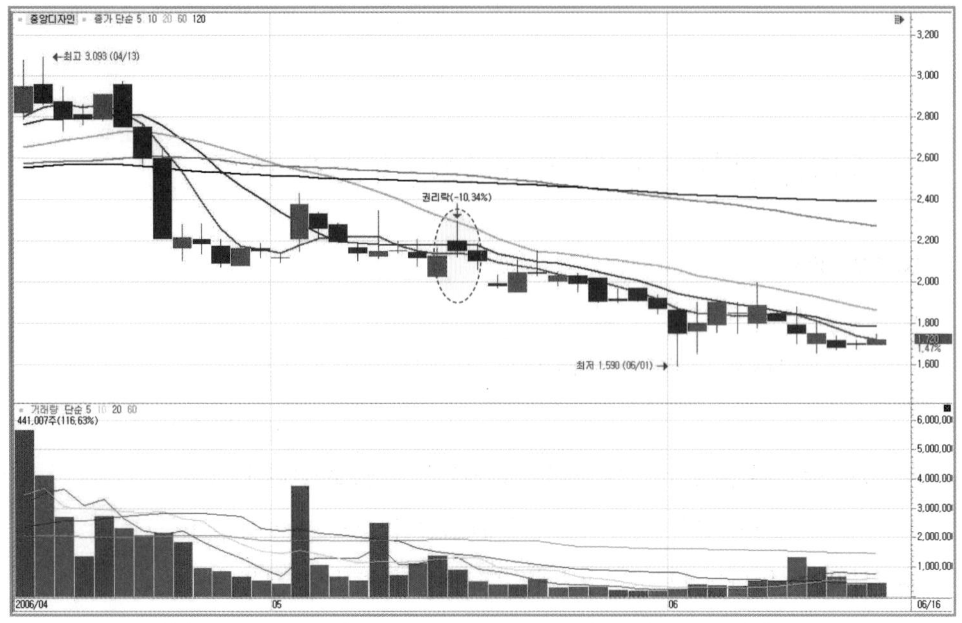

중앙디자인은 3.53% 오른 2,200원에 시작하여 고점인 2,300원(8.24%)을 체결하고 하락한 경우로, 종가는 오히려 음봉인 2,150원(1.18%)에 장을 마감하지만 시초가 공략으로 4% 이상의 수익을 올릴 수가 있었다.

〈차트 3-3-6〉 음봉으로 마감한 사례 3

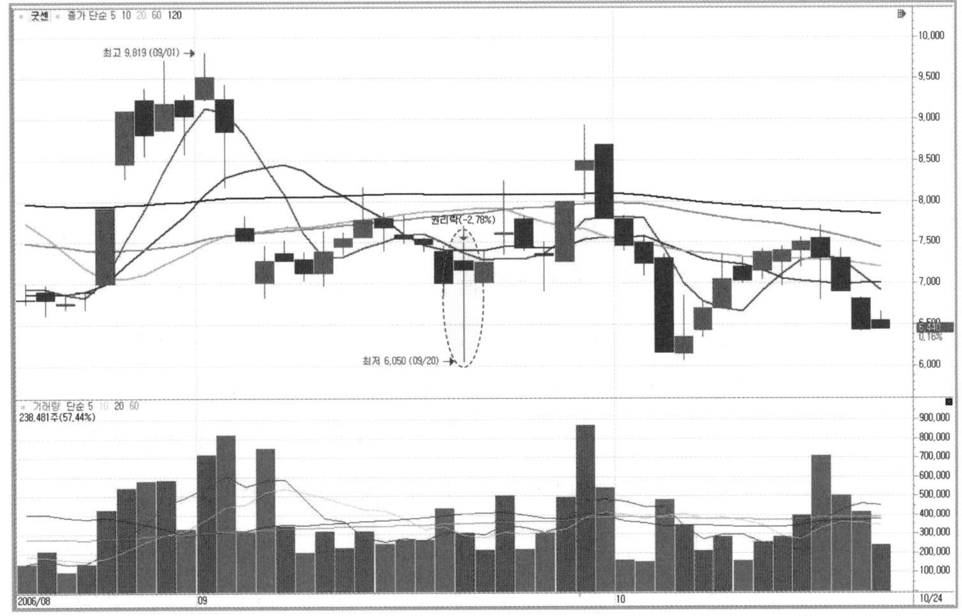

당일 시초가를 위협하는 하락은 빠른 매도만이 최선의 대응법이다. 이후 주가는 높은 상승을 보이지만 결과론적인 이야기이며 14%대의 하락을 견딜 수가 없다.

〈차트 3-3-7〉 시초가가 마이너스로 시작하는 경우 1

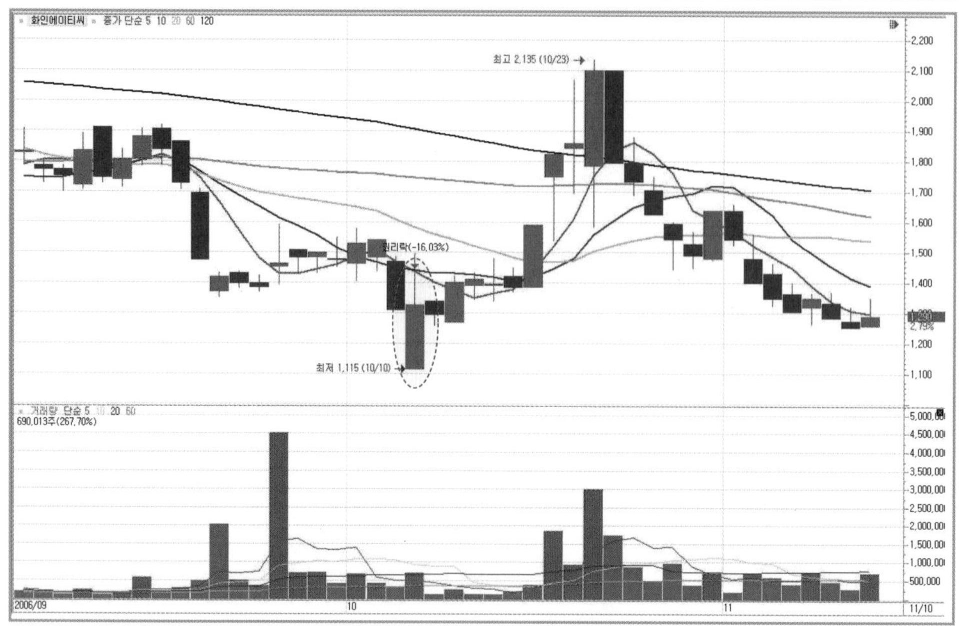

화인에이티씨는 권리락 당일 시초가가 하한가인 1,115원에 시작하여 당일 9.92%까지 반등하는 것을 보여준다. 대부분 권리락 당일엔 시가가 상승하여 시작하는 경우가 많지만 만약 하락하여 시작한다면 강력한 매수 신호로 작용한다.

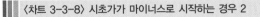

〈차트 3-3-8〉 시초가가 마이너스로 시작하는 경우 2

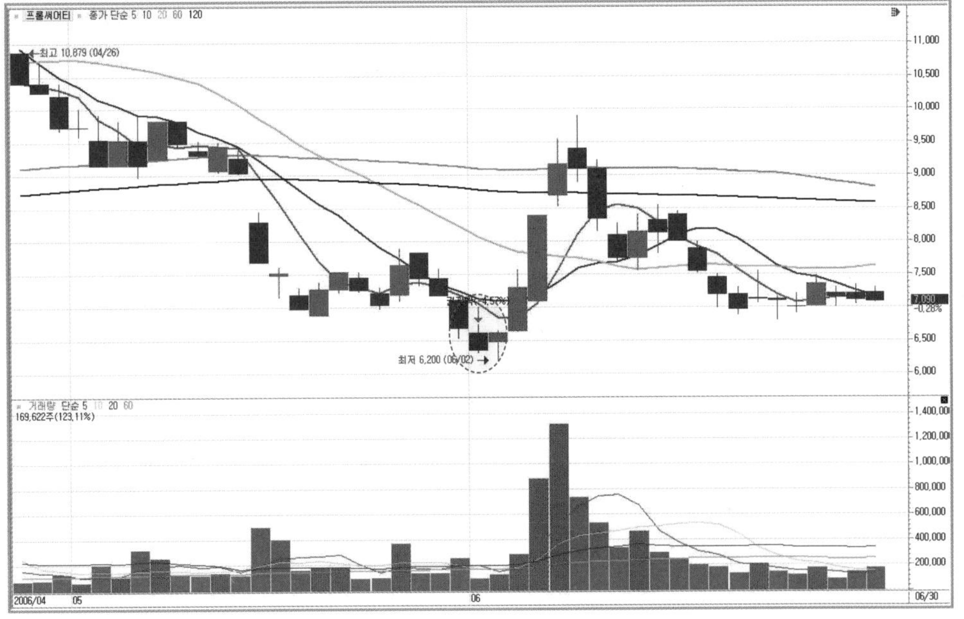

프럼써어티는 -1.05% 하락으로 시작하여 종가는 -4.79%로 마감하였으나 이후 주가는 급격히 상승하는 것을 볼 수 있다.

〈차트 3-3-9〉 시초가가 마이너스로 시작하는 경우 3

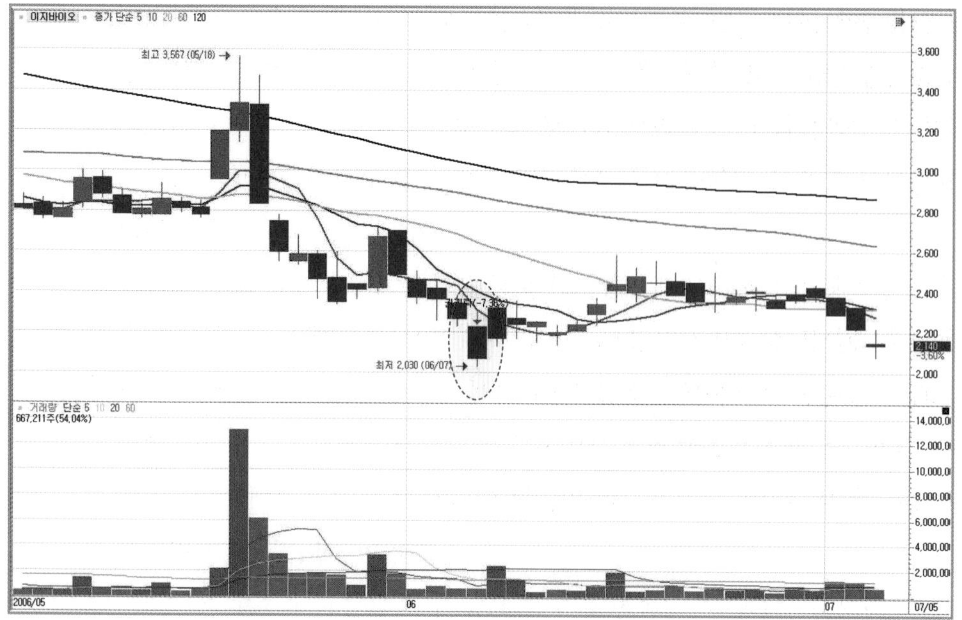

이지바이오는 -1.55% 하락하여 시작, 종가는 -8.61%로 마감하였으나 다음 날 갭 상승하여 상한가까지 가는 기염을 보여준다. 만일 상한가에 안착하였다면 홀딩했어야 하지만 실패한다면 당연히 수익을 실현해야 한다.

3. 보조지표를 활용한 매수 포지션

이 기법에 가장 중요하게 쓰이는 보조지표로는 볼린저 밴드가 있다. 볼린저 밴드는 주가의 움직임을 밴드에 묶어 두고, 주가의 흐름에 따른 단기 고점과 저점을 유추해 볼 수 있는 장점이 있는 보조지표로 볼린저 밴드에 관한 자세한 설명과 매매기법 설명은 똘레랑스님의 '음양돌파 기법 강의'를 참고하기 바란다.

여기서 가장 중요한 것은 권리락 당일 시가가 볼린저 밴드 구간 내에 위치해 있는지 여부이다. 만약 시가가 볼린저 밴드 상한선을 벗어나 있거나 근접한 위치에서 시초가가 형성된다면 밴드 안으로 하락 수렴의 가능성이 크다. 따라서 기법에 해당하는 종목을 전자공시를 통해 찾았다면 가장 먼저 주가의 포지션을 볼린저 밴드와 함께 분석해 보는 것이 중요하다. (볼린저 밴드 기준 : Period - 12 / D1 - 2)

아래 케이디이컴의 일봉 차트를 보면 10월 10일 저점을 찍고 주가는 지속적인 상승추세를 이어가고 있으나, 10월 23일 권리락 당일의 포지션을 보면 볼린저 밴드 상한선 부근에서 시초가가 형성되는 것을 볼 수 있다. 이런 경우에 초보자들은 절대 매수를 하면 안 된다. 위에서도 언급했듯이 상한선을 뚫고 올라가는 경우보다는 밴드 안으로 수렴하는 경우가 확률상 더욱 많기 때문이다.

〈차트 3-3-10〉 밴드 상한선 부근에서 시초가가 형성된 경우 1

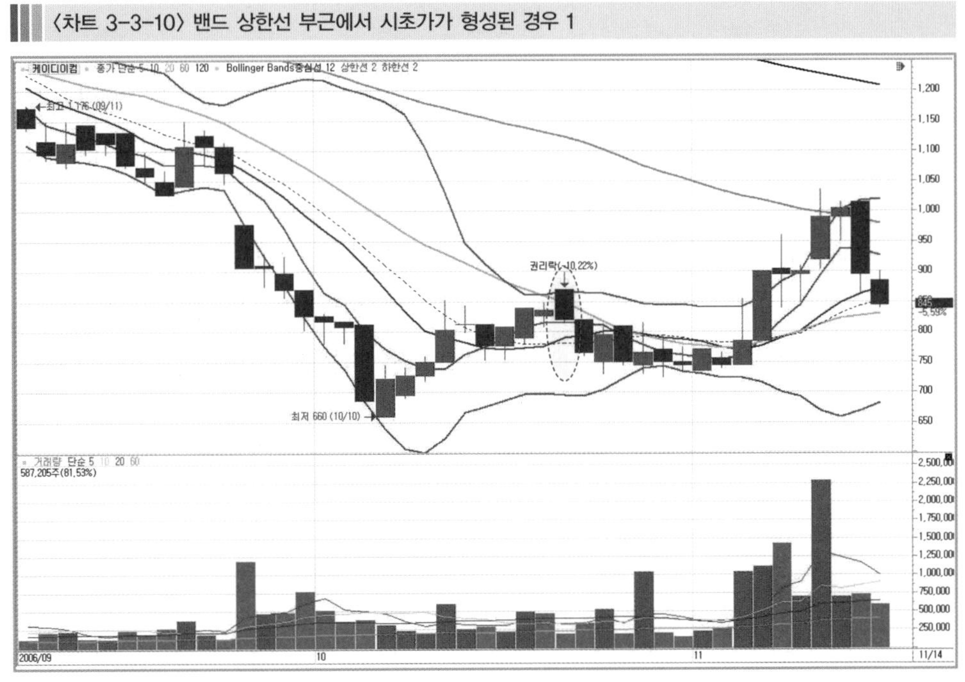

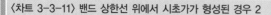

〈차트 3-3-11〉 밴드 상한선 위에서 시초가가 형성된 경우 2

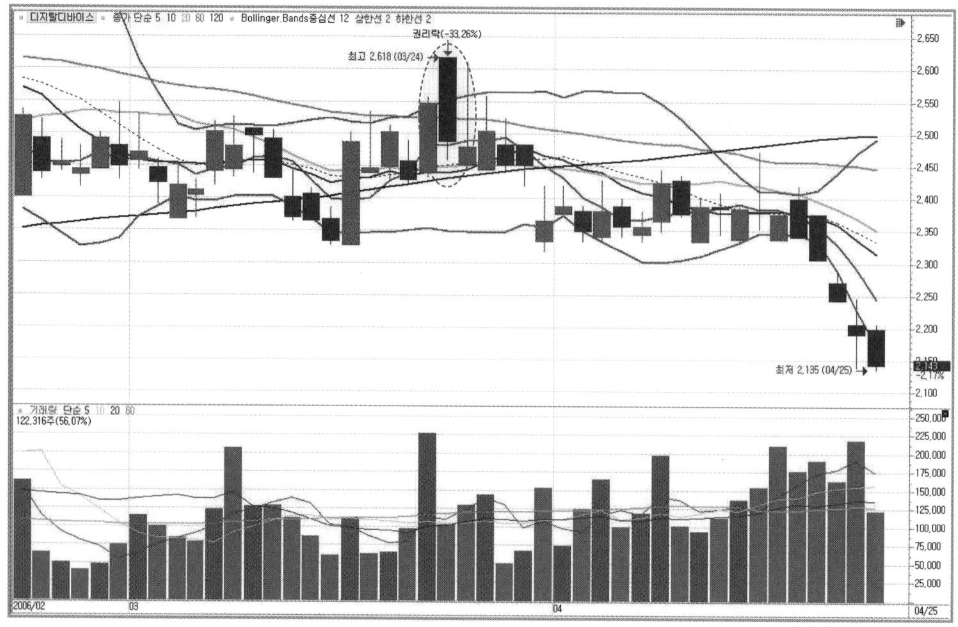

4. 권리락 시가공략 손절매 사례

현진소재의 경우엔 볼린저 밴드 상한선에 근접해 있지 않았으나 주가는 시초가를 고점으로 하락하는 양상을 보여준다. 이러한 경우엔 새로운 매수세의 유입이 없고 현재가 창의 호가 잔량이 좋지 않은 경우가 많은데, 빠른 손절매로 손실을 최소화하는 것이 가장 좋은 방법이다. 여러 변수에 따라 손절매의 시기도 정해지겠지만 최대한 3% 이상을 넘어서지 않는 경우에서 손절매를 하는 것이 좋은 방법이다.

〈차트 3-3-12〉 권리락 시가공략 손절매 사례

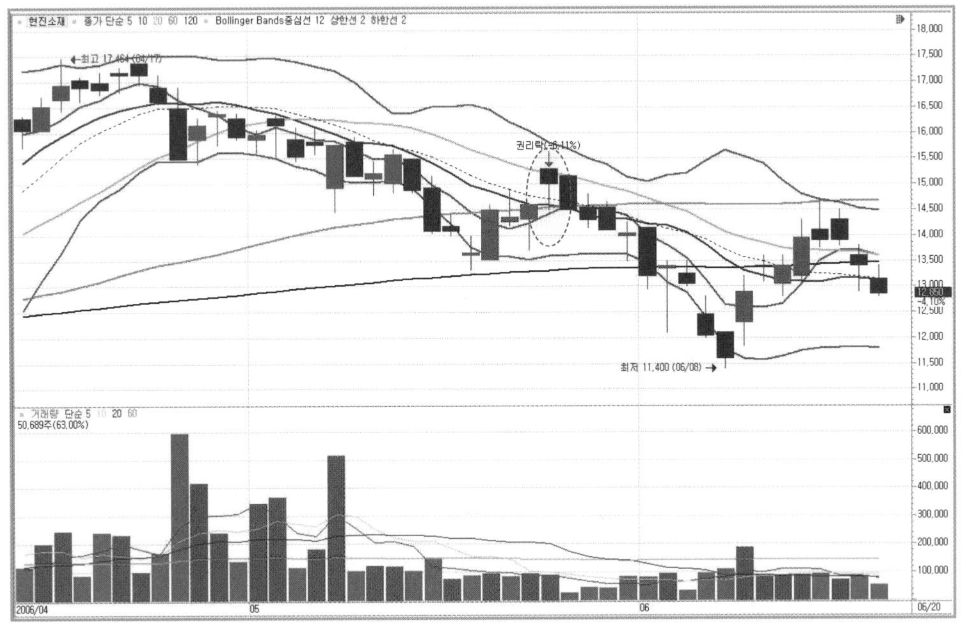

마지막으로 정리해 보자.

- 전자공시를 통해 다음 날 권리락 종목을 찾는다.
- 보조지표인 볼린저 밴드를 이용하여 권리락일 경우 매수 가능 여부를 파악한다.
- 모든 조건에 부합하는 종목의 매수시 항상 분할 매수한다.

5. 권리락 시가공략 실전사례 모음

〈차트 3-3-13〉 권리락 시가공략 실전사례 1

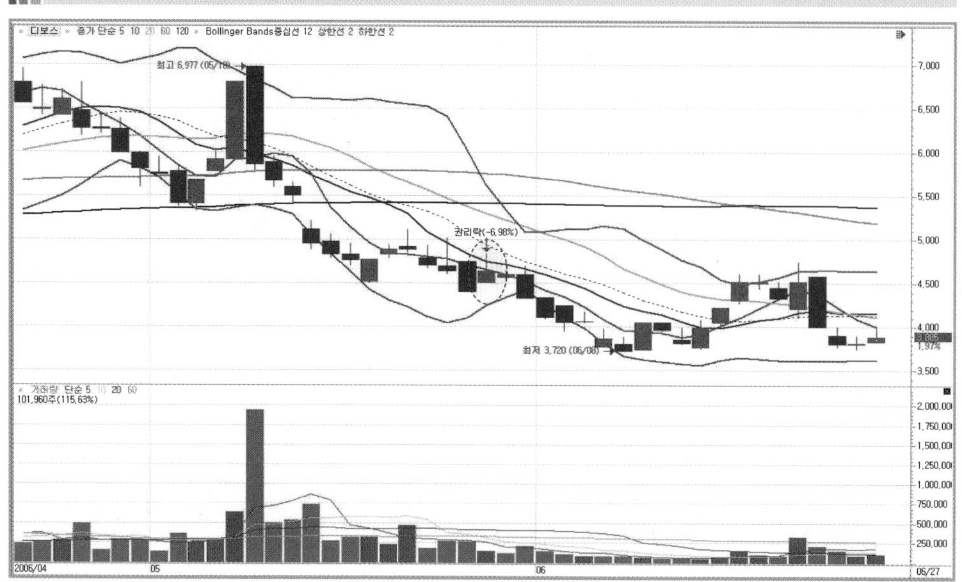

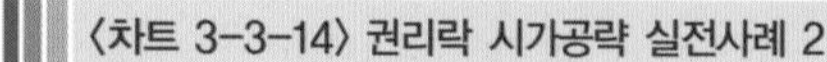

〈차트 3-3-14〉 권리락 시가공략 실전사례 2

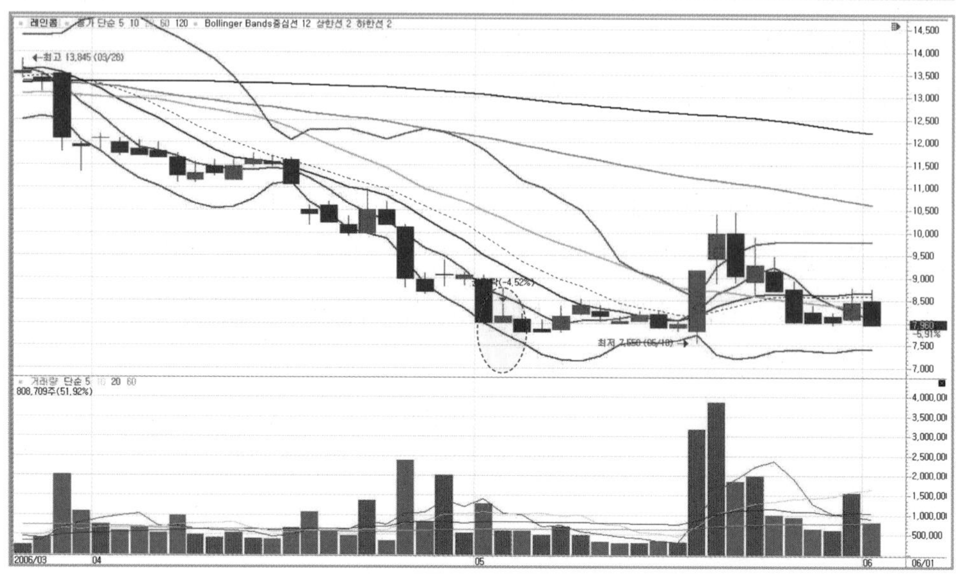

〈차트 3-3-15〉 권리락 시가공략 실전사례 3

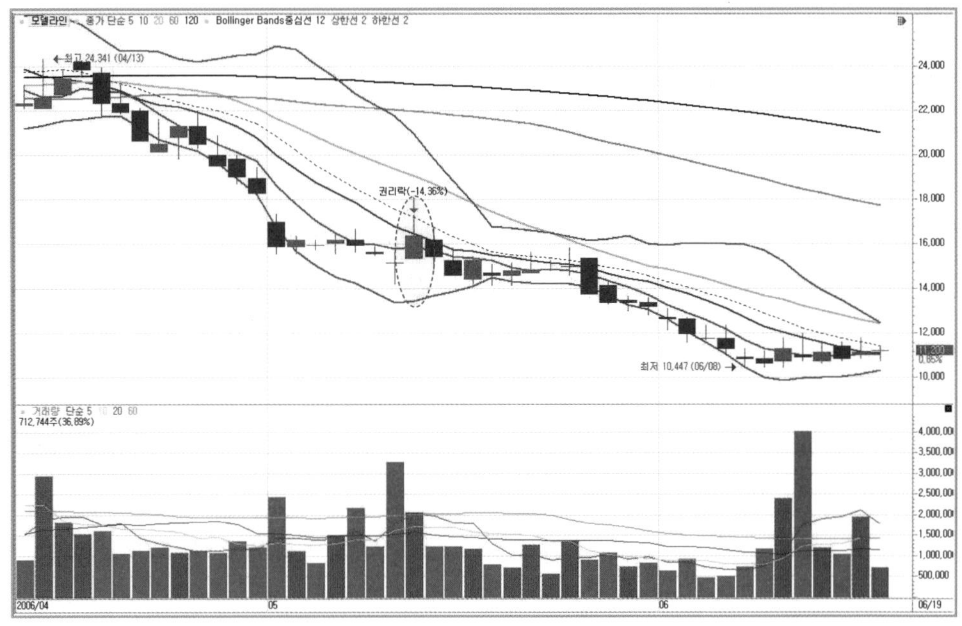

〈차트 3-3-16〉 권리락 시가공략 실전사례 4

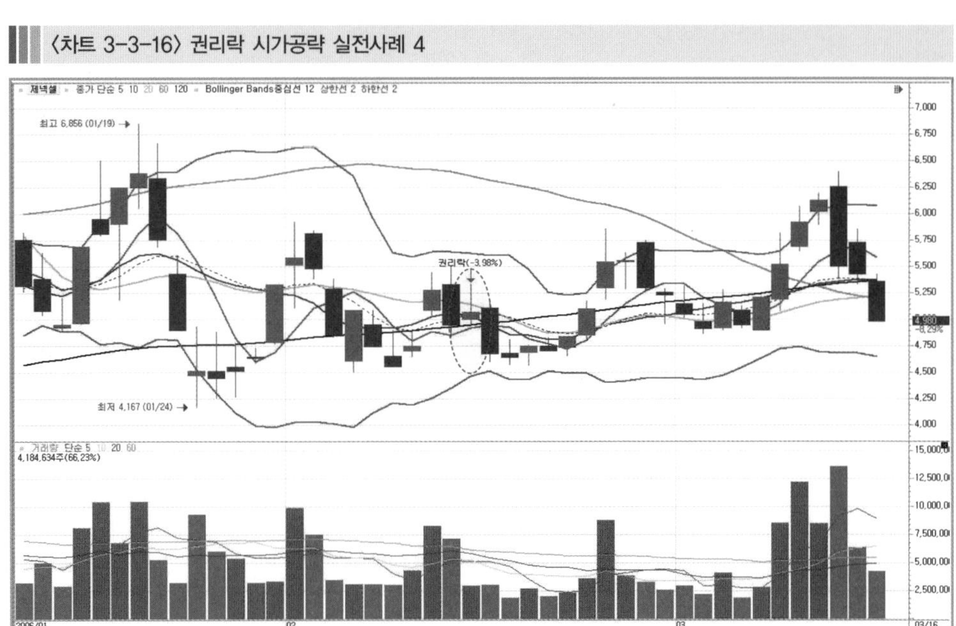

정말로 기가 막힌 증권서적 추천해 드립니다

필명 : 동해나루

저도 주식 책은 참 많이 읽어봤는데, 오늘은 그때 읽었던 책 중에 참 감명 깊게 읽었던 책이 생각납니다. 〈OOOO주식투자〉이던가? 하여튼 그랬습니다.

기법이 하나 소개되어져 있었는데, 저자의 말로는 엄청난 확률을 가지고 있다고 하더군요. 기법을 대략 소개해 드리자면,

1. 우선 오를 것 같다고 생각되는 주식을 고릅니다.
2. 반드시 매수 창에 가격을 입력하고 해야 합니다.
3. 간절한 마음으로 주머니에서 백 원짜리 동전 다섯 개를 꺼냅니다. 엥?
4. 눈을 감고 이 주식이 오를 것인지, 안 오를 것인지 집중을 하며 동전 다섯 개를 책상 위에다 던집니다. 엥?
5. 앞면이 세 개 이상 나오면 그 주식은 상승하고, 다섯 개 나오면 폭등합니다. 오잉?
6. 앞면이 두 개 이하가 나오면 그 주식은 하락할 것이기 때문에 사면 안 됩니다.

거짓말 같죠? 이런 책이 진짜 있습니다.

그리고 더 웃긴 건

.

.

.

한동안 제가 그걸 따라 했다는 거 아닙니까?

집사람이 미쳤냐고 물어 보더군요.

4장 타짜의 번지점프 新 매매기법

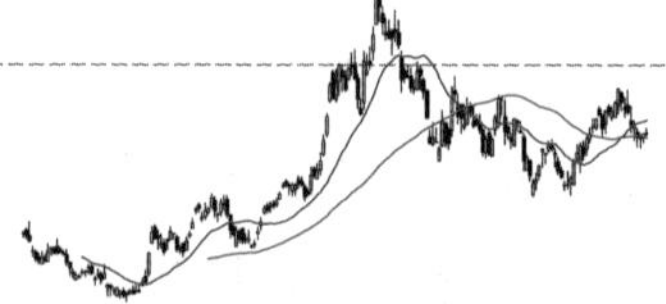

1. 번지점프 新 매매기법의 개요

타짜의 번지점프 新 매매기법에 대해서 알아보도록 하자.

타짜의 번지점프 新 매매기법은 급등하는 종목에서 나올 수 있는 기법으로서, 급등 후의 급락으로 인하여 5일 이평선과 10일 이평선의 데드 크로스에서 발생하는 급반등을 공략하는 단기 매매기법이다.

그럼 기법의 적용대상과 기준을 자세히 알아보자.

적용대상 – 연속적으로 급등 후 이평선의 이격이 커진 상태에서 다시 급락하는 종목

적용기준 – 1) 5일 이평선은 하향하고, 10일 이평선은 상향

2) 10일 이평선은 20일 이평선 위에 있으며 이격이 커진 상태

3) 주가가 하락하면서 5일 이평선과 10일 이평선이 교차되는 전날과 그 다음 날 매수 관점

4) 10일 이평선과 20일 이평선의 50% 이하 부근에서 매수 시점

※ 단, 점 하한가 또는 하한가 장대음봉은 매수 제외, 20일 이평선 뚫고 하락하는 하한가 또는 장대음봉일 때 제외, 투자금액은 소량 접근

5) 매도 기준 – 반등 시 단기 수익실현 관점

여기까지 기법의 핵심을 알아봤다. 본 기법은 고점에서 급락하여 급반등을 이용한 매매기법으로 초보자가 접근하기에는 다소 어려울 수도 있으니, 섣부른 매매보다는 그 현상을 잘 파악하는 것이 우선이라고 생각한다.

따라서 주가의 현상에 대해서 잘 파악하고 매매에 자신이 있을 때 접근하는 것이 바람직하다고 판단된다. 그러면 기법의 적용대상과 적용기준을 잘 숙지하고 다음 차트를 확인하면서 적용해 보자.

2. 실전 적용사례

〈차트 3-4-1〉 번지점프 신 매매기법의 실전 적용사례 1

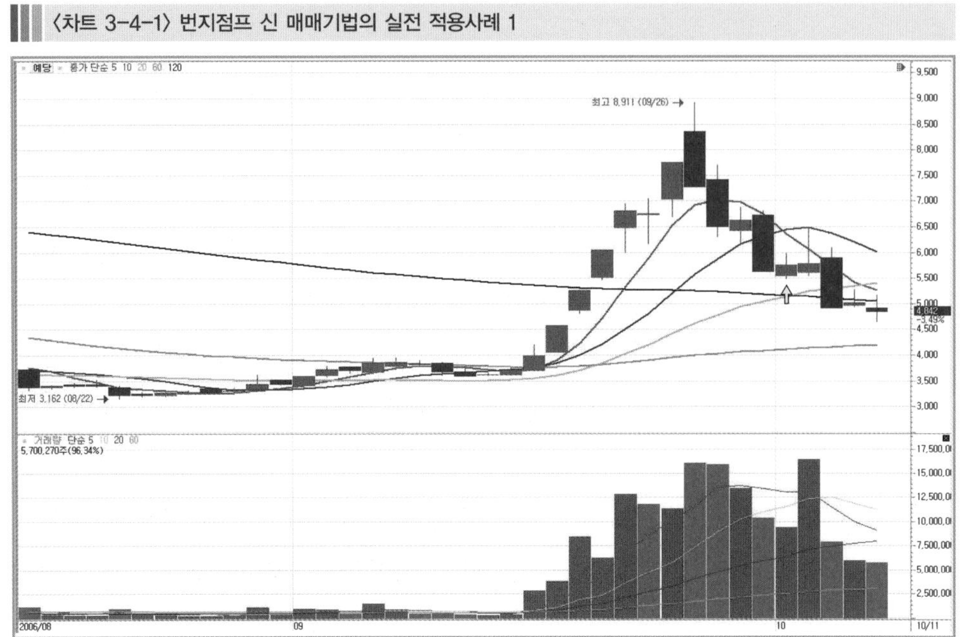

앞의 차트를 보면 연속으로 급등하면서 이평선 간의 이격이 커졌으며 고점에서 다시 급락하였으므로 기법 적용대상의 모범 사례이다.

적용기준을 살펴보면 급락하면서 5일 이평선이 하향하고 10일 이평선이 상향하고 있으며, 10일 이평선은 20일 이평선과 이격이 크며 위에 있다. 그러면 매수 관심권은 위의 차트에서 화살표로 표시된 부분으로 5일 이평선과 10일 이평선이 교차되는 10월 2일이다. 교차되기 전날은 하한가이므로 제외 대상이다.

매수 시점이 5일 이평선과 10일 이평선의 50% 이하 부근으로 조건에 적합하다. 최대한 저점을 잡아야 하는데, 주가가 급락하다가 진정되는 시기를 현재가 창이나 분 차트를 살펴보면 평균 거래량보다 순간 많은 거래량이 체결되면서 가격대를 지지해 주는 것을 확인할 수 있다. 이때를 매수 포인트로 잡으면 된다. 그래서 최대한 시가 이하의 저가 또는 지지가격대에서 매수하였다면 매수 당일 또는 다음 날인 10월 4일 오전 급등할 때 수익을 낼 수 있다.

〈차트 3-4-2〉 번지점프 신 매매기법의 실전 적용사례 2

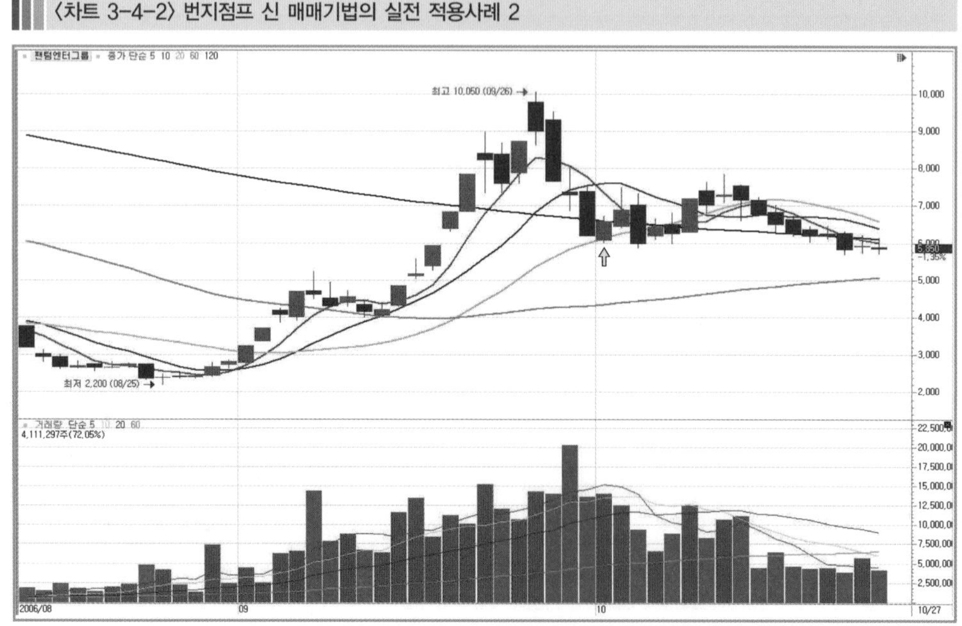

앞의 모범사례를 바탕으로 몇 가지 차트를 살펴보도록 하자.

팬텀엔터그룹의 매수기준을 살펴보면 5일 이평선과 10일 이평선의 교차 전날부터 매수 관심권이지만 하한가로 하락하였기 때문에 화살표로 표시된 날이 매수시점이다. 저점에서 매수했다면 이날 고가에 매도해서 수익 실현하여도 되겠으나, 다음 날 오전에 매도하여 큰 수익을 낼 수 있는 상황이다.

〈차트 3-4-3〉 번지점프 신 매매기법의 실전 적용사례 3

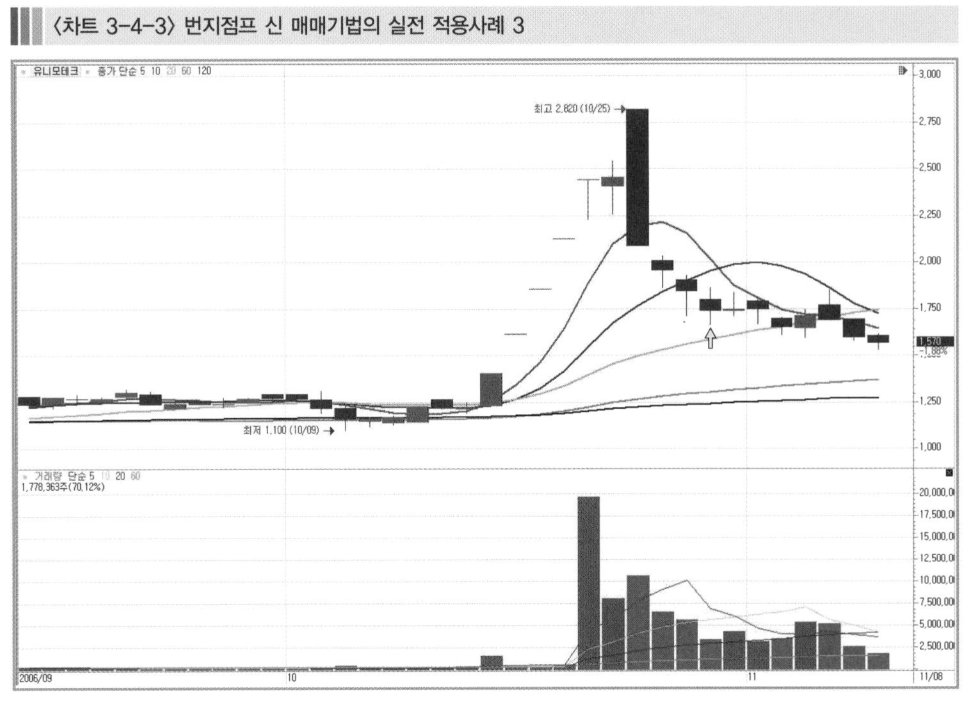

위의 유니모테크 차트도 적용대상에 부합한다. 매수 관심권은 화살표로 표시된 5일 이평선과 10일 이평선이 교차하는 전날이다. 이날 시가는 -2.44%로 시작하여 저가는 -9.76%로 오후장에서 강한 하락과 함께 평균 거래량보다 많은 거래량을 확인하고 최대한 저점에서 매수해야 한다.

매도는 다음 날 오전 양봉 출현과 함께 강한 상승을 할 때 수익 실현을 하면 된다. 양봉 나온 날 고점이 5.75%이므로 전날 저점 대비 고점이 15% 정도 된다. 따라서 차트에서는 봉이 작아 보이지만 10% 이상 수익을 낼 수 있다.

〈차트 3-4-4〉 번지점프 신 매매기법의 실전 적용사례 4

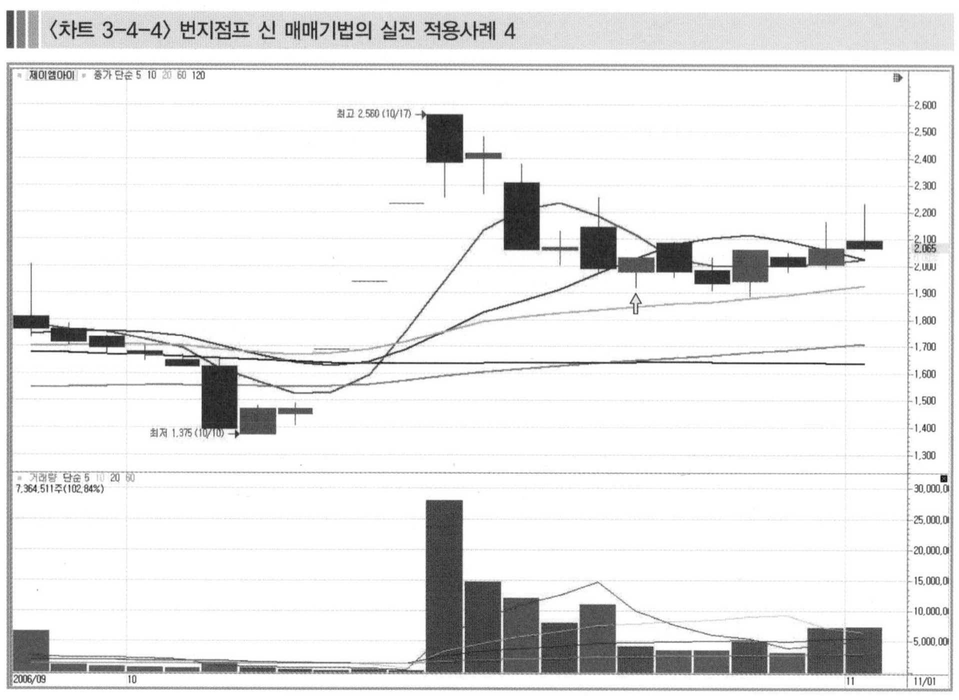

제이엠아이 매수 관심권은 5일 이평선과 10일 이평선의 교차 지점의 전날로 화살표로 표시한 10월 24일이다. 다른 차트와 달리 이평선과의 이격이 크지 않아서 주가의 반등이 크지 않으므로 수익은 크지 않다는 것을 명심하고 수익을 짧게 실현해야 된다.

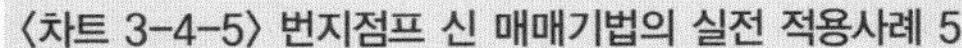

〈차트 3-4-5〉 번지점프 신 매매기법의 실전 적용사례 5

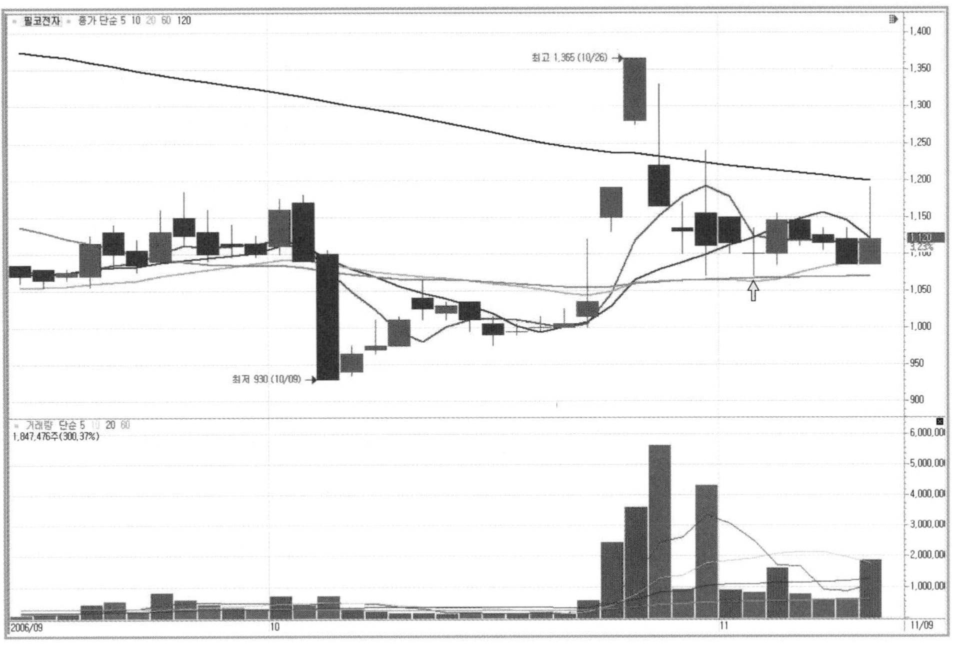

필코전자의 매수 관심권은 5일 이평선과 10일 이평선의 교차 지점으로 화살표로 표시한 11월 2일이다. 오전 시가 이하에 매수하였다면 장중에 반등하여 짧게 수익을 낼 수도 있으나, 오후장에서 하락과 함께 순간 거래량 증가를 확인하고 매수하였다면 다음 날 아침 상승할 때 수익 실현을 하면 된다. 제이엠아이와 같이 이평선의 이격이 크지 않아서 반등이 작으므로 수익을 짧게 잡고 대응해야 한다.

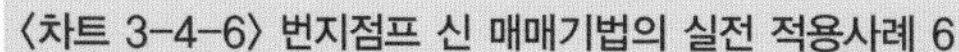

〈차트 3-4-6〉 번지점프 신 매매기법의 실전 적용사례 6

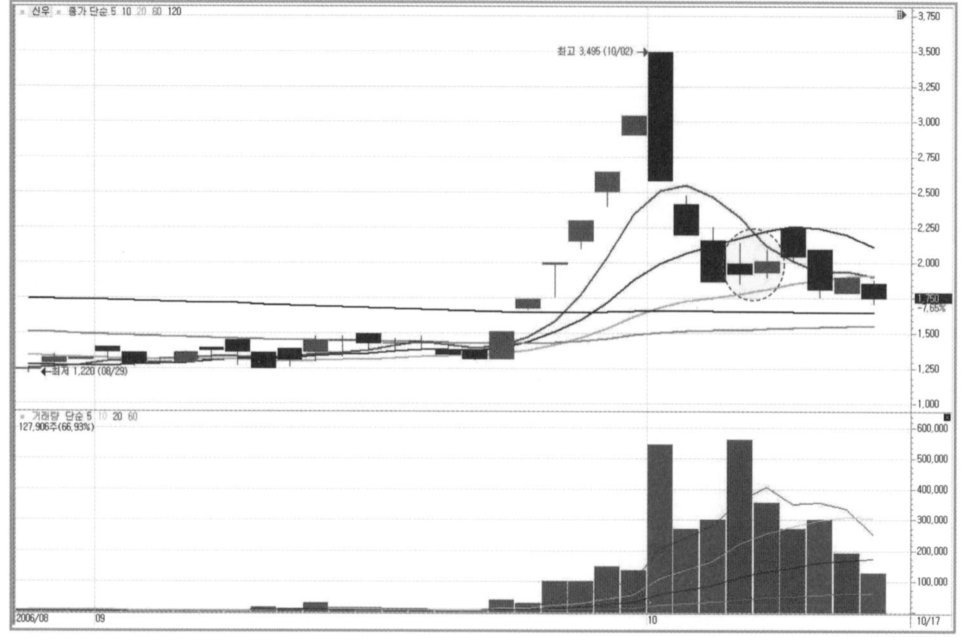

간단하게 살펴보면 동그라미로 표시된 부분이 매수 관심권이다. 이평선 교차하기 전날 10월 10일은 시가 6.68%로 시작하여 상한가 근처까지 올라갔지만, 곧 하락하여 오후장에서 -1.07% 저가를 형성하고 2.94%로 장을 마감했다. 저가에 매수하였다면 다음 날 수익을 충분히 낼 수 있는 상황이다.

매수 관심권인 이평선 교차 다음 날 10월 11일을 살펴보면 오전에 강한 상승을 하였지만 거래량 없이 하락하며 가격대를 지지하였다. 이날 역시 저가에 매수하였다면 다음 날 오전 큰 상승과 함께 수익을 충분히 낼 수 있는 상황이다.

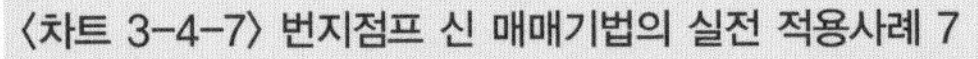

〈차트 3-4-7〉 번지점프 신 매매기법의 실전 적용사례 7

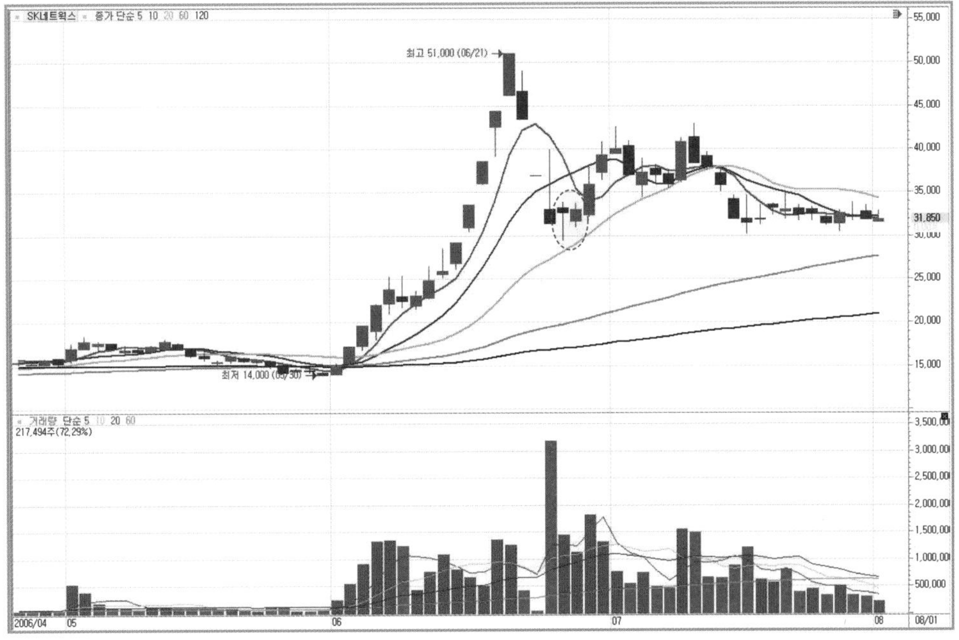

위의 차트는 기법의 또 하나의 모범사례이다.

적용대상에 적합하므로 적용기준을 살펴보자.

급락하면서 5일 이평선이 하향하고 10일 이평선이 상향하고 있으며, 10일 이평선은 20일 이평선 위에 있다. 그러면 매수 관심권은 동그라미 표시된 부분으로 5일 이평선과 10일 이평선이 교차되기 전날과 그 다음 날이다. 정확히 교차 시점은 2006년 6월 27일과 6월 28일 사이이다. 매수기준은 10일 이평선과 20일 이평선의 50% 이하 부근이므로 조건에 만족한 가격대가 되었다.

매수조건에 적합하므로 매수에 대해서 좀 더 살펴보도록 하자.

6월 27일 이평선 크로스 전날은 매수 관심권이므로 유심히 살펴봐야 한다. 시가 5.73%로 갭 상승하고 -5.89%까지 밀렸으나 종가는 4.14%에 마감하였다.

시가 갭 상승하였다고 바로 추격 매수하는 것이 아니라, 10일 이평선과 20일 이평선의 50% 가격대(32,400원) 이하에서 최대한 저점으로 잡아야 한다. 현재가 창이나 분 차트를 살펴보면 저가로 밀리면서 순간 많은 거래량을 확인할 수 있는데, 확인하고 최대한 저점에서 매수 포인트를 잡으면 된다.

이날 저가에 잡았다면 10% 가까운 수익이 발생한다. 만약 이러한 수익이 난 상태면 바로 수익 실현해야 한다.

6월 28일은 시가 -3.21% 갭 하락으로 시작하여 저가 -5%까지 밀린 상황이다. 따라서 전날 수익 실현을 하지 않았다면 이날 부담감이 크게 된다. 하지만, 결과적으로는 종가에 다시 상승하여 가격대를 지지하여 주었기 때문에 매수 포인트를 28일 저가에 잡았다면 29일 상한가까지 수익이 발생할 수 있는 상황이다.

매도는 저점에서 5% 이상 상승 시 수익 실현을 한 번으로 제한해야 손실 위험을 줄일 수 있다.

다음은 기법의 변형된 차트를 살펴보자. 〈차트 3-4-8〉 참조

매수 관심권에서 매수 가능하나 20일 이평선을 하락 돌파하는 애매한 패턴이다. 매매조건에 완전하게 부합되지 않으므로 가능한 한 매매를 자제하는 것이 낫고, 매매할 경우에는 신중하게 판단하고 대응을 잘해야 한다.

화살표로 표시된 날은 이평선 교차 전날로 시가 -1.88%이며, 저가는 -14.13%로 하한가 근처까지 하락하였다가 종가가 -10.83%로 마감하였다. 하한가 부근까지 밀린 상황이라 매수하기 애매한 상황이나 약간 반등하여 종가로 마감하였다.

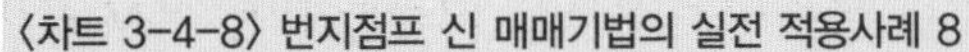

〈차트 3-4-8〉 번지점프 신 매매기법의 실전 적용사례 8

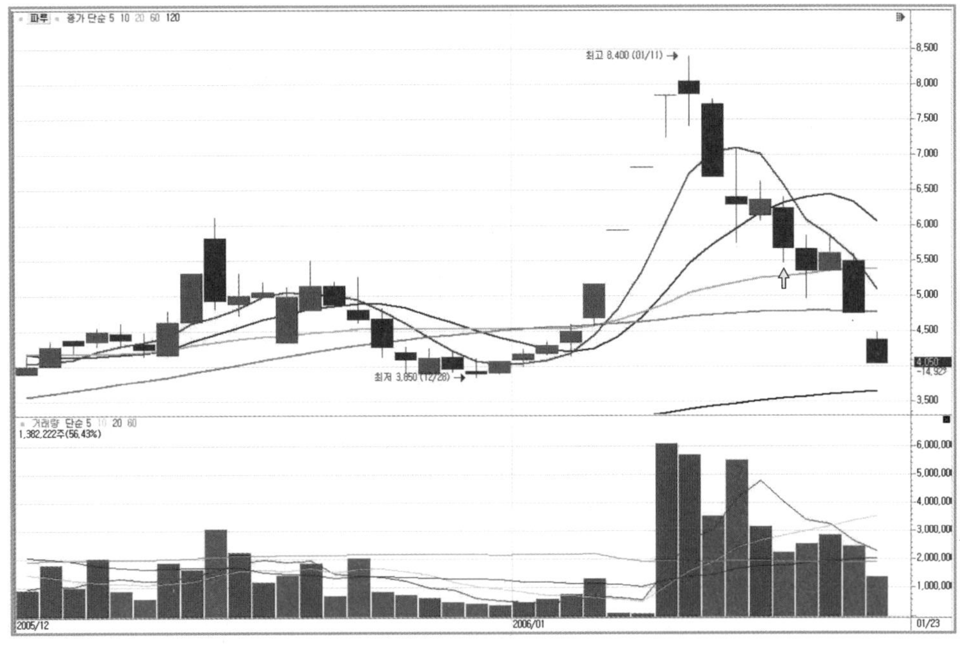

저가에서 많은 거래량과 함께 가격대 지지를 확인하고 들어갔다면 다음 날 최대 7% 정도 수익을 낼 수 있는 상황이다. 이평선 교차 다음 날 반등 시 이익 실현하지 못한 상황이라면 장중에 하락으로 인하여 큰 손실을 볼 수 있는 상황이므로 손절매는 짧게 대응해야 한다. 그 다음 날 양봉 출현하였으므로 작은 이익이라도 수익 실현해야 한다.

손절매 선 – 차트에 표시된 날 매수하여 다음 날 반등 시 수익 실현하지 못하거나 반등하지 못하고 하락하는 경우, 매수 당일 저가보다 하락할 때 손절매는 필수임.

〈차트 3-4-9〉 번지점프 신 매매기법의 실전 적용사례 9

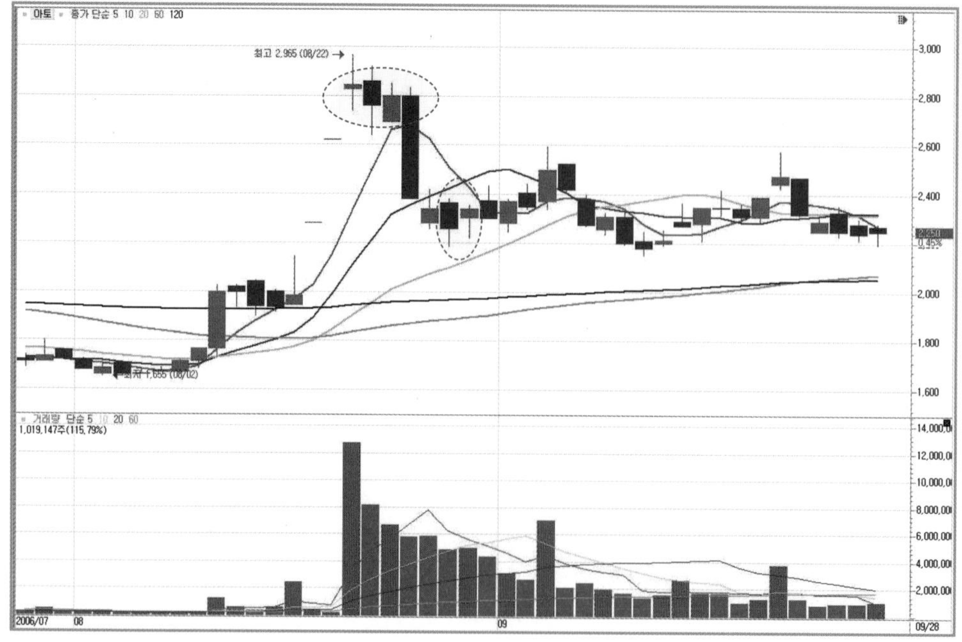

위 차트는 고점에서 바로 하락하지 않고 고점 부근에서 지지하다가 급락한 형태이다. 5일 이평선과 10일 이평선의 교차 지점인 매수 관심권에서 매수가능 가격대가 왔으며, 수익실현 가능하였으나 변형된 차트이므로 매매에 주의해야 할 차트이다.

특히, 위 차트와 별도로 고점에서 급락하지 않고 지지하면서 계단식으로 하락하는 형태의 차트는 매매기법에서 확률이 나오지 않기 때문에 주의해야 한다.

다음은 기법에 적용되지 않는 차트를 살펴보자.

〈차트 3-4-10〉 번지점프 신 매매기법에 적용되지 않는 사례 1

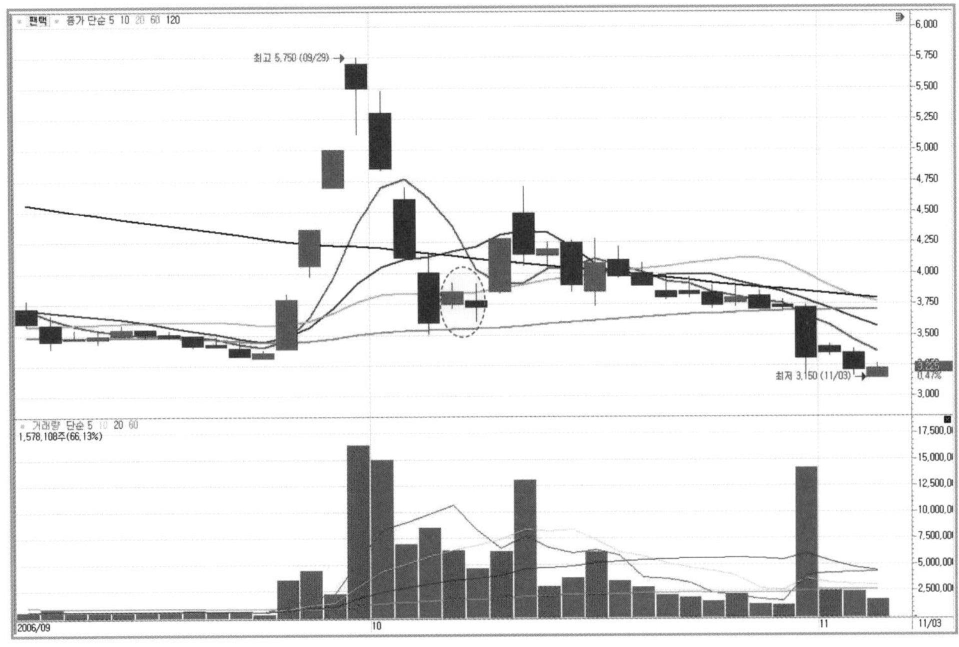

급등 후 급락하여 적용대상에는 적합하였으나, 급락하면서 20일 이평선을 하한가로 하락 돌파한 형태로 적용기준에 적합하지 않은 차트이다.

결과적으로 차트에 표시된 매수 관심권에서 전일 장대음봉의 가격대를 지지해 주었으므로 매수하였다면 장대양봉에서 매도하여 수익 실현이 가능하다. 하지만, 매매기법의 적용기준에 적합하지 않은 차트 형태이므로 매매에 신중해야 한다.

〈차트 3-4-11〉 번지점프 신 매매기법에 적용되지 않는 사례 2

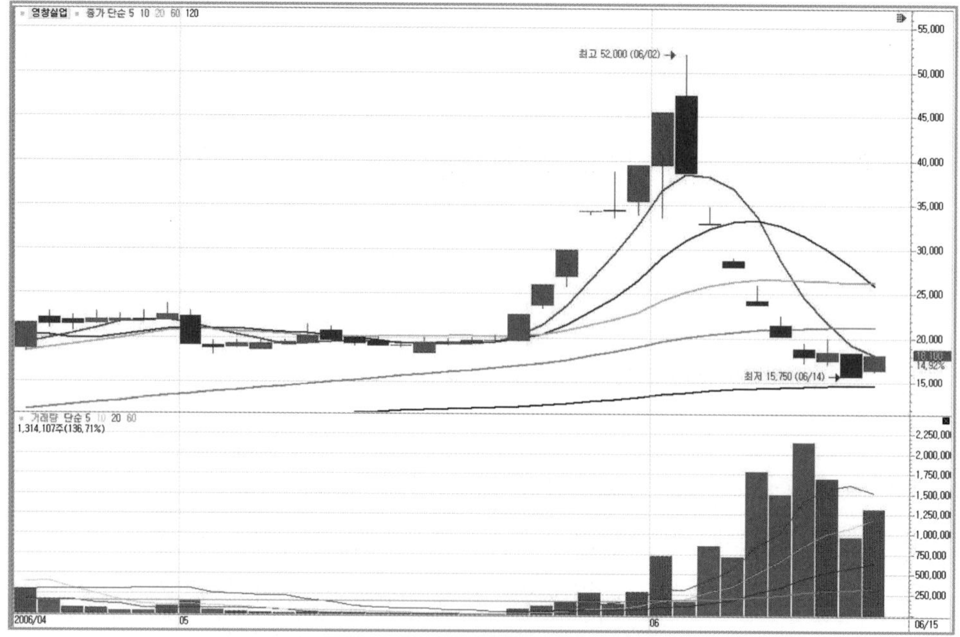

고점에서 점 하한가로 계속 하락하는 형태이다. 매매기법의 적용기준에 적합하지 않은 차트 형태이므로 매매에 유의해야 한다.

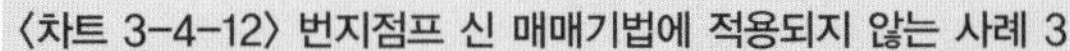

〈차트 3-4-12〉 번지점프 신 매매기법에 적용되지 않는 사례 3

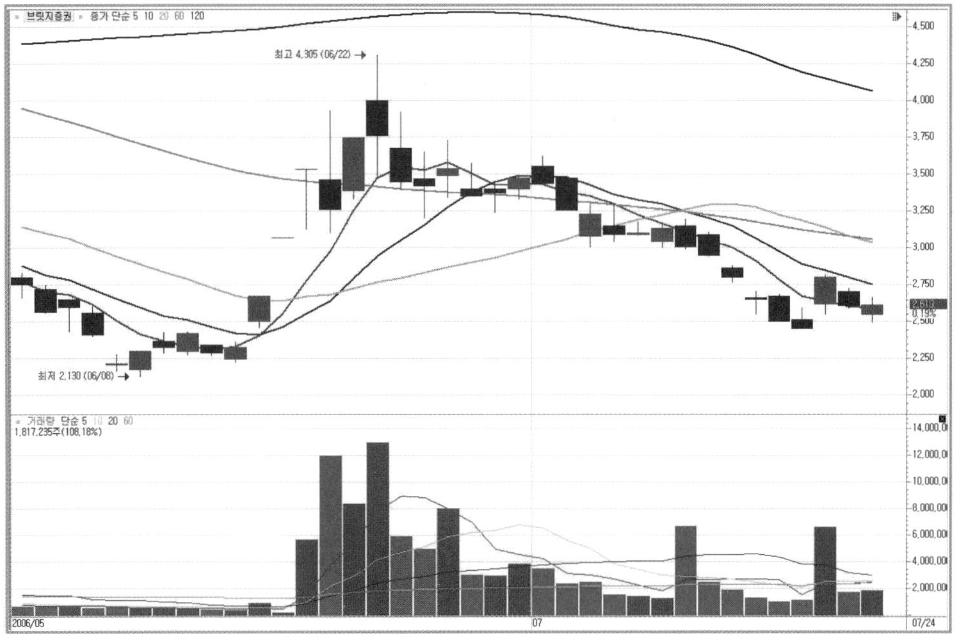

급등하여 고점에서 하락하지만 가격대를 지지하고 급락하지 않는 형태의 차트이다. 매매기법의 적용대상에 적합하지 않은 차트 형태이다.

〈차트 3-4-13〉 번지점프 신 매매기법에 적용되지 않는 사례 4

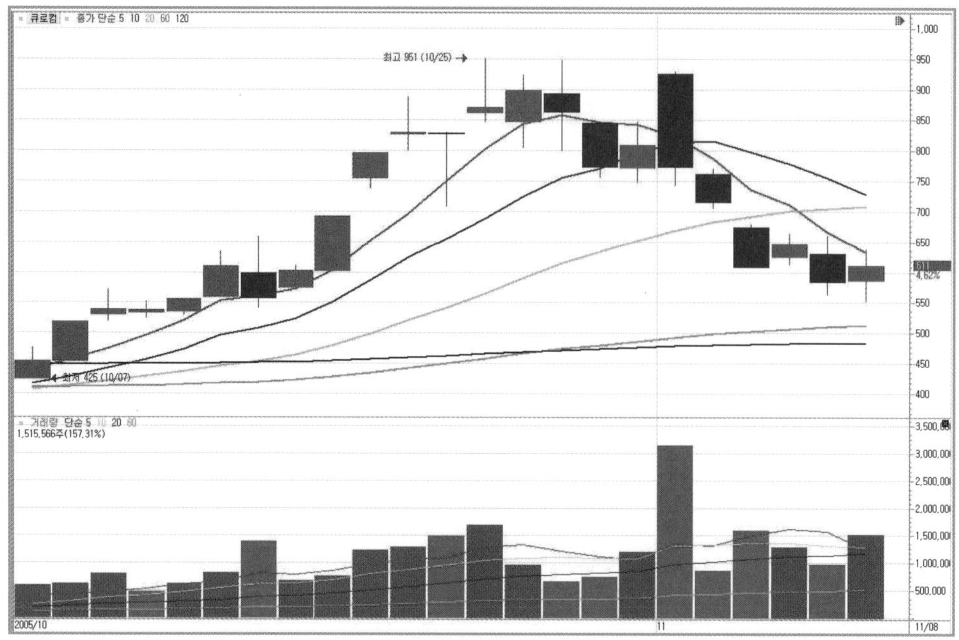

급등은 하였지만 고점 부근에서 가격대를 지지하다가 계단식으로 하락한 형태이다. 차트가 비교적 완만한 형태이며, 매매기법의 적용대상에 적합하지 않은 차트이다.

〈차트 3-4-14〉 번지점프 신 매매기법에 적용되지 않는 사례 5

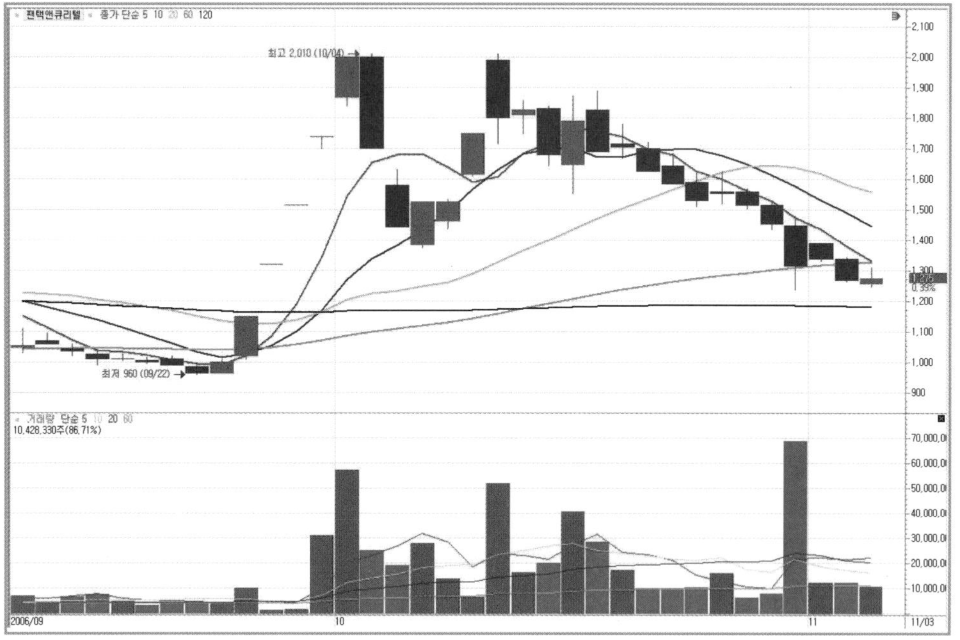

급등 후 급락하여 적용대상에는 적합하였으나, 10일 이평선을 지지하며 다시 급등하는 형태이다. 매수 가격대가 오지 않았고 예상하지 못한 급상승 패턴으로 매매기법의 적용기준에 적합하지 않은 차트 형태이다.

손절매 그 이후 …

필명 : 은둔초보

여기 많은 글들이 손절매의 중요성을 누차 강조하고 또 강조하십니다. 손절매는 왜 할까요? 물론 손실을 최대한 줄여보려고 하는 거겠지요.

이 바닥에서 현금만 확보된다면 손실 본 금액을 만회할 기회는 언제든지 다시 열려 있습니다. 그러니 손절매는 이 바닥에서 살아남는 필수조건입니다. 그럼 손절매하고 난 다음에 회원님들은 어찌합니까? 많은 분들이 손절매하고 그 밑의 가격에서 재매수하려고 기다릴 겁니다. 아니면 다른 종목으로 갈아타겠지요.

물론 손절매가 밑에서 재매수할 수 있고 그 종목이 상승하면 금상첨화입니다. 그런데 흔히 내가 팔면 주가는 곧잘 상승으로 턴합니다. 그러다 보면 어~어 하다 놓쳐버리고 말죠. 그리곤 곧잘 매도가보다 훨씬 높은 가격까지 날아갑니다.

여기서 제가 말씀드리고 싶은 것은 꼭 손절매가 이하를 고집하지 말라는 겁니다. 사실 심리적으로 참으로 힘듭니다. 자꾸 머리 속으론 매도한 가격이 떠오르고, 지금 매수하면 손해 본다는 느낌을 떨칠 수가 없습니다. 주가가 상승으로 턴한 걸 확인하셨다면 손절매가 이하

에 재매수해야 된다는 고정관념을 떨쳐 버리십시오. 손절매가 이상에서도 매수할 수 있다는 마인드를 가지셔야 합니다.

이것도 어찌 보면 최저가에 매수하여 손해를 빨리 만회하고 싶어 하는 욕심입니다. 주식투자에서 욕심은 최대 적(敵) 중의 하나죠. 사실 손절매하는 것보다 손절매가 위에서 재매수하는 게 더 어렵습니다.

저도 이렇게 하는데 햇수로 10년 넘게 걸렸습니다. 사실 모든 것은 처음이 힘듭니다. 손절매도 처음 할 때가 힘들지 어느 정도 하다 보면 기계적으로 됩니다. 이것도 한두 번 성공하면 그 다음부터는 점점 쉬워지고 편해집니다. 단점은 손절매가 위에서 재매수하였는데, 또 다시 하락하여 다시 손절매할 때의 좌절감은 첫 손절매할 때보다 훨씬 더 크게 다가옵니다. 항상 새로운 길은 거칠고 힘든 자갈밭입니다. 좌절하지 마십시오.

손절매가 어느 정도 되시는 분이라면 한번 시도해 보십시오. 이것을 터득하면 또 다른 비결을 가지게 되고, 고수의 영역에 또 한 계단 올라서게 되는 겁니다. 그러니 당연히 이 바닥에서 성공할 확률이 많죠.

이제 저녁에는 더위가 조금씩 물러가는 듯한 바람이 불어오고 있습니다. 남은 여름 잘들 보내시고요. 부디 주식시장에서 얻고자 하는 것을 모두 얻으시길 바랍니다.

5장 샤라포바의 신고가 눌림 新 매매기법

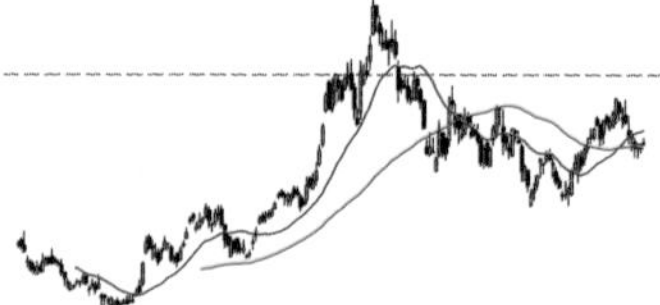

주식투자에서 가장 중요한 첫걸음이 무엇일까? 그것은 바로 주식시장이라는 곳의 개념과 자신이 자산증가를 위해 해야 할 일을 뚜렷하게 정하는 것이고 궁극적인 목적인 자산 불리기의 정확한 방법을 아는 것이다.

주식투자는 결국 자산을 안정적으로 불리기 위한 수단인데, 그 방법론에 있어서 무모하거나 잘못된 부분이 많다면 투자는 결국 운에 맡기는 투기가 된다.

한국의 주식시장은 그다지 성숙되지 못했으며 그 특성이 뚜렷하다. 덕분에 개인 투자자가 성공하는 비결도 뚜렷하고 명확하다. 이제부터라도 시장의 개념을 올바로 이해하고, 자신이 할 일을 제대로 인식하기만 한다면 많은 투자자들이 안전하게 자신의 힘으로 자산을 불릴 수 있을 것이다.

그래서 개인 투자자들이 반드시 알아야 하지만 대부분 잘못 알고 있는 주식시장의 속성에 관해 이야기하려고 한다. 이 개념을 완전히 자신의 것으로 받아들이고 성공을 위해서 필요한 기술을 습득하기만 한다면 '주식투자 성공' 이라는 단어가 결코 남의 이야기만은 아닐 것이라고 장담한다.

1. 주식시장은 완전시장

완전하다는 것은 그 자체로 충분하다는 뜻이고, 빗물이 모여서 시내를 이루다가 합쳐져서 계곡을 이루고 합쳐져서 큰 강이 되어 바다로 흘러가는 것처럼 인위적인 원동력이 없어도 세상사가 다 그렇듯 그저 유유히 흘러가는 대자연의 흐름이란 것이다.

완전하다는 말이 언뜻 이해가 안 간다면 일단 주식을 배제하고 세상 속의 부자와 가난한 자들을 보자. 세상살이가 어떤가? 부자가 더 큰 부자가 되기 쉬운가, 아니면 가난한 사람이 부자 되기가 쉬운가?

굳이 재테크에 관심을 가진 사람이 아니라도 결국 황금이 황금을 불러오는 자본주의 원리를 몸으로 실감하고 있을 것이다.

세상에서는 가난한 사람들이 부자를 따라잡고 부자가 되기란 결코 쉽지 않다. 그것은 그들이 덜 성실하고 덜 노력해서가 아니라, 구조적 한계란 것을 뛰어넘기가 쉽지 않기 때문이다. 노력이나 능력보다는 선천적으로 부여받은 금전적 지위가 더 큰 힘이 된다는 말이다.

그러나 주식시장은 아주 순수하고 엄청난 파워가 있어서, 이런 모든 왜곡을 무시하고 능력에 의해서만 부와 빈을 선별한다. 세상의 부자는 더 큰 부자가 되기 쉽지만 주식시장에서 부자는 큰 부자가 되기 어렵다. 같은 5%의 손실이라도 1억을 투자한 사람과 100만 원을 투자한 사람은 손실의 절대 강도가 틀리다는 말이다.

반면 5%의 수익을 올렸다면 그 이야기가 틀려지지만, 어차피 수익을 안정적으로 올릴 능력이 있는 투자자라면 누구나 부자가 된다. 물론 부자는 짧은 시간에 더 큰 부자가 되겠지만, 가난한 사람도 2, 3년 안에는 부자가 된다.

원금을 300만 원 가진 사람이 나름대로의 매매기법을 확립해서 개별 매매에서는 벌기도 하고 잃기도 하면서 그래도 매월 말 결산으로는 최소 20%의 수익을 안전하게 올린다고 생각해 보자. 정확하게 1년 뒤에는 2천6백70만 원이 되고 2년 뒤에는 2억 3천8백50만 원이 된다.

이 정도의 부를 이룬다면 큰 부자라고 할 수는 없어도 이미 중산층의 삶을 이룬 부자라고 할 수 있지 않는가?

이쯤하면 눈치 빠른 독자들은 어느 정도는 감이 왔을 것이다.

그렇다. 주식투자는 그 어떤 종류의 재테크 수단과 비교해서 원금의 크기는 중요하지 않다는 것을… 부동산투자도 최소 수천만 원이 필요하고, 적립식 펀드나 변액유니버셜보험과 같은 여러 가지 상품들도 매월 지수 상승률과 인덱스 비중에 따라서 변동이 있으며 꾸준히 적립해야 한다. 그리고 투자원금이 크고 시황이 좋지 않다면 큰 손실을 볼 수 있다.

하지만 주식투자는 그 어떤 재테크 수단에서도 찾아볼 수 없는 강력한 장점이 있다. 그것은 바로 '능력'이 최우선되는 시장이란 것이다.

사회는 돈이 돈을 벌어다 주지만 주식시장은 능력이 돈을 벌어다 준다. 원금이 크다고 해서 수익률이 올라가는 경우는 절대 없으며, 원금이 작다고 해서 복리의 마법을 피해 가는 경우는 결코 없다. 능력 없는 부자는 금방 가난해지기 십상이고 능력 있는 빈민은 금방 부자가 된다.

그래서 다른 이들과 경쟁하지 않아도 나 스스로 완성된 형태일 때는 주식시장은 꾸준히 보답을 준다. 주식시장은 능력껏 돈을 가져갈 수 있는 완전시장인 것이다.

너무나 공평하고 순수한 점은 절대로 운으로는 돈을 벌 수가 없다는 것이다. 운을 바라는 사람에게는 처절한 결과를 반드시 안겨주고, 대박만을 쳐다보는 사람에게는 반드시 쪽박을 안겨준다. 운으로 수십억을 버는 일은 절대로 없다. 운이 나빠서 수십억을 탕진하는 일도 주식시장에선 절대로 일어나지 않는다. 한두 번의 매매에서는 운이 좋아서 벌 수도 있고, 운이 나빠서 잃을 수도 있으나 모두가 필연의 수순인 것이다.

시장 자체의 포용력 앞에서는 수백억 대의 부자도 티끌만 한 존재밖에 안 된다. 그러나 시장을 알고 자신의 수준을 알고 대응하는 소시민은 무서운 속도로 부를 축적하게 된다. 그리고 우쭐하고 방심하는 순간 다시 알거지가 될 수도 있다.

그래서 주식시장은 선악이 없는 완성된 형태다. 옳고 그름이 없다. 선악이 없는 순수 그 자체라는 말이다. 주식을 한다는 것은 그런 대자연의 흐름을 헤쳐 나가는 것과 같다.

모든 것은 주식을 하는 나 자신에게 달려 있다. 그 속에서 나는 신이 되기도 하고 티끌이 되기도 한다. 그 모든 것은 시장이 결정하는 게 아니라 완전시장인 시장은 유유히 흘러가고 있으며, 내가 어떻게 하느냐에 따라 철저한 인과율로 살아남느냐, 버느냐, 잃느냐가 결정된다.

모든 변수는 자기 자신 안에만 있다. 그래서 자신을 다스릴 줄만 안다면 시장을 정복하게 되는 것이다. 자신이 능력만 가지고 있다면 결국 원금의 크기에 상관없이 빠르고 느린 차이는 있겠으나 결국 몇 년 안에 큰 부자가 될 수 있다. 이런 일이 가능한 이유는 주식시장이 가진 복리의 마법이라는 속성 때문이다.

주식시장은 위에서 말한 대자연의 무궁한 정화능력과 공평함, 순수함을 가지고 있을 뿐만 아니라 그 자체에서 아주 빠른 속도를 가지고 있다. 이 속도는 부자가 가난뱅이가 되고 가난뱅이가 부자가 되는 속도다. 한 달에

20% 이상의 수익이 꾸준히 나면 원금이 100만 원이든 1억이든 아무런 차이가 없다. 3년이란 시간이 흐른 후에는 둘 다 평생을 먹고 살만한 큰 금액이 된다.

주식시장이 이렇게 빠른 수익을 주는 속성은 손실에도 똑같이 적용된다. 그래서 아주 빠르다. 빠르다는 표현 외에는 달리 표현할 길이 없다. 주식으로 부자가 되는 가장 확실한 방법은 수익(%) 확보와 시간이다.

수익(%) 확보는 자신의 노력과 스스로의 다스림으로 충분히 가능하다. 만약 개인이 확실한 방법만 가지고 있다면, 한결같은 마음가짐만 유지할 수 있다면 나머지는 시간이 모두 해결해 주는 것이다.

다만 시간만은 어떻게 할 수가 없다. 그래서 군 생활하듯 한결같은 자세로 2, 3년을 버티는 것이 관건이 된다.

그 와중에는 욕심과 유혹과 미련과 공포가 습관적으로 찾아오는데, 이때 시장이 어떤 것인가를 기억하고 자신을 추스르는 것이 가장 빠른 부자가 되는 길이다.

그런데도 많은 투자자들이 이 최소한의 시간까지 마치 자신의 능력으로 단축시킬 수 있을 거라 자신한다. 한번 큰 수익을 내면 다시 그런 일만 되풀이할 수 있을 거라 생각한다.

중요한 것은 시장은 이미 자체적으로 빠른 속도를 가지고 있기 때문에 그 속도를 안전하게 이용만 해야 한다는 것이다. 자신의 보잘것없는 능력으로 그 속도를, 욕심을 부려 뛰어 넘으려고 하는 순간에 위험과 절망이 찾아온다. 이런 투자자들은 가장 어리석은 사람이다.

이미 감당할 수 없을 만큼 충분히 빠른데도 더 빠른 것을 바란다. 주식시장이 얼마나 빠른지를 모르기 때문에 자신의 힘으로 속도와 수익을 모두 차지하려고 한다.

"어느 천 년에 깨작깨작 벌고 있어? 크게 한번 먹고… 또 쉴 땐 쉬어야지…"

"1억으로 욕심내지 말고 매달 5%씩만 벌지 뭐… 그것만 해도 얼마야?…"

마치 겸손해 보이는 이 논리적인 투자 마인드 속에는 엄청난 착각이 녹아 있다. 자산 불리기에 대한 확실한 계획과 방법은 없이 빨리 벌겠다는 욕심이 녹아 있는 것이다. 또한 이것은 수익의 원리, 자산 증가의 원리를 간과한 발상일 뿐이다.

주식투자에서 궁극적으로 수익을 결정하는 것은 바로 수익률(%)×지속시간이다. 앞서 말한 것처럼 원금의 크기가 미치는 영향은 당장은 커 보이나 시간이 지날수록 계좌는 원금의 크기와 상관없이 능력치가 나타내는 금액에 대해서 근접해 간다.

투자자 스스로가 항상 수익을 안정적으로 낼 수 있는 방법을 모르기 때문에 기회가 왔을 때 벌지 않으면 안 된다고 생각하고, 그럼에도 불구하고 남들처럼 큰 돈을 벌고 싶기 때문에 투자자금을 늘리는 것이다. 이것이 바로 막연한 운에 맡기는 투자 행태이다.

이 시간을 단축시키려고 하는 것은 대자연의 흐름을 거스르는 것이 된다. 이 시간을 단축시키기 위해 급등주, 대박주를 찾아서… 한방을 찾아서 헤매고 다니면 시장은 시장의 흐름을 거스른 대가를 철저하게 받아간다.

이미 시장의 속성 중에 너무나 빠른 복리의 속도가 있는데도 불구하고, 더 빨리 달리려고 하면 티끌 같은 존재는 강바닥에 가라앉혀 버린다. 워렌 버핏은 복리로 부자가 된 것이지 펀더멘털로 부자가 된 것이 아니다. 그랜빌은 복리를 못 지켜서 망한 것이지 이평선을 신봉해서 망한 것이 아니다.

절대로 시간을 단축시키려고 해서는 안 된다. 필요한 시간 몇 년은 완전

시장을 누리는 대가로 시장에 바치는 마음가짐으로 해야 한다. 아무리 뛰어난 인간도 수학을 거스르고 통계를 거스를 수 없다. 사회에서는 불가능한 속도로 부를 축적하게 해주는 대신, 시장은 한결같은 몇 년을 요구한다. 스스로의 약속도 지키지 못하는 인간을 돌봐줄 만큼 시장은 자상하지 않다. 그러기에 완전하고 공평한 것이다.

그래서 진정 성공을 원하는 투자자들은 투자의 초점을 시장 분석과 종목 발굴이 아니라, 자신의 운용능력과 꾸준함에 맞추어야 한다. 시장은 늘 변하며 며칠간의 상승장 이후는 또 며칠간의 하락장이 나온다. 시장에 의존하는 투자는 그 자체로 이미 불안하고 내 능력 외의 변수에 맡겨진 상태인 것이다.

실패하는 개인 투자자들은 시장에 돈을 맡겨놓고 시장을 분석하고 예측하려고 애쓴다. 하지만 내일의 시장은 그 누구도 알 수 없는 것이다. 시장은 지난 후에 많은 원인과 변수 요인에 대해서 해석이 가능할 뿐 미리 예측할 수는 없는 것이다.

물론 개미들이 이런 생각을 하게 된 것도 이 땅의 전문가와 애널리스트들의 영향이 크다. 마치 어떤 이유가 있어서 그렇게 된 것처럼 분석하기도 하고, 자신이 전체적인 장세 흐름을 읽고 있다는 듯한 뉘앙스를 많이 풍긴다.

하지만 주가는 상승해도 이유가 있고, 하락해도 이유가 생긴다. 지난 후에 이런저런 이유로 상승 혹은 하락했다고 해서 다음번에도 꼭 그렇게 움직이는 것은 아니다. 내일의 주가 향방을 미리 짐작하는 능력은 개인이나 전문가나 결국 마찬가지다.

많은 개인 투자자들이 소위 '고수'라고 불리는 이 바닥의 뛰어난 사람들에 대해서 잘못된 편견과 선입관을 가지고 있다. 헛된 노력을 되풀이하는 것도 이런 시장인식, 고수인식에 대한 기초가 없기 때문이다. 같은 노력을 해도 불과 몇 개월 만에 감을 잡고 고수 대열에 합류하는 초보가 있는가 하면 10년을 해도 매일 제자리걸음만 하는 사람도 있다.

도대체 무엇이 잘못되었고, 무엇이 정답이기에 이렇게 큰 차이가 나는 것일까? 대다수 개미들은 꾸준히 수익을 내는 고수들이 어떤 대단한 정보나 엄청난 시장예측 능력이나 경제시장을 꿰뚫어 보는 혜안을 가졌을 거라고 생각한다.

그리고 기술적 분석에 관한 한 대가이며 기업 내용을 분석하는 것도 타의 추종을 불허하고, 내일 오를 종목을 미리 예측하는 나름의 확실한 노하우를 가졌을 거라고 생각한다. 하지만 이 모두는 허황된 미디어와 잘못된 교육에서 나오는 착각일 뿐이다.

경력 많은 투자자들 대다수의 생각이 "나도 이거저거 다 해봐도 수익이 잘 안 났는데 고수들이라고 뭔 뾰족한 수가 있겠나?" "분명히 매매기법보다는 종목 선정이나 정보 면에서 많은 노하우를 가지고 있을 거야"라고 생각한다.

기술적 분석을 오랫동안 공부했던 투자자는 '기본적 분석에 해답이 있지 않을까?' 하고 생각하고 기본적 분석을 오랫동안 공부했던 투자자들은 결국 '기술적 분석에 해답이 있지 않을까?' 라고 생각한다.

그러나 기본적 분석을 공부해 본들, 기술적 분석을 공부해 본들, 양자를 혼합해서 미친 듯이 연구해 본들 그것은 학문이지 투자기술이 아니다. 지식은 늘어날지언정 수익은 큰 변동이 없다. 이것이 대한민국의 많은 개인 투자자들의 슬픈 한계이다.

축구해설가 신문선 씨가 당장 유니폼을 입고 축구장에서 뛰어본들 국가대표는커녕 90분을 풀타임으로 제대로 소화하기도 힘들 것이다. 해설가로서는 유능하지만, 즉 축구에 대한 지식과 분석능력이 탁월하고 승리를 위한 해법을 안다고 해도 정작 자신이 아는 것과 실제 하는 것은 넘을 수 없는 차이가 있는 것이다.

고수들은 기본적 분석자도 기술적 분석자도 아니다. 고수들은 기본적 분석자라고 말할 수가 없다. 기업가치와 상관없이 오르면 좋은 종목이라는 생각을 가지고 있다. 또한 고수들은 기술적 분석자도 아니다. 차트는 참고로만 생각하는 사람들이 대다수이기 때문이다.

재무제표도 차트도 답이 아니라면 고수와 하수의 차이점은 어디에서 나오는가? 고수들은 확실한 시장에 대한 대응논리가 있다. 그것은 "기술적 분석에도, 기본적 분석에도, 한국시장에서 짧은 시간 대비 높은 수익률을 꾸준히 올리는 방법은 없다"는 것이다.

꾸준히 수익을 올리는 주식투자 고수들은 한 가지 공통점이 있는데, 기본적 분석이나 기술적 분석에 대한 지식은 다들 어느 정도 기본기로 갖추고 있지만 그것을 정작 주식시장에서 수익을 올리는 기술과는 별개로 생각하는 경향이 있다. 즉, 주식시장에서 수익을 올리려면 수익을 내는 기술을 터득해야지, 공부를 해서 뭔가를 많이 알고 분석하는 것은 소용이 없다는 것이다.

고수들은 아주 숙련된 기술을 가지고 있다. 마치 기계처럼 자신이 정해둔 매매기법에 따라서 충실히 이행하는 로봇 같다. 그런 방법을 처음에 어떻게 배웠는지, 아니면 스스로 만들어낸 건지는 다들 차이점이 있지만, 감정에 전혀 휩싸이지 않고 아주 확률이 높은 방법을 정해 둔 뒤에 그것만 반복 연습해서 숙달시켜 놓고 매매를 한다. 그것만이 그들의 노하우인 것이다.

그럼 공부해 왔던 시간들은 다 헛고생이란 말인가? 솔직히 이야기하자면 그렇다. 하지만 나의 경험상 공부를 오래 해 왔다는 분들도 자기가 쓰는 HTS의 자세한 기능을 모르는 분들도 많이 있었다. 나는 펀더멘털에 기초한 기업분석으로 매매를 했을 경우나, 차트분석에 의한 기술적 분석으로 매매했을 때 수익을 낼 수 없다고 이야기하는 것은 아니다. 다만 이런 것들이 꾸준한 수익을 보장할 수는 없다는 것이다.

꾸준한 수익을 내는 기술은 그런 기본적인 지식과 상관없이 확률과 통계에 기초한 매매기법과 자기관리에서만 나온다. 확률 높은 매매기법과 매매기법 적용 시에 나올 수 있는 여러 가지 상황에 대비한 대응법으로, 기계적인 매매를 했을 때, 상승장과 하락장에 관계없이 반복적인 매매 시에 나오는 누적수익률이 플러스인지 마이너스인지가 자신의 경제적인 미래를 정확하게 말해준다.

그 어떤 고수라도 모든 매매에서 항상 손실 없이 본전 혹은 수익만을 얻을 수는 없으며, 하수도 운만 좋으면 얼마든지 급등주에 올라탈 수 있다. 하지만 결국 시장의 정화능력에 의해 하수는 퇴출되고 고수만이 살아남는다. 이것이 시장과 수익에 관한 진리이다.

따라서 만약 주식투자에서 성공하고 싶다면 그동안 해오던 주먹구구식의 분석에 쏟는 시간보다는 당장 매일 1%를 확실하게 버는 방법이 없을까? 하고 머리 싸매고 고민해야 하고 자신에게 맞는 최고의 매매기법으로 스스로를 검증하는 단계부터 거쳐야 한다. 그것이 바로 실전투자인 것이다.

2. 최고의 스윙 매매기법

이 매매기법은 어려운 기업분석도 없고 여러 가지 보조지표를 대입시켜서 시간낭비를 할 필요도 없이 차트상의 좋은 움직임을 보이는 종목을 찾아서 확실한 기준에 의거해서 수익을 내는 매매기법이다.

보통 초보자들은 종목 선정에 있어서 공시나 재료, PER나 ROE 같은 수치들을 참고하기도 하고, 차트상의 골든 크로스와 데드 크로스를 기준으로 매매하는 분도 있다. 하지만 주가의 원리만 알고 있으면 좋은 종목을 고르는 것은 그다지 어렵지 않다.

종목 선정 시에는 단 두 가지만 고려하면 된다. 신고가 여부와 20이평선과의 관계이다.

어떤 종목이라도 그 종목이 일시적인 깜짝 호재나 일시적인 수급 불균형이 아닌 강한 세력의 개입이나 알려지지 않은 좋은 재료를 가지고 있다면 반드시 신고가를 만들어 낸다.

신고가라는 것을 어렵게 생각할 필요는 없다. 60일 신고가, 120일 신고가, 240일 신고가 모두 좋은 종목들이다. 많은 초보자들이 바닥에서 횡보하는 종목들을 선정하는 것을 많이 볼 수 있는데, 바닥주를 선호하는 것은 큰 수익을 올리지는 못하더라도 최소한 크게 잃지는 않겠다는 소극적인 심리가 반영된 것이다.

하지만 주식은 오르는 종목이 더 오르게 되어 있다. 바닥에서 하방경직성을 확보했다 하더라도 일부 작전주들을 제외하고는 보통 바닥주들은 오랫동안 머물렀던 바닥을 탈출하는데 아주 많은 시간과 거래량을 필요로 한다.

따라서 굳이 언제 시세를 줄지도 모를 이런 바닥주에 투자할 필요는 없다. 정말 좋은 종목은 항상 신고가를 만들고 있는 종목, 과거에는 바닥권에 있었든, 계속 꾸준히 상승을 해 와서 매일 매일이 신고가인 종목이든, 결국 좋은 시세는 항상 신고가를 동반하게 되어 있다.

20이평선과의 관계도 아주 중요한데 반드시 20일 이평선이 우상향되어 있는 종목을 선정하고, 주가가 20이평선을 침범하지 않는 종목을 선정한다. 즉 항상 단기 정배열 상태의 종목이어야 한다.

세력주는 물론이거니와 다른 그 어떤 종목들도 큰 시세는 반드시 정배열 상태에서 나온다. 혹자들은 역배열 상태의 하한가 풀기나 과대 낙폭에 의

한 기술적 반등을 노리고 매수하는 경우를 볼 수 있는데, 좋은 종목이 넘쳐나는 시장에서 굳이 자신만의 노하우도 없이 그런 매매를 고집할 이유가 없다.

좋은 종목은 반드시 주가 캔들이 20이평선을 깨지 않는 상태로 시세를 이끌어 간다. 다시 말하면 상승추세에 있으면서도 가격이 가장 낮은 상태는 언제겠는가? 바로 20이평선 위에서 눌림목을 소화하는 동안이 소위 말하는 '바닥 매수'가 되는 것이다.

보통 초보자들이 일반적으로 하는, 움직임이 없는 종목을 바닥에서 매수하는 것과는 전혀 다르다. 신고가를 달성할 정도로 좋은 움직임을 보이는 종목을 가장 낮은 가격에 매수하는 방법, 그것이 신고가와 20이평선 눌림목을 접목시키는 방법이다.

그리고 정말 좋은 시세가 나는 종목은 5일선을 주도해서 끌고 간다. 즉 5일선이 간신히 따라붙을 정도로 빠른 상승을 해주는 종목이 정말 좋은 종목이다. 따라서 신고가와 20이평선 눌림목, 두 가지의 모습을 차트에서 확인한 후 그 종목이 5일선을 돌파할 때 매수하고, 5일선을 하향 이탈할 때 매도하는 단순한 전략이 의외로 실전에서는 큰 수익을 주는 스윙매매법이다.

아주 복잡한 보조지표 따위 없이 단순한 차트상의 이평선만 확인해도 충분히 승산 있는 좋은 매매기법이 될 수 있다.

그럼 이 조건을 모두 만족하는 종목만을 찾아서 스윙매매[注)]를 하면 어떤 일이 발생하는지 한번 확인해 보자.

〈차트 3-5-1〉 스윙 매매기법 예시 1-1

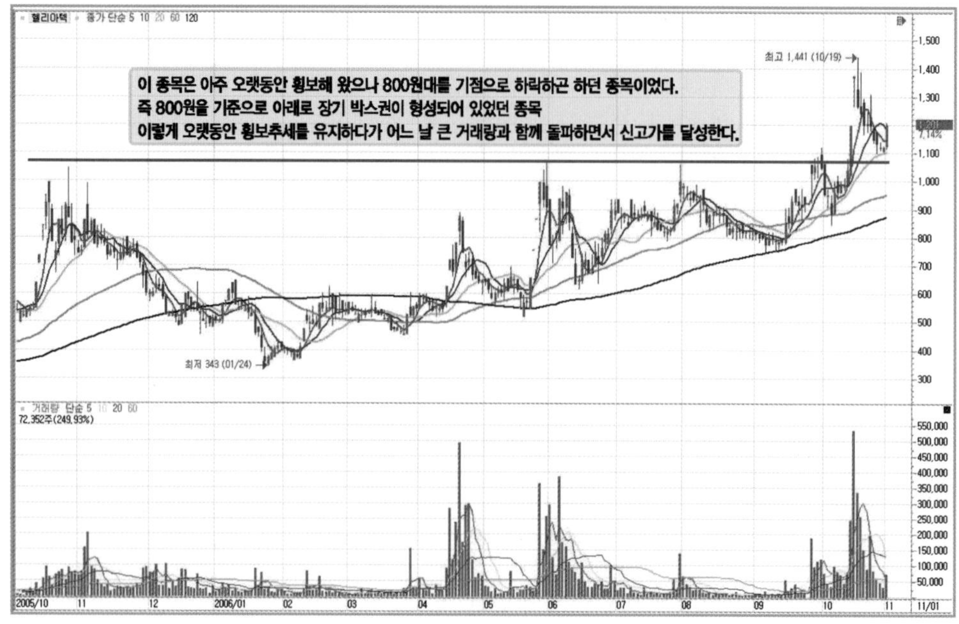

최고 1,441 (10/19)
이 종목은 아주 오랫동안 횡보해 왔으나 800원대를 기점으로 하락하곤 하던 종목이었다.
즉 800원을 기준으로 아래로 장기 박스권이 형성되어 있었던 종목
이렇게 오랫동안 횡보추세를 유지하다가 어느 날 큰 거래량과 함께 돌파하면서 신고가를 달성한다.
최저 343 (01/24)

특정 가격대를 넘지 못하면서 등락을 되풀이하던 종목이 어느 날 신고가를 만들면서 상승하는 모습을 보이면 관심종목에 편입한다.

신고가를 만들어 낸 종목의 생사 여부를 확인하는 방법은 아주 간단하다. 돌파한 이전 최고점의 가격대를 무너뜨리느냐 아니면 그 가격대 아래로 다시 내려오지 않고 20일 이평선에서 눌림목을 소화하느냐가 관건이다.

이 시점이 스윙기법의 매수 급소로 작용하는 이유는 20이평선이라는 지지선이 있고, 20이평선을 하락 돌파하더라도 전고점이라는 지지선이 또 하나 더 있기 때문에 강하게 지지를 받는 구간이다.

〈차트 3-5-2〉 스윙 매매기법 예시 1-2

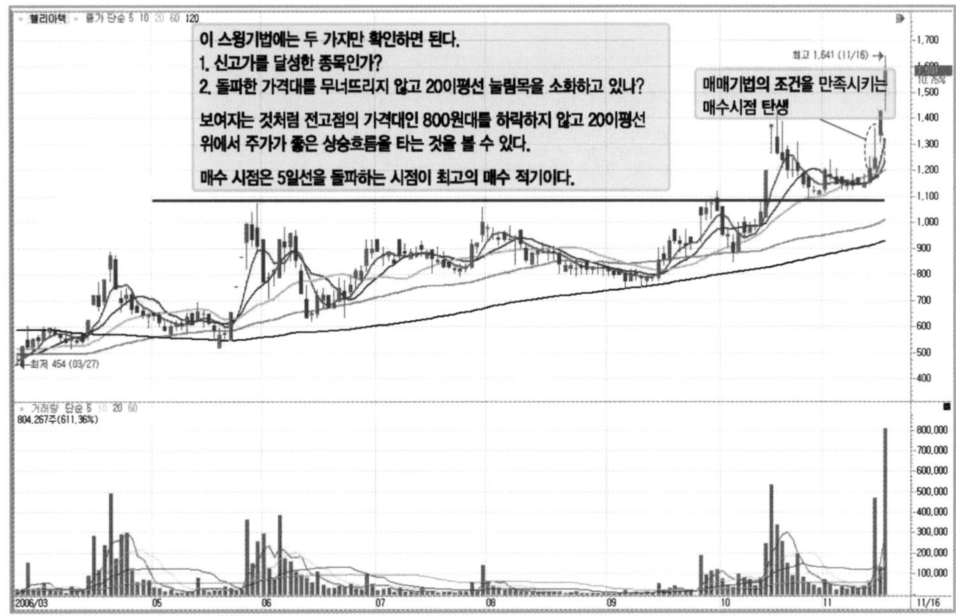

이 스윙기법에는 두 가지만 확인하면 된다.
1. 신고가를 달성한 종목인가?
2. 돌파한 가격대를 무너뜨리지 않고 20이평선 눌림목을 소화하고 있나?
보여지는 것처럼 전고점의 가격대인 800원대를 하락하지 않고 20이평선 위에서 주가가 좋은 상승흐름을 타는 것을 볼 수 있다.
매수 시점은 5일선을 돌파하는 시점이 최고의 매수 적기이다.
매매기법의 조건을 만족시키는 매수시점 탄생
최고 1,641 (11/16)
최저 454 (03/27)
804,267주(611.36%)

또한 신고가 돌파 종목이므로 이후 좋은 상승흐름을 예상해 볼 수가 있다. 다만 중요한 것은 예측에 의해서 매수했을 경우 작게나마 손실을 볼 수가 있기 때문에 앞서 말한 것처럼 5일 이평선을 돌파하고 상승하는 시점에서 매수하면 손실 없이 큰 수익을 꾸준히 낼 수가 있게 된다.

그럼 이렇게 매수한 종목은 이후 어떤 모습을 보일까?

다음 차트를 확인해 보자.

〈차트 3-5-3〉 스윙 매매기법 예시 1-3

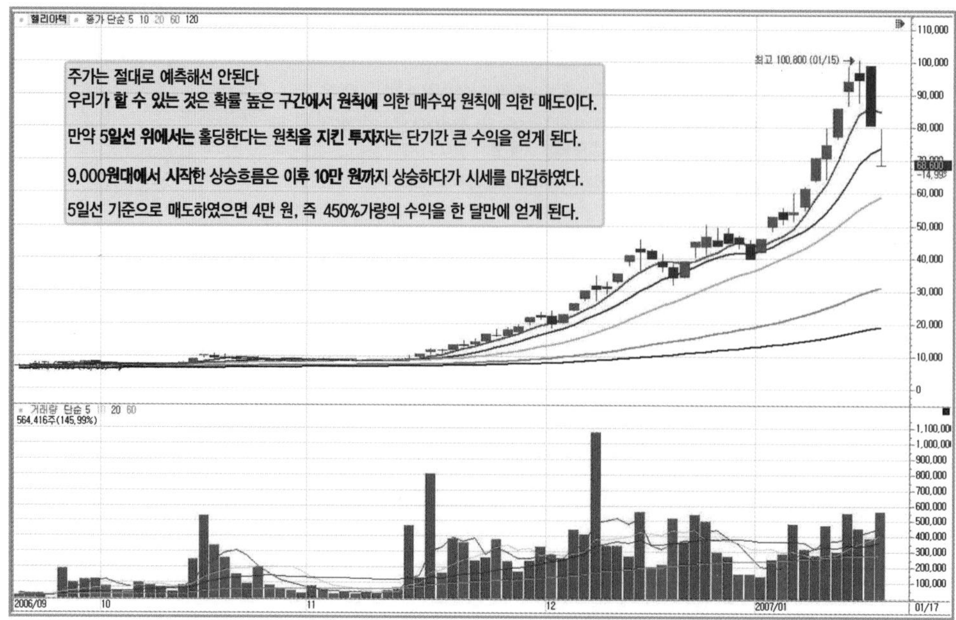

매도시점이 언제였든지 매수 이후에 이렇게 강하게 상승해 주는 종목을 바닥권에서 매수할 수 있다는 것은 굉장히 매력적이다. 장중 손 떨리는 단타매매도 아니고 미수까지 활용하면서 급등주, 세력주, 상한가 치는 종목들만 정신없이 찾아다니지 않아도 좋은 흐름을 확인하고 바닥권에서 매수한 종목은 항상 좋은 시세를 준다.

혹시나 의심이 많은 독자분들을 위해 역시 최근에 매수할 수 있었던 종목을 한번 살펴보자.

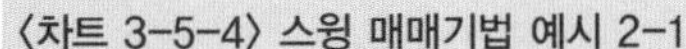
〈차트 3-5-4〉 스윙 매매기법 예시 2-1

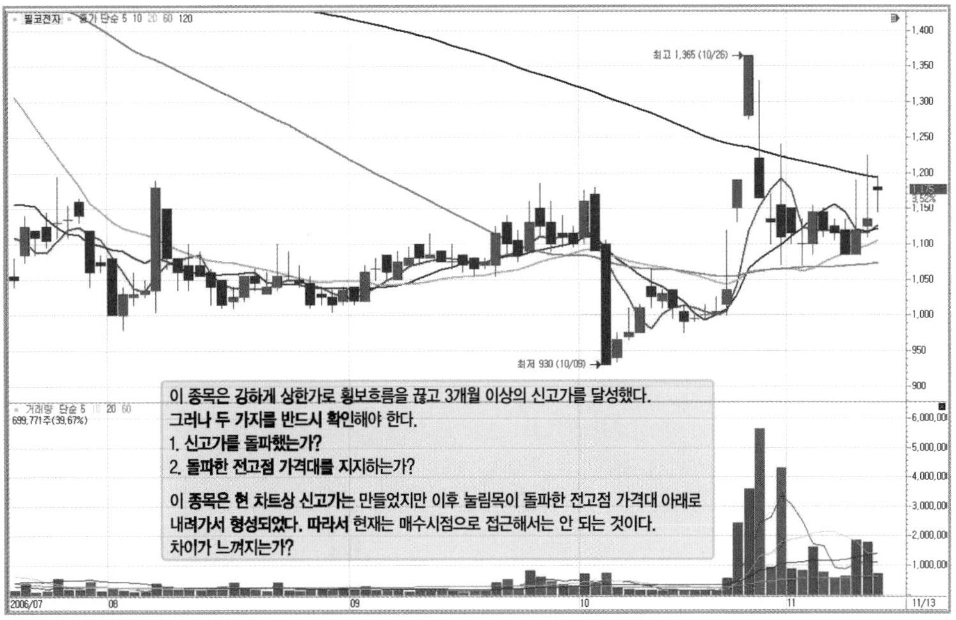

최고 1,365 (10/26)
최저 930 (10/09)
이 종목은 강하게 상한가로 횡보흐름을 끊고 3개월 이상의 신고가를 달성했다.
그러나 두 가지를 반드시 확인해야 한다.
1. 신고가를 돌파했는가?
2. 돌파한 전고점 가격대를 지지하는가?
이 종목은 현 차트상 신고가는 만들었지만 이후 눌림목이 돌파한 전고점 가격대 아래로
내려가서 형성되었다. 따라서 현재는 매수시점으로 접근해서는 안 되는 것이다.
차이가 느껴지는가?

불과 얼마 전에 나타난 모양이다. 이 종목은 거래 없이 횡보하다가 신고가를 달성했는데 앞서 말한 것처럼 신고가 달성 이후 돌파했던 전 고점의 가격대인 1,200원대를 지지하지 못하고 20이평선 눌림목 구간이 전고점보다 낮게 형성되었다.

따라서 신고가 종목의 메리트를 상실한 모양이므로 매수 시점으로 접근하기에 최고의 모양이 아닌 것이다. 이런 종목이 탄생하면 이후 다시 더 큰 상승흐름 속에 매수 급소가 탄생할 수 있으므로 관심종목에 넣고 관찰해야 한다.

〈차트 3-5-5〉 스윙 매매기법 예시 2-2

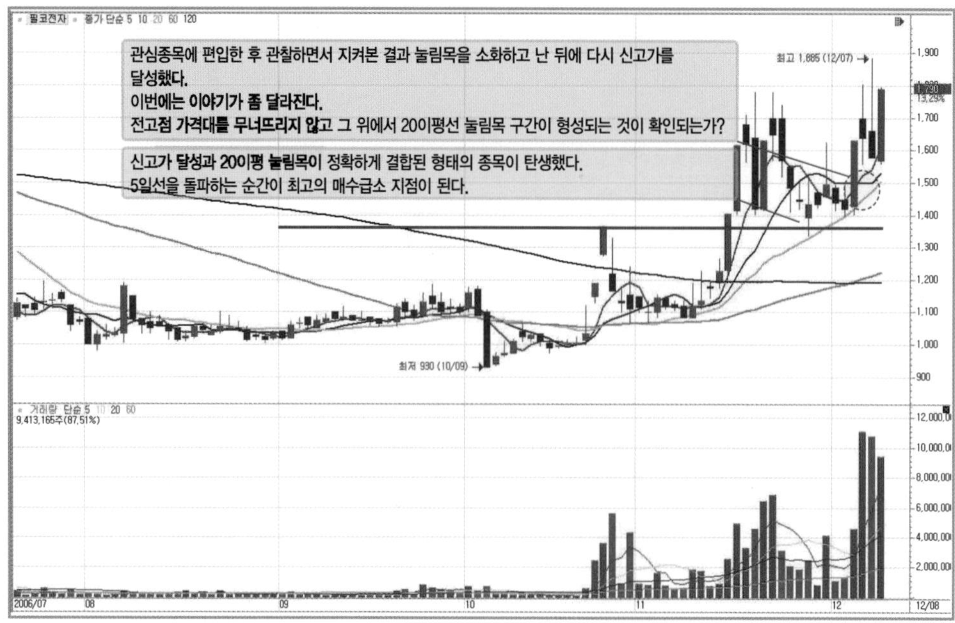

관심종목에 편입한 후 관찰하면서 지켜본 결과 눌림목을 소화하고 난 뒤에 다시 신고가를 달성했다.
이번에는 이야기가 좀 달라진다.
전고점 가격대를 무너뜨리지 않고 그 위에서 20이평선 눌림목 구간이 형성되는 것이 확인되는가?
신고가 달성과 20이평 눌림목이 정확하게 결합된 형태의 종목이 탄생했다.
5일선을 돌파하는 순간이 최고의 매수급소 지점이 된다.
최고 1,885 (12/07)
최저 930 (10/09)

위의 차트는 좀 더 기일이 경과해서 나타난 차트의 모양이다.

다시 신고가를 달성했고 이번에는 전 고점 가격대를 지지하면서 20이평선 눌림목이 형성되었다. 주가 캔들은 20이평선에서 지지받고 전 고점 가격대에서 또 다시 지지받게 되는 것이므로 5일선을 돌파하는 상승흐름이 나오면 본격적인 시세가 출발하는 것을 알리는 셈이다.

이후의 모습을 확인해 보자.

〈차트 3-5-6〉 스윙 매매기법 예시 2-3

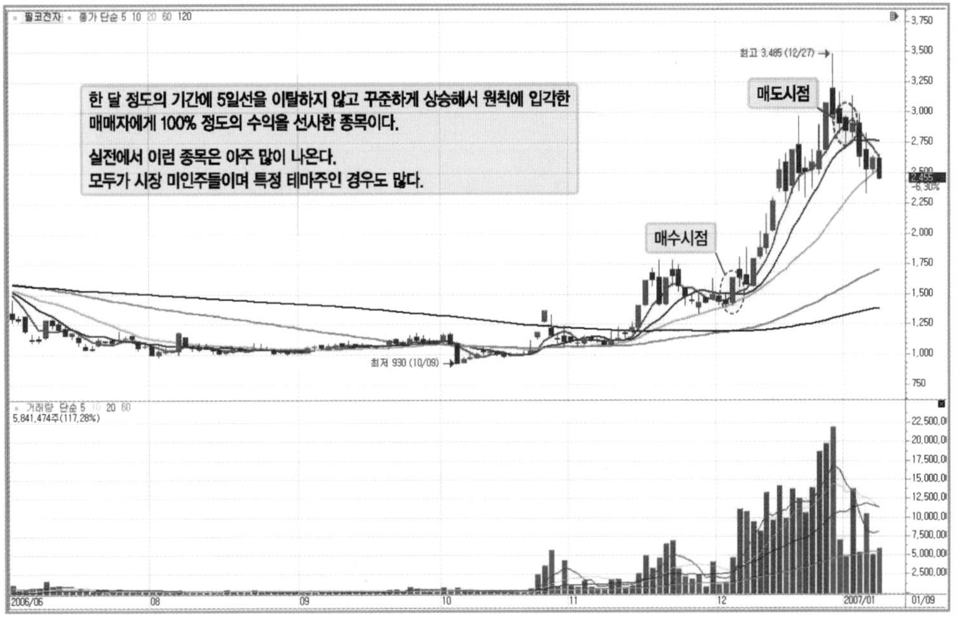
한 달 정도의 기간에 5일선을 이탈하지 않고 꾸준하게 상승해서 원칙에 입각한
매매자에게 100% 정도의 수익을 선사한 종목이다.
실전에서 이런 종목은 아주 많이 나온다.
모두가 시장 미인주들이며 특정 테마주인 경우도 많다.
매도시점
매수시점

어떤가?

헬리아텍처럼 강하지는 않지만 안정적으로 거래량을 일으키면서 큰 폭의 단기수익을 준다. 이처럼 신고가 갱신과 20이평선 눌림목의 위치를 잘 판별하는 것만으로도 큰 시세를 낼만한 종목을 미리 선점할 수 있는 것이다.

이런 종목이 자주 등장하는지 의구심이 드는 독자들을 위해 또 다른 예를 보자.

〈차트 3-5-7〉 스윙 매매기법 예시 3

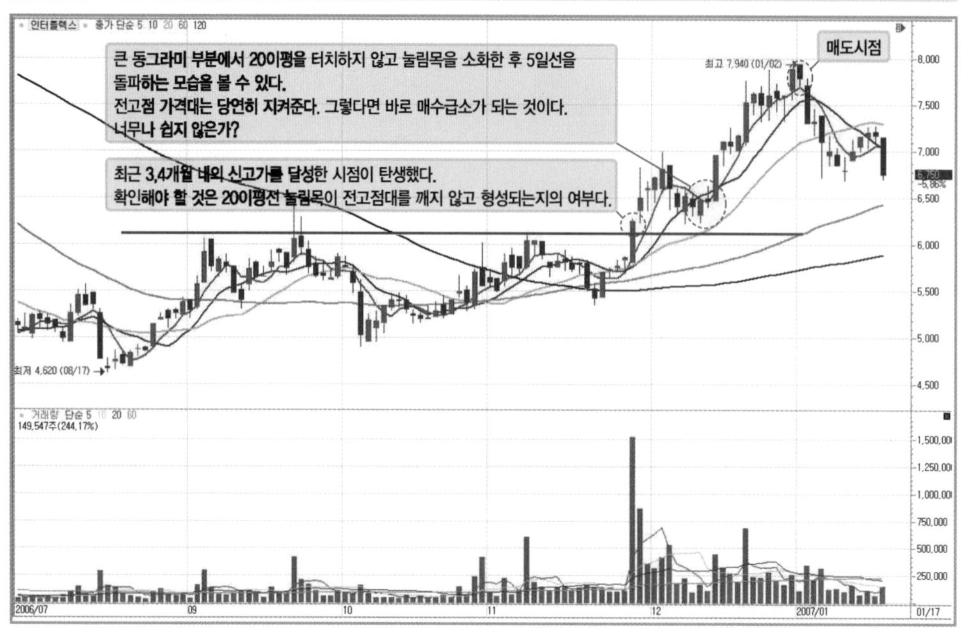

역시 비슷한 기간에 형성된 매수급소가 탄생한 종목이다.

중요한 것은 단 두 가지라고 이야기했다.

1. 신고가 갱신 종목일 것
2. 20이평선 눌림목이 전 고점을 깨지 않고 형성될 것

당장 오늘 전 종목의 차트를 모두 돌려 보라. 이런 종목은 속속 등장한다. 이런 종목이야말로 가장 쉽게 큰 수익을 올릴 수 있는 최고의 종목이다.

1. 60일 이상의 신고가를 갱신한 종목을 찾아서 관심종목에 편입하고 매일 관찰한다.

2. 신고가 달성 이후 20일 이평선이 우상향된 상태에서 주가가 20이평선에서 눌림을 받는다.
3. 이때 이 눌림목의 가격대가 신고가로 갱신되었던 전 고점의 가격대보다 높을 때 캔들이 5일선을 상향 돌파하면 매수한다.

이 매매기법은 직장인이나 전업투자자 누구나 유용하게 매매할 수 있으며 그 효용이 크다. 두 번의 지지선이 있어서 주가가 급락하는 경우는 실전에서 거의 등장하지 않고 상승추세를 '신고가 갱신'이라는 좋은 조건으로 확인하고 매수하기 때문에 이후 본격적인 상승이 이루어질 확률이 높다. 또한 20이평선 눌림목 구간에서 5일선을 돌파할 때 매수하기 때문에 상당히 안전하고 매수 후 바로 수익이 난다.

설령 매수 당일이나 그 이후 장세의 영향으로 일시적인 조정이 나오더라도 5일선을 이탈하지 않는 한 꾸준히 상승하는 것이 이런 종목의 특징이다. 장중 가슴 졸이는 단타매매나 상한가 따라잡기만이 최고의 수익을 선사하는 것이 아니다. 중요한 것은 확률에 입각한 매매기법과 원칙만을 숭배하고 따르는 투자자의 성숙된 마인드가 승패의 관건이 되는 것이다.

이 매매기법은 '이단 옆차기'라는 장난스러운 이름으로 우리 카페 회원들에게 전수한 바가 있다. 예로 든 위의 종목들은 모두 필자가 실제로 매수하기도 하고 카페종목 추천란에 추천하기도 했던 종목들이다.

주식으로 수익을 낼 수 있는 매매기법은 너무나 많다. 하지만 초보투자자가 수익을 내려면 쉽게 따라 할 수 있고, 분명한 종목 선정의 원칙이 있고, 정확한 매수시점이 있어야 한다. 기술적 분석을 공부한 독자라면 누구나 알 만한 20이평선 눌림목 매매기법, 신고가 갱신종목만 가지고도 그 위치와 상황에 따라서 소위 말하는 대박종목, 미인종목을 매수할 수 있는 것이다.

시장은 예측의 영역이 아니라 대응의 영역이다

필명 : 소나무

안녕하세요. 오늘 증시가 오르고 있긴 한데 기대만큼은 아니네요. 어제 저녁에 북한이 6자회담에 들어오기로 했다는 뉴스를 보고 내일은 갭 상승할 것이라 생각했습니다.

그리고 남북 경협주를 분석했습니다. 차트도 괜찮고 좋은 종목도 많아서 어느 놈을 고를까 고민했습니다. 아침 동시호가를 보니 경협주의 대부분이 폭등하는 모습이었습니다. 나의 예측이 맞구나! '야 이거 미수 쓰지 말자고 했는데, 이거 써야 하나?' 이런 생각이 들대요.

9시 땡! 경협주들이 하나 둘씩 상한가에 들어갔습니다. 차트도 괜찮고 요즘 외국인들이 계속 사고 있는 신원을 몰빵해야겠다고 마음먹고 매수 주문을 작성해 놓고 호가창을 보았습니다. 상한가에 들어가대요. 엔터를 치려고 하다가 잠시 두고 보자.

5분쯤 지나서 상한가들이 하나씩 풀리기 시작했습니다. 고점에서 사긴 했지만 상한가에서 안 사서 다행입니다. 시장은 냉정했습니다. 호들갑을 떤 것은 힘없는 초보 개미뿐이었죠. 고수들이 자주 쓰는 말이 생각났습니다. "시장은 예측의 영역이 아니다. 예측하지 마라. 대응하라."

예측하면 어떻게 되는 줄 아세요? 자기가 예측한 것과 반대로 움직이면 어어~~ 하면서 대응을 못합니다. 당황하게 되죠. '흥분해서 반드시 90% 이럴 것이다.' 했는데 반대로 움직이면 잠시 멍하게 됩니다.

그러다가 물리게 되고 손절매도 못하고 갖은 심적 고통을 받게 됩니다. 전문가, 고수, 작전세력이 추천했다고 예측하지 마세요. 올라가면 나는 어떻게 해야겠다. 내려가면 어떻게 할 것이다. 횡보하면 어떻게 하겠다. 등등 모든 경우를 생각해 놓고 대응만 하시기 바랍니다.

오늘 배우고 느낀 점입니다.

6장 세력킬러의 급등주 사냥법

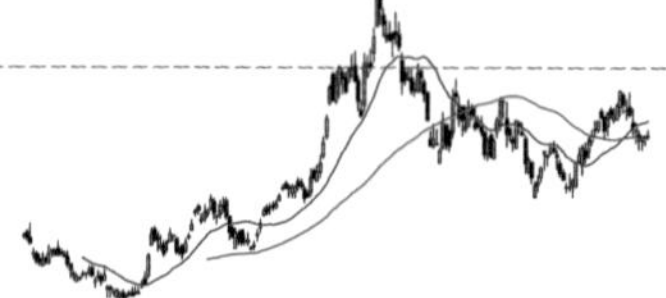

1. 급등주 사냥법의 개요

이 기법은 중기 120일 이평선과 장기 240일 이평선을 이탈한 주가가 낙폭에 따른 반등 시점을 포착하여 수익을 내는 기법으로써 단기 급등구간도 많이 나오기에 상당히 매력적인 기법이다.

1. 상한가 세 번 이상을 치며 100% 이상 급등한 세력주 종목을 대상으로 하고 20일선이 240일선 위에 있으며, 주가가 120일선과 240일선을 종가 또는 시가에서 이탈한 종목
2. 한 종목당 120일선 240일선 이탈 시 매매는 리스크 관리상 매매 시 2회로 한정
3. 240일선 위에서 급등을 시현하고 낙폭 과대 구간 공략

매　　수 : 주가가 한 차례 급등을 시현한 후 종가 상 120/240일 이평선을 이탈한 이후 시가가 전일 종가보다 높게 시작할 경우 시가에 매수

재매수 관점 : 손절매가를 이탈한 종목이 당일 손절매가 위에서 주가 형성 시 또는 손절매라인인 지지선을 이탈한 주가가 손절매라인을 당일 재돌파할 경우

매　　도 : 3% 대부터 분할 매도관점

손 절 매 : 음봉은 전일 종가 이탈시, 양봉은 전일 시가 이탈시

예외) 120일선이나 240일선을 이탈한 주가가 다음 날 120일선이나 240일선 위에서 시작하면 시가 형성과 상관없이 시가에 매수한다.

예　　외 : 적용 종목 손절매 – 아래 지지선 이탈시

2. 급등주 사냥법의 실전사례

모든 종목이 매수 이후에 급등하는 것이 아니라는 점을 반드시 명심하고, 충분한 연구와 학습을 한 후 접근하여 큰 손실을 보는 일이 없기 바란다.

많은 사례가 있는데 매수 포인트 이후 단기적인 수익도 많지만, 여기에서는 지면이 짧으므로 급등했던 종목 위주로만 엄선하였으니 눈으로 익히고 유사패턴이 나오면 언제든지 매수하여 큰 급등주라든지 단기적으로 큰 수익을 내는데 보탬이 되었으면 한다.

〈차트 3-6-1〉 급등주 사냥법 실전사례 1

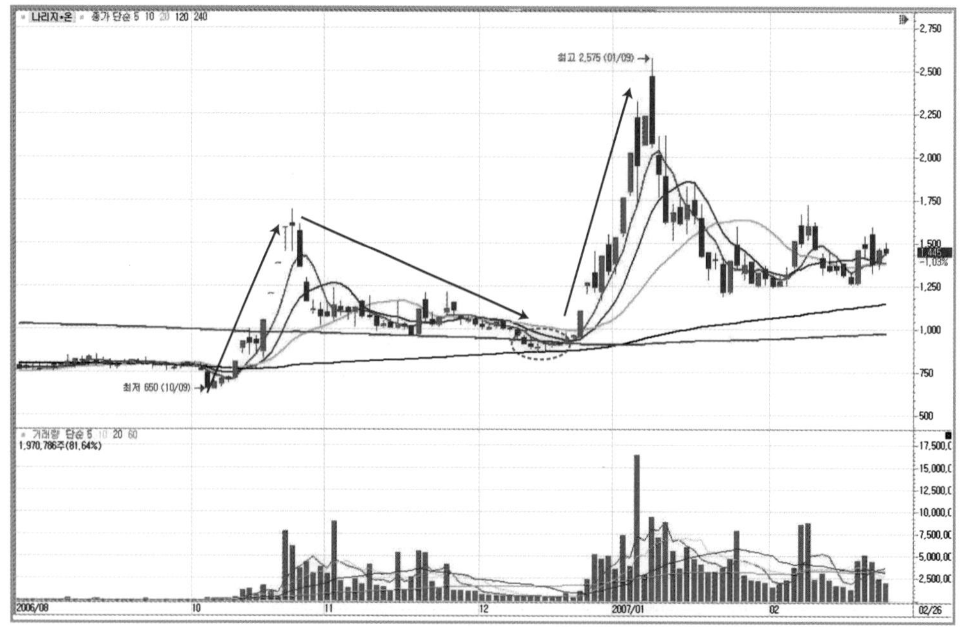

나리지온은 바닥권에서 급등을 시현한 후 주가가 흐르다가 첫 120일 이평선을 이탈한 이후 시가가 전일 종가보다 높게 시작한 날 첫 매수 포인트가 발생하였다.

당일 아래 꼬리를 주며 약세로 마감하였는데, 최소 3% 이상 수익이 발생하지 않으면 손절매가를 이탈하지 않는 한 홀딩관점으로 접근, 그 이후로 탄력을 받으며 급등을 시현하는 사례이다.

빠른 시점에 매도했다면 12월 19일에 단기적으로 차익 실현을 하였겠고, 길게 본다면 100~150% 정도 큰 급등이 나와 주는 구간이다.

〈차트 3-6-2〉 급등주 사냥법 실전사례 2

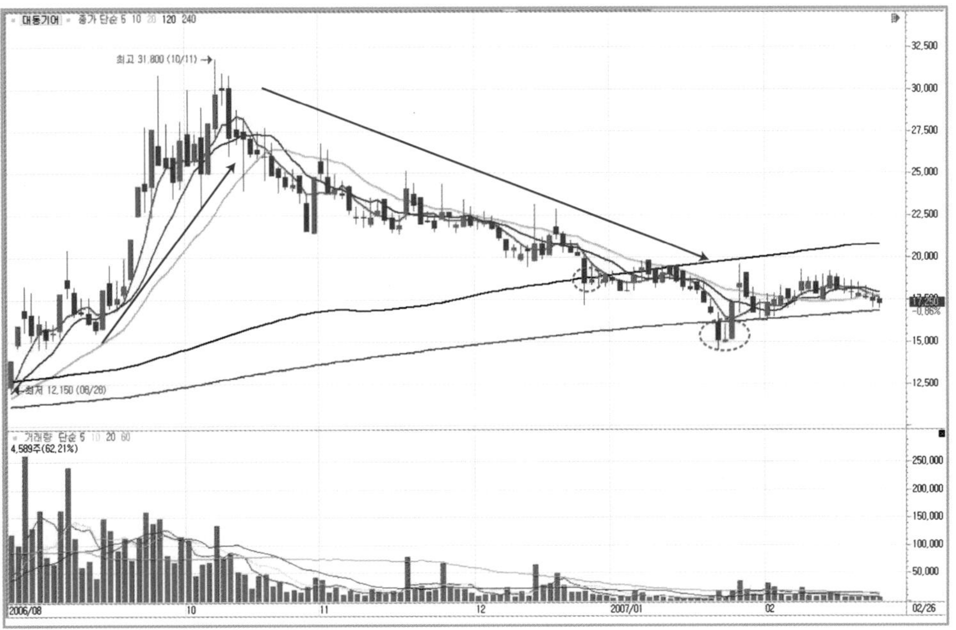

대동기어도 100% 이상의 큰 급등을 시현하고 주가가 흐르며 120일선과 240일선을 이탈하는 모습이다. 처음 동그라미 쳐진 부분이 120일선을 종가상 이탈한 이후 익일, 시가가 높게 시작하여 매수 포인트이다.

당일 시가 대비 5% 이상의 수익이 발생하였는데, 3%대부터 분할 매도관점으로 접근하기 때문에 위 꼬리가 6.5% 정도 되나 장중에 밀리면서 종가를 마감하였다. 이후에 두 번째 동그라미 쳐진 부분에서 매수 포인트가 발생한다.

이탈한 이후 시가가 전일보다 높게 시작하면 매수 포인트가 된다. 시초가에 매수한 이후 당일 상한가로 마감하였다. 짧게는 3%에서 길게는 25% 이상까지도 수익이 가능한 구간이다.

〈차트 3-6-3〉 급등주 사냥법 실전사례 3

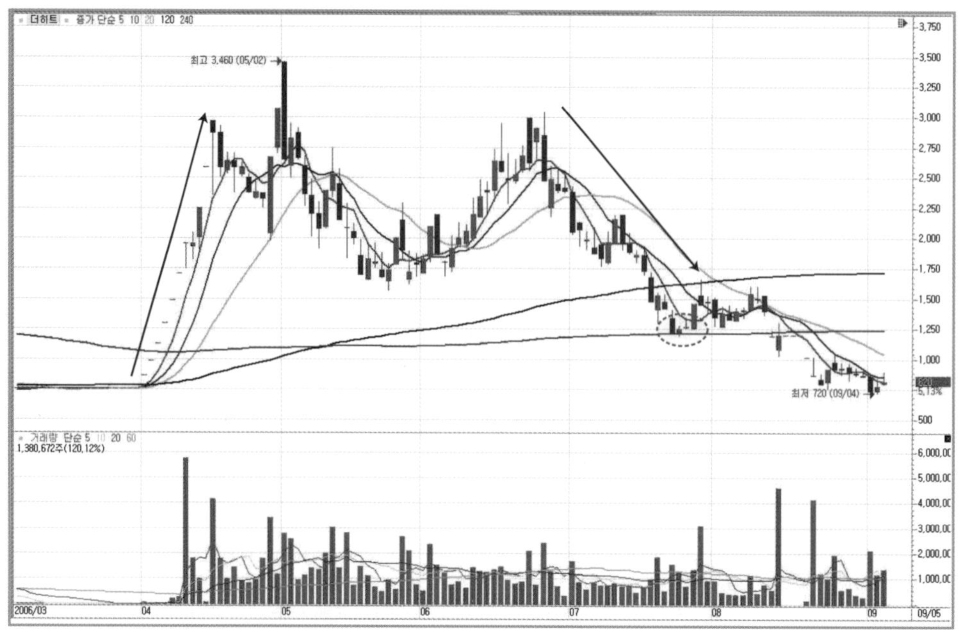

더히트는 바닥권에서 500% 이상의 급등을 시현한 종목이다. 급등만큼이나 무섭게 폭락을 했는데, 동그라미 쳐진 부분 240일선을 이탈한 주가가 시가를 높게 시작하여 매수 포인트가 탄생하였다.

여기서는 아래에 240일선이 있기 때문에 240일선을 손절매 선으로 잡는다. 매수 당일 5% 정도의 수익이 발생하였고, 분할 매도로 3%대부터 접근하면 초기 확보한 수익금 외에 추가적으로 상한가 마감되었다.

큰 수익과 함께 7월 28일 갭 상승하여 시세를 준 후 밀렸기 때문에 짧게는 3%에서 길게는 25% 이상도 수익이 발생하는 구간이었다.

〈차트 3-6-4〉 급등주 사냥법 실전사례 4

덱트론은 단기적으로 200% 정도의 급등을 보여준 종목이다. 이후로 급락 끝에 120일선을 이탈하며 매수 포인트가 나온다. 당일은 약 5% 정도의 수익이 발생하였다.

이처럼 단기로 끝나는 종목도 있기에 3%대부터 분할 매도관점으로 접근하는 게 좋으며, 욕심을 부린다면 다음 날 12% 정도의 장대양봉과 다음 날 고가가 8% 정도이기에 3~18% 정도의 수익을 확보할 수 있는 구간이다.

〈차트 3-6-5〉 급등주 사냥법 실전사례 5

ICM은 횡보권에서 100% 이상 급등을 시현하였고, 이후 장기간 조정을 보여주었던 종목이다. 120일선을 처음 이탈한 주가가 단봉 양봉으로 마감하였는데, 다음 날은 시가 갭이 높은 위치에서 주가가 시작되었다.

일반적으로는 시가 갭이 높을 경우 리스크 관리차원에서 분할 매수 또는 꼬리 공략이 좋으나, 아래에 지지선이 있기에 리스크 폭이 짧아서 과감하게 도전해 볼 만한 구간이다. 매수 당일부터 상한가로 마감하였고 40% 이상의 단기 급등 수익을 얻을 수 있었다.

또한 세 번째 동그라미 쳐진 부분도 매수 포인트가 되는데 당일 고가가 8% 정도이며, 3%대부터 분할 매도로 충분히 접근 가능한 구간이다.

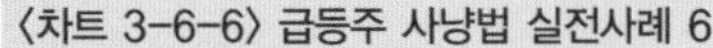
〈차트 3-6-6〉 급등주 사냥법 실전사례 6

한국성산은 횡보구간에서 100% 정도의 급등을 시현하였고 급락을 하면서 120일선을 이탈하였다. 첫 음봉으로 240일선을 이탈하였는데, 익일 시초가를 높게 시작하여 매수 포인트가 된다. 3%대부터 분할 매도 접근이기 때문에 당일 수익 실현은 할 수 있었지만 길게 봤다면 약간의 손실로 이어질 수도 있는 구간이었다.

다시금 240일선을 이탈하는데 익일 시가가 높게 형성되어 매수 포인트가 되고 또한 240일선 위에서 시작하므로 240일선을 손절매 포인트로 생각하고 매매하는 게 좋다. 당일 고가가 11%대이므로 3%대부터 분할 매도하여서 수익을 확보할 수 있었고, 길게 본다면 단기적으로 급등을 시현하여서 40% 이상의 수익 실현이 가능하였다.

〈차트 3-6-7〉 급등주 사냥법 실전사례 7

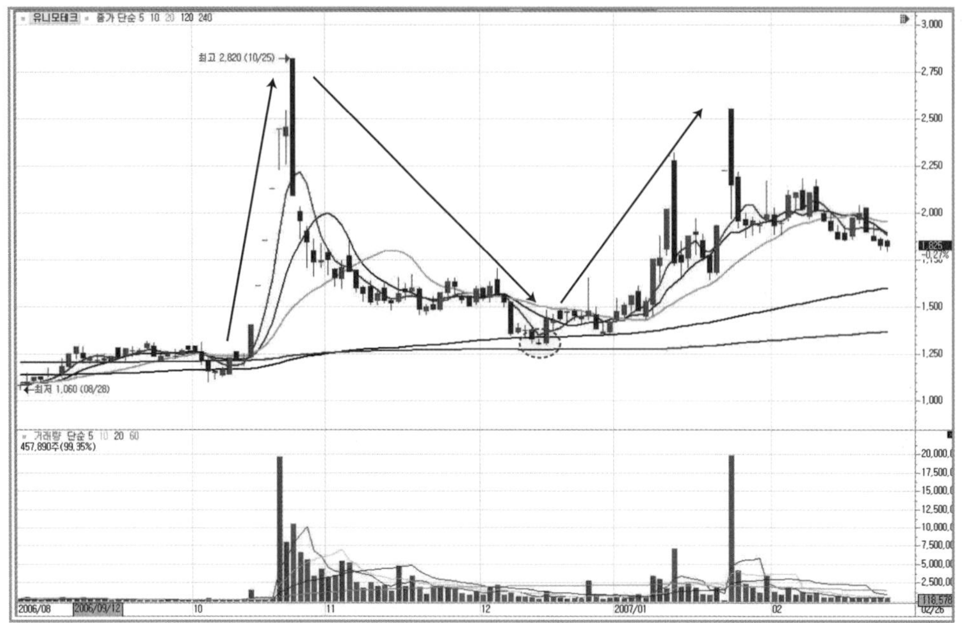

유니모테크는 바닥권에서 100% 이상 급등을 시현한 종목이다. 이후로 주가가 흐르며 120일선을 하향 이탈하였다. 첫 120일선을 이탈한 이후로 시가가 전일 종가보다 높게 형성되거나 지지선 위로 주가가 올라서서 시작되면 매수 포인트가 되는데, 다음 날 시초가가 전일 종가보다 높게 형성되어서 매수 포인트가 된다.

장중에 손절매라인인 전일 종가를 이탈하기에 일단은 손절매로 대응하고, 당일 손절매라인을 상향할 시에는 언제든지 재매수 관점에 서야 한다. 재매수한 이후 고가가 13%대, 종가가 10%대이다. 분할 매도 기준인 3%대부터 수익 실현을 할 수 있었다.

최저 바닥권이므로 이후에 2차 파동이 형성되며 100% 정도의 급등도 나왔다. 그러나 하락 파동이 먼저 형성되어 주가가 120일선 지지로 버티지 못했다. 그래서 이 기법으로는 적용되지 않아 조금 아쉬운 점으로 남는다.

〈차트 3-6-8〉 급등주 사냥법 실전사례 8

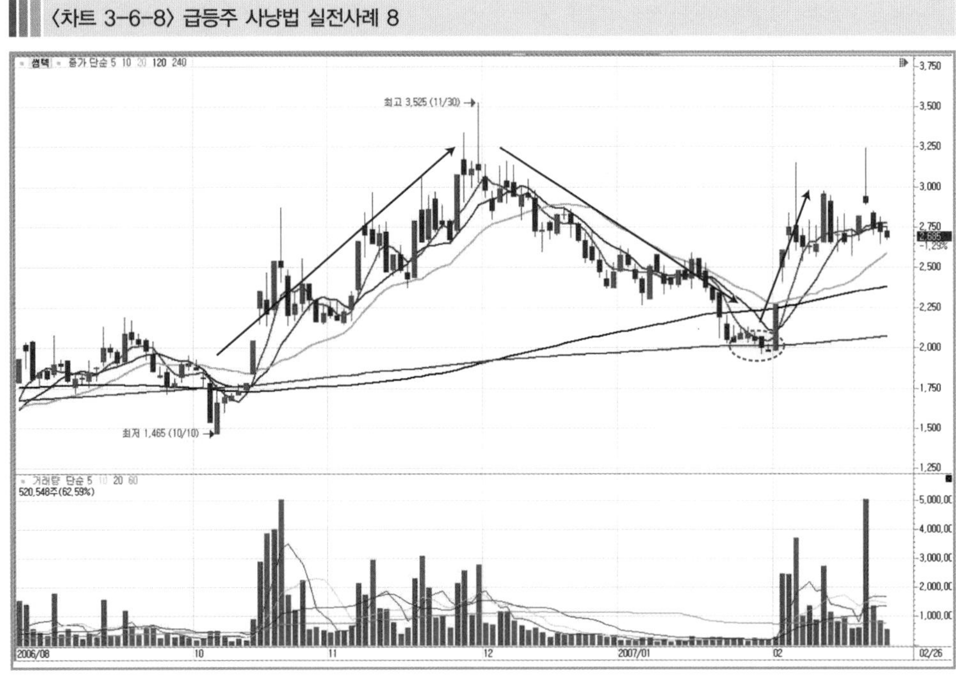

썸텍은 바닥권에서 100% 정도의 급등을 준 종목이다. 주가가 이후로 흐르며 120일선을 이탈했는데, 동그라미 쳐진 부분 음봉 날 시가에 매수 포인트가 된다.

3%대부터 분할 매도로 이익 실현을 할 수 있었고, 종가에는 아쉽지만 유성형 캔들이 나오며 분할 매도를 제때 하지 못했을 시는 약간의 손절매도 할 수 있는 구간이다.

그리고 다시 한 번 240일선을 이탈하는데, 이후로 전일 종가보다 시가가 높게 형성되어 다시금 매수 포인트가 된다. 당일 상한가로 마감하였고, 이후 단기적으로 급등하면서 많게는 50% 이상 수익을 확보할 수 있는 구간이다.

〈차트 3-6-9〉 급등주 사냥법 실전사례 9

디지탈디바이스는 바닥권에서 단기적으로 100% 정도의 급등을 시현한 종목이다. 이후 폭락을 연출하였는데, 240일선을 처음 깬 이후 익일 시가가 전일 종가보다 높게 시작되었기에 매수 포인트가 탄생한다.

손절매라인은 전일 종가 가격대이다. 당일 매수하여 고가가 약 9%대인데, 당일 3%부터 분할 매도로 임하였다면 수익 실현을 할 수 있었다. 이후에 12월 28일 240일선을 깨는 흐름이 다시 나와 주었고, 익일 시가가 전일 종가보다 높게 형성되어 다시 한 번 매수 포인트가 나왔다.

3%부터 분할 매도로 단기적인 수익을 확보할 수 있었고, 길게 본다면 200% 이상의 큰 수익도 확보할 수 있는 구간이다.

〈차트 3-6-10〉 급등주 사냥법 실전사례 10

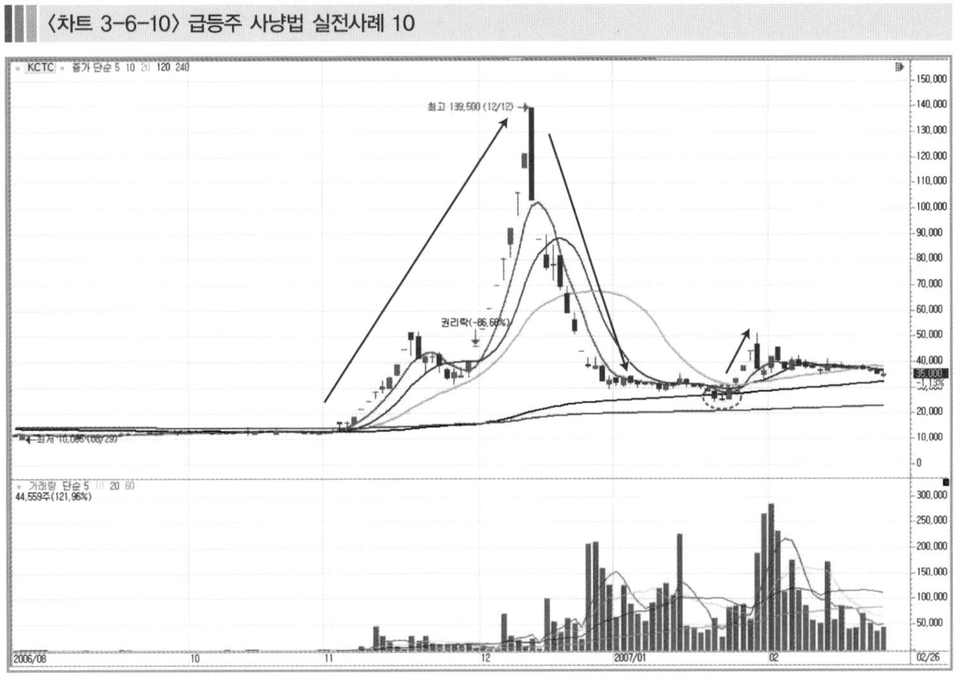

KCTC는 횡보구간에서 1,000% 이상의 수익을 준 급등주이다. 급등만큼이나 급락을 하며 많은 안타까움을 준 종목이기도 하다. 하락에 하락을 거듭하며 120일선을 이탈하였는데, 이탈과 함께 시가가 높게 시작하는 첫날 매수 포인트가 발생하여 당일 상한가 마감하였다.

이후로 꾸준한 연속 상한가 네 번과 익일 고점이 15% 부근대이기에 단기간에 100%에 육박하는 큰 수익을 주는 구간이었다. 분할 매도로 대응해도 3~90% 이내에서 수익을 확보할 수 있었다.

〈차트 3-6-11〉 급등주 사냥법 실전사례 11

뉴인텍은 바닥권에서 100% 정도의 1차 급등을 시현한 후 눌림권에서 기법에 적용된 종목이다. 120일선을 갭 하락 이탈하여 다음 날 시가가 전일보다 높게 형성되며 매수 포인트가 나와 주었다.

그런데 약간 아쉬운 것이 손절매라인인 전일 종가를 장중에 한 번 이탈했다. 장중에 손절매 선을 이탈하면 리스크 관리상 즉시 매도가 바람직하며 손절매 선을 주가가 회복할 시엔 언제든지 재매수 관점으로 접근해야 한다. 당일 상한가로 마감하였고, 이후에 꾸준한 상승을 하며 시간은 길지만 100% 정도의 큰 수익이 발생하였다.

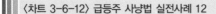

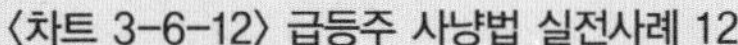
〈차트 3-6-12〉 급등주 사냥법 실전사례 12

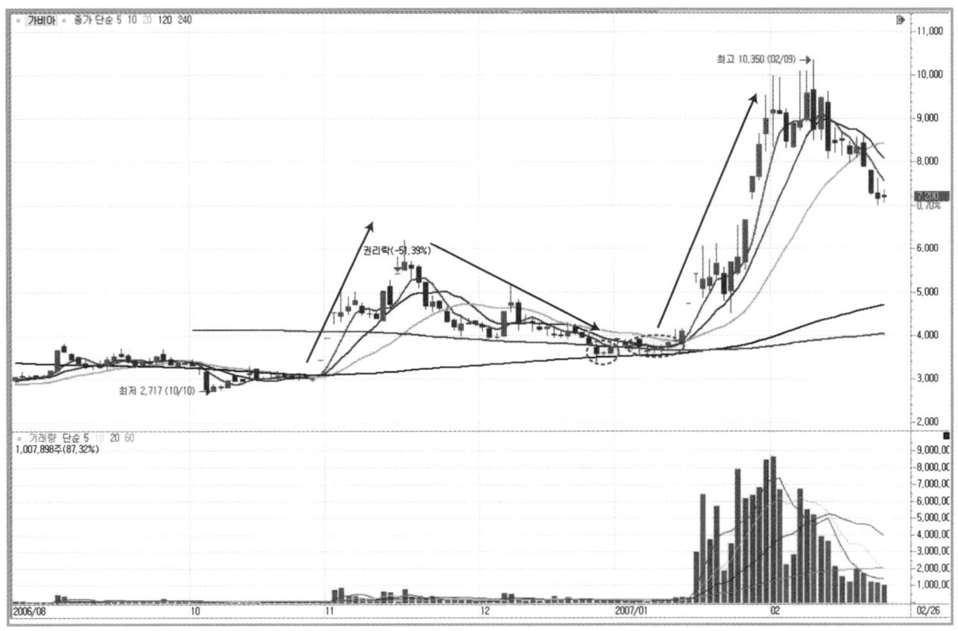

가비아는 바닥권에서 100% 정도의 단기 급등을 보여준 종목이다. 이후 240일선을 이탈하고 이탈한 다음 날 시가가 높게 형성되어 매수 포인트를 주었다. 다음 날 3%부터 분할 매도로 접근할 수 있었으며, 최대 8%까지 수익을 확보할 수 있었다.

길게 본다면 아래에 있는 120일선이 깨지지 않는 한, 손절매 폭이 짧기 때문에 홀딩도 해볼 만한 구간이며 두 번째 동그라미 쳐진 부분은 시가부터 240일선을 이탈하여 양봉으로 마감하였는데, 익일 갭 상승 시 도전해 볼만한 구간이다. 이후로 약 200% 정도의 폭등을 하였다.

〈차트 3-6-13〉 급등주 사냥법 실전사례 13

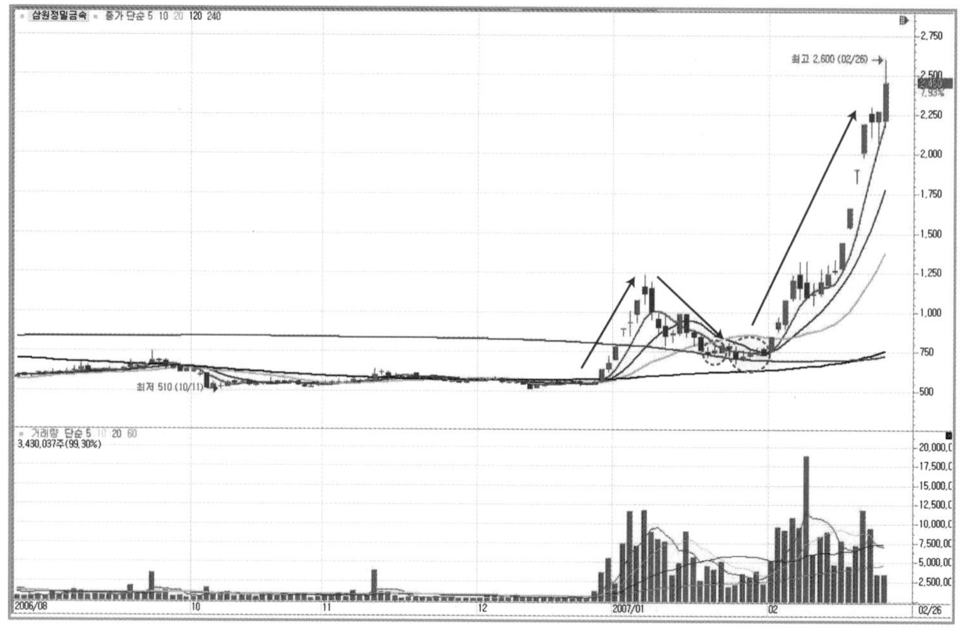

삼원정밀금속은 바닥권에서 100% 정도의 급등을 시현하였고, 이후 240일선을 짧게 이탈하며 240일선의 강한 지지를 보여주고 있는 종목이다. 첫 번째 동그라미 쳐진 부분에서 종가상 이탈을 하고 익일 시가가 높게 시작하여 매수 포인트가 된다.

단기적으로 3%에서부터 분할 매도하여 8%대까지 수익 실현을 할 수 있었다. 이후에 두 번째 동그라미 쳐진 부분은 시가부터 240일선을 이탈하는데, 익일 갭 상승하여 시작함으로써 두 번째 매수 포인트가 된다. 매수 포인트 이후 약 80% 정도의 큰 수익을 주는 구간이었다.

3. 맺음말

지면이 부족하여 많은 사례를 실지 못한 것이 너무 아쉽다. 변형 패턴도 많고 그 외에 응용이라든지 추가적인 패턴 그리고 지면상 쓰지 못한 부분이 너무 많다. 이것만으로는 부족하니 반드시 연구와 학습을 거친 후 매매하여야 하고, 자세한 사항과 추가적인 부분은 중요하고 깊이 있는 부분이라 책에서는 급등한 종목 위주로 짧게나마 나열하였다.

차후에 언급할 부분은 Stockstorty 증권아카데미에서 회원을 대상으로 강의될 예정이다.

씨감자의 주식 이야기

필명 : 씨감자

1. 주식이 무엇이지?

나는 주식에 대해 아는 게 없었다. 증권과 주식을 구별하지 못했고, 뭐하는 것인지도 몰랐다. 단지 그런 게 있다, 돈을 벌 수도 잃을 수도 있다, 하는 정도만 알고 있었다.

왜 신문에는 한 면이나 양면 가득히 주식시세표가 나오는 걸까? 왜 TV 뉴스에서는 주식시세를 내보내는 걸까? 얼마나 많은 사람들이 주식투자를 하는 줄도 몰랐다. 우리 집은 두 가지 종류의 신문을 본다. 조선일보와 한국경제이다. 조선일보에서도 경제면을 즐겨 보던 내게 경제신문은 재미가 있었지만, 모르는 게 무척 많았다.

주변 사람들에게 물어보면 대충 그러저러한 것이겠지 하는 하나마나한 대답만 했다. 경제신문에 나오는 내용은 대부분이 기업관련 내용이었다. 그러나 우리는 투자자가 아니었기 때문에 일반인의 관점에서 그 기사들을 재미삼아 읽고 있었다.

우리 식구들이나 친구들은 주식에는 전혀 관심이 없었다. 주식을 하면 패가망신하는 줄로만 알고 있었다. 그러나 나는 주식에 관심이 많았다. 천성적으로 숫자를 좋아해서 학교 다닐 때 좋아하는 과목도

수학이었고, 웬만한 전화번호는 그냥 외우고 다녔다.

물건의 가격 같은 것을 비교하거나, 그날 그날의 지출을 기록하는 것도 내겐 일종의 취미생활이었다. 은행에서 정기예금 금리를 알려주면 과연 그런 것인가? 하고 계산을 해대고는 했다.

주식은 매일 살아 움직이는 숫자 판이었다. 매일 아침 경제신문을 넘기다 보면 한가득 들어오는 주식시세표에 눈길을 안 줄 수가 없었다. 이런저런 기업들의 주가가 나왔지만, 제일 먼저 눈이 가는 것은 CJ였다. 음식료업의 제일 앞에 있었기 때문이었다.

2005년의 어느 날, 어떤 연유로 CJ의 주가를 보았는지 모르지만, 그때 CJ의 주가는 6만 원대였다. '음, 5만 원으로 떨어지면 사야지' 하고 생각했다. 주식이 뭐하는 건지도, 어떻게 사고파는지도 모르던 때였다.

그러나 단지 CJ가 6만 원이면 너무 싸다는 생각만 막연히 했다. 삼성에서 경영 분리된 대기업인 데다, 인재경영 잘하고, 물건 잘 만들어 팔고, 고객관리 확실하고, 공장도 많고, 연구도 많이 하고, 식품뿐 아니라 세제도 괜찮고, 칫솔도 쓸만하고, '뚜레 쥬르' 도 잘 나가지 장맛 좋은 '해찬들' 도 자매회사인 것 같던데… 10만 원은 가겠다는 생각을 했다.

2배로 오른다면 100%의 수익을 올릴 수 있을 것이 아닌가! 하지만 비싸게 사고 싶지는 않았다. 물론 이때는 '조정' 의 개념도 없었다. 시가, 고가, 저가, 종가, 이런 것들이 무얼 의미하는지도 몰랐다. 그냥 종가가 진하게 나와 있으니까 그것만 보았다.

그날부터 나는 아침마다 신문을 볼 적에 CJ의 주가를 꼭 챙겨보았다. '5만 원 아래로 떨어지면 사야지' 하고 생각하면서… 그러나 떨어지지 않았다. 자고 나면 오르고, 자고 나면 또 올라 있었다. 일단 주식을 거래하는 일이 너무 궁금했다.

증권사를 방문해서 어떻게 하는지 좀 알아봐야겠다는 생각이 들었다. 집 앞에 있는 모 증권사를 방문했다. 객장에는 사람이 없었다. 지금 생각해 보니 장 종료 후여서 그런 것이었지만, 그때는 그런 것도 몰랐다.

단지, 뉴스 같은데 보면 객장에 많은 사람들이 모여 있던데 여긴 좀 색다르다고만 생각했다. 직원이 내게 조그만 가이드북을 주었다. 집에 와서 읽어 보았지만, 모르는 용어 투성이라 이해하기가 너무 어려웠다.

그러는 동안 우리나라에는 펀드 열풍이 불었다. 조선일보와 한국경제신문에는 연일 펀드에 대한 기사가 넘치도록 실렸다. 갈수록 친절해지는 경제기사 덕분에 대강 주식에 대해 감이 잡혔다. 그러나 여전히 실전에 들어갈 생각을 한 것은 아니었다.

사방에서는 재테크, 재테크 하고 떠들어댔다. 신문에 실린 '새내기 재테크' 같은 기사를 보면 '종자돈 마련이 우선' 이라고 했다. 종자

돈, 그것을 어떻게 마련할 것인가? 집 앞에 저축은행이 생겼다. 사람들이 들락날락해도 별 관심을 보이지 않았는데, 어머니 예금을 넣어둘 곳을 알아보다가 이곳이 예금 이자율이 가장 높다는 것을 알게 되었다.

시중은행은 지금도 저금리지만 그때는 3%대의 이자를 주고 있었는데, 저축은행은 복리에 세금 없이 5.5%를 준다는 것이었다. 1,000만 원을 넣어두면 1년 후에 55만 원이 넘는다. 얼씨구나, 난 참 좋은 정보를 알아낸 것이었다.

친구와 전화통화를 했다. "넌 재테크 뭘로 하냐?" "재테크라고 할 만한 것은 없고, 보험 몇 개에다가 펀드 하나랑, 계를 들었다."

우리는 재테크에 대해 이야기를 나누었다.

2. 주식거래를 시작하다

매일 아침 신문을 보며 나는 그랬다.

"음, CJ 주식이 많이 올랐네. 내가 예상한 대로 두 배는 올랐네."

〈미스터 주부 퀴즈왕〉이라는 영화에서 주인공(한석규)은 로또 번호가 나오는 것을 보고 자기 번호와 똑같다고 한다. 주위의 환호성! 옆에 있는 친구가 기뻐한다. 그러나 주인공은 말한다. 로또 안 샀다고. 그냥 심심해서 번호만 찍어보는 거라고….

이는 영화 속 한석규의 모습이었다. CJ 주가는 1년 전의 두 배로 뛰었지만, 나는 CJ 주식을 가지고 있지 않았다. 뭐, 어차피 1년 전에 샀다고 해도 당시에 10만 원밖에 없었으니까 2주 샀을 거고, 그러면 지금 올랐다고 좋아하며 팔아도 이익금은 10만 원뿐이었겠지만….

실전매매를 해보자.

손 안의 새 한 마리는 덤불 속의 새 두 마리보다 낫다. 2006년 4월 3일, 월요일. 나는 증권사에 전화를 걸어 주식거래를 하기 위해 필요한 것을 물었다. 신분증과 도장을 가지고 방문하면 증권사 계좌를 만들어 준다고 했다.

펀드가 대유행이었지만, 펀드는 위탁 수수료가 마음에 걸렸다. 또, 내가 골라 내가 만드는 나만의 포트폴리오를 구성하고도 싶었다. 그래서 직접 주식거래를 해보기로 했다.

모 증권사를 방문했다. 증권사 계좌를 만들고, 증권카드와 보안카드를 받았다. 연계은행을 통해 증권사 계좌로 돈을 넣으면 그 돈으로 주식을 매수할 수 있다는 설명을 들었다. 직원이 공디스켓으로 공인인증서를 만들어 주었다.

프로그램을 다운받고, A드라이브에 인증서를 넣고 로그인하면 거래가 된다고 했다. 종목 창에 원하는 종목의 이름을 넣고, 주문 창에 주문단가와 수량을 넣으면 주문이 체결된다. 당장 은행에 달려가 증권사 계좌에 50만 원을 넣고, 다시 증권사로 돌아왔다.

증권사에 있는 컴퓨터에는 프로그램이 깔려 있기 때문에 바로 이용이 가능했다. 빨리 뭔가 사고 싶어 근질근질했다. 뭘 사지? 증권사에는 신문이 없었다. 어떤 종목이 있는지 볼 수 없어 모르는 상태에서

내가 아는 주식을 가만히 생각해 보았다.

'GS슈퍼마켓'이 상당히 잘 되는데, 'GS리테일'을 쳐봤다. 그러나 나오지 않았다. '미샤', 이것도 매출이 괜찮을 텐데… 그런데 미샤도 없었다. 직원한테 물어봤는데 종목 검색을 눌러 보더니, "글쎄요, 없네요. 주식회사라고 다 상장된 것은 아니니까요." 라는 대답만 돌아왔다.

GS리테일이 내년쯤 상장된다는 것은 그로부터 며칠 후에 알았고, 미샤가 '에이블씨엔씨' 라는 상장기업의 상표라는 것은 몇 달 후에 알았다. CJ? 너무 올랐잖아. 그래도 한 번… 흐미… 비싸네. 매일 먹는 걸 밝히다 보니 CJ 다음은 '동원F&B'가 생각났다. 그래, 이걸로 해 보자.

응? 그런데 종목에 동원F&B를 넣고, 매수를 하려 해도 매수가 안 되는 것이었다. '지금은 장 운영시간이 아닙니다.' 장 종료 후 뭐, 이런 메시지가 나왔던 것 같다. 그래서 직원에게 물어보았다. "매수 주문을 넣었는데 뭐가 안 되고 나오는 것 같아요." "지금은 '시간외 거래' 시간이거든요. 맨 위에 있는 주문에서 '시간외 거래' 주문을 누르고 해 보세요."

아, 그런 것이었구나! 시간외 거래라, 새로운 걸 배웠다. 시간외 거래에 들어가 매도 창에 6만 원에 매도하는 2주의 주식을 샀다. 그날 시가가 58,900원으로 저가였고, 종가가 60,000원으로 고가였다. 그런 것은 전혀 이해 못했다. 그냥 있으니까 비싼지 싼지도 모르고 샀다.

그렇게 해서 주식에의 첫발을 찍었다. 그날 밤은 너무나 행복했다. 아, 증권사 계좌가 생겼다. 사이버 주식거래도 해봤다. 나도 주주다. 동원F&B 주주!!… 주식이 오를지 내릴지도 몰랐지만, 새로운 경험을 해봤다는 사실만으로도 나는 감동했다.

3. 이것저것 사 모으기 시작하다

나는 매일 한국경제신문을 보며 생활 속에서 눈에 익은 회사 이름이 보일 때마다 좋아했다. 그러다가 홈쇼핑 주식에 관심을 갖게 되었다. 홈쇼핑 카탈로그가 재활용하는 날 많이 버려져 있었고, 여러 회사의 택배 차량이 들락거리면서 집집마다 물건을 전해주는 모습을 종종 보았기 때문이었다.

비록 나는 이용하지 않는 홈쇼핑이지만, 사람들은 이렇게 많이 이용하는데! 때마침 홈쇼핑 주가가 많이 빠져 있었다. 1월에 15만 원까지 올랐는데 4월에 10만 원으로 내려가 있었다. 그래서 4월 13일 목요일, 'CJ 홈쇼핑'(96,000원에 2주)을 샀다.

4월 17일 월요일 아침 신문을 보니 CJ홈쇼핑 주가가 올라 있었다.(4월 14일 금요일 종가였겠지요) 난 실망했다. 왜냐면 가격이 떨어져야 더 살 수 있는데, 올라가 버리다니 하면서…. 그 대신 주가가 떨어진 'GS홈쇼핑'(93,700원에 3주)을 새로 샀다.

4월 18일, GS홈쇼핑 주가가 더 떨어졌기에 계좌에 50만 원을 더 넣

고 91,800원에 3주 더 샀다. 적립식 펀드의 장점인 "매입 단가를 낮춘다."는 말을 워낙 많이 들었고, 당장 팔 생각도 아니었기 때문에, 난 내가 보유하고 있는 주식의 가격이 떨어질수록 "평균 매입가가 낮아진다."며 좋아했다.

절대 한 번에 많이 사지 않았다. 조금씩 사야 가격이 떨어졌을 때 더 살 수 있기 때문이었다. 4월 24일에 43만 원을 더 입금했다. 이번에는 아시아나항공(7,700원/10주)을 샀다. 4월 28일 120만 원을 더 입금했다. 이번에는 바른손(655원/401주), imbc(5,950원/5주), LG필립스 LCD(39,725원/10주)를 샀다.

바른손은 401주를 사려고 산 것이 아니었다. 처음에 100주 매수 주문을 넣었는데 안 되었다. '이상하다, 주문이 안 들어갔나?' 하면서 100주 매수를 다시 쳤다. 그런데도 주문이 체결되었다는 체결 확인창이 뜨질 않는 것이다. '주문 수량이 너무 커서 그런가?' 하고 1주 매수 주문을 넣었다. 그런데도 아무 반응이 없었다. 정말 이상했다.

지금까지 호가창을 보고 매수 주문을 넣으면 바로바로 체결 확인창이 뜨는 것을 보아 왔던 나로서는 이해가 안 갔다. 사람을 부를 때 대답이 없으면 다시 부르는 것처럼 나도 컴퓨터가 못 들은 줄 알고 다시 불렀다.

매수 100주, 또 100주…

그런데 어느 순간에 갑자기 '현물-바른손 401주' 매수 체결 확인 통보가 두둥~ 하고 뜨는 것이 아니겠는가? 허걱~ 지금 생각해 보니 혹시 오후 2시 50분에서 3시 사이가 아니었나… 하는 생각이… 어쨌든 난 너무 놀랐다.

증권사 직원에게 "저, 바른손 100주 매수하려 했는데, 잘못 되어서 401주나 매수가 되었네요. 나머지 301주 취소는 안돼요?" 하고 물었다. 대답은 이랬다. "이미 체결된 주문은 취소가 안 됩니다. 주문을 내고 나서 체결되기 전에 취소를 해야 됩니다."

아, 그때의 막막한 심정이란, "그럼, 저 많은 주식을 다 어찌해야 하나요?" "매도 주문을 넣으시는 수밖엔 없지요." 그렇다. 난 바른손 주식 401주를 꼼짝없이 가져가야 할 운명이었던 것이다. '조금이라도 상승하면 팔아야지' 하고 생각하는 내게 실수로 잘못 산 바른손은 매일 조금씩 하락하며 날 끔찍이도 괴롭혔다.

4. 지름신이 내리다

주식은 내게 신세계였다. HTS 화면은 내게 황홀경이었다. 증권사 컴퓨터에는 HTS가 깔려 있었다. 증권사 컴퓨터를 본 분은 알겠지만, 컴퓨터가 교탁처럼 높은 상 위에 있다. 그것을 보려면 서 있어야 했다.

그런데, 가만 보니 구석에 컴퓨터 책상과 의자가 놓인 아늑한 좌석이 마련되어 있는 것이 아닌가! 오, 이리 좋은 것을 놔두고 서서 보고

있었을꼬? 기뻐하며 그리로 가서 엉덩이를 마악 붙이려는 순간 증권사 직원의 차가운 한마디. "거기는 지정석입니다." 흐윽… 하지만 컴퓨터 세 대가 나란히 놓여 있고 아무도 앉아 있지 않은데, 자존심도 상하고 억울했지만 내색하지 않았다.

5월 1일 월요일! 4월 29, 30일이 주말이라 가지 못함을 안타깝게 여기던 나는 룰루랄라 증권사를 찾아갔다. 엇! 그런데 이게 웬일인가! 증권사 문이 닫혀 있는 것이 아니겠는가? 5월 1일은 근로자의 날! 난 증권사가 토 · 일, 공휴일만 쉬는 줄 알았다. 근로자의 날은 까만 날인데!!?? 그날 난 "까만 날이어도, 근로자의 날은 증권사가 문을 닫는다."는 새로운 사실을 알게 되었다.

지름신이 내렸나 보다. 나는 신나게 주식에 돈을 내질렀다. 물건 사는데 돈 쓰는 건 무지 아까웠지만, 주식에 돈 쓰는 건 하나도 아깝지 않았다. 달걀이 커서 병아리가 되고 병아리가 커서 닭이 되고… 하는 우화 속의 소녀처럼 흐뭇해하고 있었다.

5월 2일 CJ홈쇼핑 주가가 10만 원 위로 뛰었다. HTS 화면에서 매수와 매도가 오가며 반짝거리며 오르는 모습을 보고 있자니 이런 생각이 들었다. '한 주당 천 원만 남겨도 밑지는 장사는 아니잖아. 오늘 5주 만 사서 딱 5천 원만' 그리고 10만 2,200원에 5주를 사버렸다. 그러나 그건 고점이었고, 계좌에 있는 CJ홈쇼핑 매입단가를 높이는 꼴만 되었다.

나의 주식에 대한 태도는 차라리 수집에 가까웠다. 내 계좌는 한 화면으로 다 볼 수 없어 계좌잔고 오른쪽의 바를 내려야 할 지경이 되었다. 난 이런 생각을 했다. '종목이 많은 사람은 어떻게 다 보라고 이렇게 만들어?' 라며 투덜댔다.

5월 20일경 나의 계좌에는 나의 첫 주식이었던 동원F&B를 비롯해 CJ홈쇼핑, GS홈쇼핑, 바른손, 크라운제과, imbc, LG필립스LCD, 삼성SDI, 도드람B&F, LG화학, 국순당, CJ, 삼성중공업, 풀무원, 아시아나항공, 호텔신라에다가 삼성전자마저 들어 있었다. 내 눈에 좋아 보이는 건 다 쓸어 담았던 것이다. 그걸 어떻게 다 관리하느냐구요? 상관없었다. 당장 팔 것도 아니고, 성장기업만 골라 실은 나만의 포트폴리오라는 자부심이 있었기 때문이었다.

5. 반대매매가 무엇이지?

어느 날 휴대폰에 찍힌 문자 메시지, "익일 반대매매" 이게 무슨 소리지? 익일은 내일이겠고… 반대매매? 그게 뭐지? 매매를 반대한다는 뜻인가? 그럼, 내 계좌가 정지된다는 뜻인가? 난 신문에서 본 "당좌거래 정지", 아무개 무슨 계좌 어쩌구 하던 내용이 떠올랐다. 이게 웬 망신이람… 서둘러 증권사에 전화를 했다.

씨감자 : 저, 휴대폰에 반대매매라고 되어 있던데, 그게 무슨 뜻이지요?

상담원 : 내일 고객님의 계좌를 임의로 처분한다는 뜻입니다. 혹시 고

객님, 미수거래를 하셨습니까?

씨감자 : 미수거래가 뭔데요?

상담원 : 고객님 계좌에 있는 현금 이상으로 주식을 매수하시면 미수거래가 됩니다.

씨감자 : 가진 돈 이상으로 매수가 되나요?

상담원 : 네, 됩니다. 종목마다 현금증거금률이라는 게 있을 겁니다. 현금증거금률이 100%면 계좌에 있는 현금만큼 매수가 된다는 뜻입니다. 현금증거금률이 50%면 매수하는 금액의 50%만 계좌에 있어도 매수가 됩니다. 따라서 현금의 2배만큼 매수 가능하고, 현금증거금률이 10%면 매수하는 금액의 10%만 있어도 매수가 되니, 현금의 10배만큼 매수 가능합니다.

씨감자 : 그럼, 익일 반대매매라는 것은 무엇입니까?

상담원 : 그저께 매수하셨다면 3일 결제에 의해 오늘 입고 처리되고 계좌에서 출금되게 되어 있습니다. 오늘 입금하지 않으시면 내일 아침 자동으로 고객님 계좌에서 매수하신 금액만큼 매도가 됩니다.

씨감자 : 음, 그럼 반대매매에 들어가지 않게 하려면 어떻게 해야 하나요?

상담원 : 미수거래를 하셨을 경우에는 3일째 되는 날까지 입금을 하시면 됩니다. 현금으로 입금을 하시면 당일로 처리되구요. 주식을 팔면 3일째 들어오죠. 오늘 매도하는 금액은 3일째

출고와 함께 입금이 되기 때문에 내일의 반대매매를 막는 방법은 오늘 입금을 하는 수밖에 없습니다.

씨감자 : 그럼, 제가 미수거래를 했는지 확인을 어떻게 하나요?

상담원 : 거기서 '위탁/저축계좌 조회'로 가서 '위탁/저축 체결기준 잔고'로 들어가시면 'D+1일'과 'D+2일'이 나옵니다. 이것은 하루 후와 이틀 후의 계좌에 있는 현금을 뜻합니다. 여기에 있는 마이너스 금액이 미수거래를 해서 생긴 것입니다.

즉, 당장 돈 없이 주식을 샀을 때 그 거래를 '미수거래', 3일째까지 이에 대한 출금액이 부족할 때 증권사에서 내 계좌에 있는 주식을 임의로 팔아서 출금하는 것이 '반대매매'였다. 음… 다행이네. 신문에는 안 나겠군. 하지만, 나의 소중한 포트폴리오를 망가뜨리다니… 안 될 말이었다.

얼른 계좌에 입금을 했다. 가만 보니 내가 좀 무리를 했다는 생각이 들었다. 모으는 것도 좋지만 팔기도 해야겠다는 생각이 들었다. 무얼 팔까? 오른 것부터 팔자. 먼저 imbc 5주를 팔고 5,125원, 크라운제과 3주 팔고 22,510원, 삼성SDI 5주 팔고 28,502원, LG필립스LCD 20주 팔고 14,370원.

가격이 오른 것을 골라 며칠에 한 번 정리를 했다. 그런데 팔고 나면 영락없이 그 다음 날 떨어지는 것이었다. 그것도 무섭게… 그때가 과열장이었던 2006년 5월 하순이었다.

6. 위기를 맞다

내가 주식시장에 발을 들여놓은 2006년 4월 이후 주가 상승세는 무서울 정도로 꺾여 내려갔다. 처음에는 "어제보다 떨어졌네. 더 사야지." 하며 기뻐했지만, 시간이 지나면 지날수록 주가 희석이 어려워졌다. 자금에 한계가 있었기 때문이다. 우선 급한 대로 오른 것부터 팔았다.

그리고 내린 것의 마이너스 수익률을 낮추기 위해 애를 썼다. 월급날이 아직 멀었기 때문에 우선 정기예금 통장을 깼다. 헌 책방에 책도 팔고, 벼룩시장에 안 쓰는 물건들을 내다 팔았다. 주말에 아르바이트도 했다.

금값이 올랐다고 해서 금붙이도 팔려고 가 보았는데, 한 돈 당 가격이 9만 3,000원이면서 매입가격은 7만 3,000원으로 되레 떨어졌었다. 그래서 금은 팔지 않았다. "손절매, 손절매" 하는 소리가 들렸다. "수익을 올리는 것만큼이나 손절매는 중요하다."는 말을 어디서 들은 것도 같은데, '어느 시점에서 어떻게 손절매를 해야' 하는지 모르면서 자칫 엉뚱한 손절매로 인해 깡통계좌로 바뀔 수 있다는 생각을 했다.

그리고 거의 모든 종목의 주가가 동시 하락하고 있는 장에서 손절매를 하고, 다른 종목으로 갈아탄다고 해서 수익이 나리라는 보장도 없었다. '내 계좌의 종목들이 지금은 떨어져도 언젠가는 다시 오르리라' 는 희망을 안고 지켰다. 그러면서 뭔가 그날만이라도 오르는 종목을 찾아보기로 했다.

HTS에서 '순위'로 들어가 회전율 상위, 거래량 상위, 상승률 상위 등을 살펴보았다. 이런저런 종목들이 많이 있었다. 하지만, 처음 듣는 이름인데 무턱대고 들어갔다가 큰일 날까봐 그중에서 내가 아는 것으로 고르기로 했다.

종목명에 '현대증권'을 치니 호가창이 떴다. 12,700원에서 12,750원으로 넘어가고 있었다. 한 주당 세금, 수수료 빼고 남기려면 50원만 올려 팔아도 밑지지는 않는다는 계산이 나왔다.

우선 100원 정도 남겨 보자는 생각을 했다. 12,750원에 주문을 넣어두고 있자니 체결이 됐다. 바로 12,850원에 매도 주문을 넣었다. 12,800원에 매수해서 12,900원에 매도 주문. 12,850원에 매수해서 12,950원에 매도 주문. 12,900원에 매수해서 13,000원에 매도 주문. 주가가 자꾸 오르자 12,850원, 12,900원보다 더 받고 팔고 싶어서 매도가를 12,850원으로 올렸다.

그런데, 12,950원에 이르니 주가가 더 이상 오르지 않았다. 주가가 매도호가를 따라서 급하게 올라가더니 이젠 매수호가에서 자꾸 체결이 되면서 매도 물량이 쌓였다. 더 이상 오르지 못할 거라는 생각이 들어서 12,900원에 나머지를 팔아버렸다.

60주밖에 살 수 없었기 때문에 수익은 3,950원이었지만, 처음으로 데이트레이딩(?)을 해보았다는 뿌듯함이 있었다. 그런 식으로 현대상

선을 22,100원에서 22,600원 사이에 10주씩 13번에 나누어 매수하여 22,500원에서 23,200원 사이에 7번 나누어 매도, 총 57,430원을 벌었다.

그로부터 1주일 후인 5월 30일 수요일, 현대상선에 또 들어갔다. 그런데, 내가 들어가자마자 떨어지는 것이었다. 내려갔다가는 다시 반등하고 했기 때문에 기다렸는데, 떨어진 상태에서 끝나버렸다. 평균 매입가 19,955원에 390주를 미수로 떠안은 채였다.

그날 시간외 거래에서 19,200원에 팔 수 있었는데, 손해 보는 장사는 하고 싶지 않아 내버려 두었다. 6월 1일 목요일, 18,650원으로 떨어진 가격에서 한 주당 1,295원이나 손해보고 350주를 팔았다. 수요일에 어떻게든 팔았으면 27만 원 손해에서 그칠 것을, 목요일에 더 떨어진 금액에서 파니 미수 이자까지 합쳐 50만 원이나 손해를 보았다.(수요일에 미수를 썼으므로 금요일까지 갚아야 하는데, 미수 이자는 장이 안 서는 날 -토요일 · 일요일- 도 포함해서 계산된다.)

그나마 다행이라고 마음먹었다. 100만 원 손해 날 수도 있는 것을 50만 원으로 줄였다고 생각하기로 했다. 그러고 나서 차분히 나름의 투자 원칙을 세웠다.

1. 미수거래를 피하고 여윳돈으로 해야 손해 보는 장사를 피할 수 있다.
2. 확신 있는 종목으로 한다.
3. 기관이나 외국인 투자에 휩쓸리지 않는다.

4. 내려간 것을 사되 내려가는 것을 사지 않는다.

5. 욕심을 버리고, 목표를 크게 잡지 않는다.

6. 상승과 하락의 반복을 이용해서 사고판다.

7. 내가 매도하고 싶은 기대금액은 남들이 사기에 비싼 가격이다

2006년 6월 2일, 상승률 순위를 보니 '봉신' 이라는 종목이 있었다. 난 '영창실업' 이니 '봉신' 이니 생소한 종목에는 들어가지 않았지만, 이날은 왠지 '한번 해볼까?' 싶은 생각이 들었다. 그래서 대뜸 봉신 10주를 2,415원에 매수했다.

"음, 얼마나 올라갈 수 있나?"하고 상한가를 살피니 2,500원이었다. "에이, 많이 못 먹잖아…" 하고 2,425원에 매도했다. 수수료와 세금 72원을 빼고 나니 28원이 남았다. 아마 지금 이 글을 읽으면서 "뭐야…?" 하는 분들이 많을 것이다.

난 상한가와 하한가가 단지 그날의 주가 등락폭을 말하는 것이라는 것만 알았지, '실제로 상한가나 하한가까지 간다.' 는 어마어마한 상상은 하지 못했다. 물론 '상한가 따라잡기' 라는 것도 몰랐다. 그날 봉신이 상한가를 갔고, 다음 날도 상한가를 맞았지만 난 그런 것도 몰랐다. 팔고 나선 관심도 없었다.(봉신이 상한가였다는 것은 지금에 와서야 HTS에서 확인한 것이다.)

6월 20일, 거래량 상위종목 중에 '대우부품' 이라는 종목에 들어갔다. 2만 원대의 적절한 가격과 활발한 거래… 신이 나서 2만 2,100원

에 10주를 샀다. 이틀 후에 보니 2만 5,850원으로 올라 있었다. "룰루랄라" 하며 팔았다. 1주당 3,750원 남겼다! 10주니까 3만 7,500원! 와아~

그날 밤 나는 생각했다. 무슨 생각을 했는지 알만 하죠? '100주였으면 삼십 만… 1,000주였으면 삼백 만…' 다음 날(6월 23일), 난 통크게 놀기로 했다. 23,500원에서 50주, 23,700원에서 40주, 24,000원에서 10주, 모두 100주를 샀다. 28,800원에 40주, 29,100원에 60주를 나누어 팔았다.

매도금액(2,898,000) - 매수금액(2,363,000) = 535,000원

수수료와 세금 10,384원을 빼도 53만 원이 넘는 큰돈을… 감격이었다. "어떡해, 어떡해 이렇게 큰돈을 하루에 벌어서 어떡해…" 싶었다.

6월 26일은 월요일이었다. 대우부품 현재가가 2만 5,000원이었는데, 그날 저가에서 조금 올라온 가격이기에 "얼씨구나, 싸다." 하고 샀다.(2만 5,000원이 지지선이었다.) 증거금 100% 종목이라 계좌에 있는 현금으로는 20주밖에 살 수 없어서 20주만 샀다. 어쨌든 오를 것이라는 예감이 들었다. 역시나 종가는 26,600원에서 끝났다.

6월 27일 화요일, HTS를 들여다 보니 대우부품 주가는 역시나 내 기대대로 쑤욱쑤욱 올라가고 있었다. 2만 8,000원이었다. 미친 듯이 올라가는데, 금방이라도 3만 원을 칠 듯했다. 여러분 같으면 어떻게

했겠습니까? 난 과감히 샀다.

증시 개장일 기준 전전일인 6월 23일에 당일치기 매매한 금액이 계좌에 입금되어 있었기 때문에 100주나 살 수 있었다. 그때 제 머릿속에서는 "100주 곱하기 2,000원은 20만 원… 추가로 20만 원이 더 들어온다. 이게 3만 원까지만 올라간다면…" 이런 계산을 하고 있었다.

28,000, 28,050, 28,100, 28,150, 28,200, 28,250… 계속 올라갔다.

주가는 2만 9,000원까지 올랐다. 거기서 좀 떠듬거렸다. "그래, 그래, 할 수 있어. 올려, 올리란 말이야." 그러나 2만 9,000원은 그날의 고가였다. 2만 9,000원에 팔기만 했어도 18만 원의 소득이 있었을 텐데… 그놈의 3만 원….

다들 사고 싶어서 빙 둘러 쳐다보기에 내가 탐욕스럽게 "3만 원만 내." 하니까 물건을 건드리던 사람들이 "뭐가 3만 원씩이나 해?" 하면서 옆집에서 2만 9,000원에 샀다. 옆집보다 싸게 팔지는 못할망정, 더 비싸게 팔면 누가 우리 물건을 사겠는가?

결국 내 물량은 안 팔리고 남은 채 종가 26,600원으로 마감되었다. 그럼, "떨이요, 떨이. 막판 떨이요."를 외쳐야 하는데 난 그것도 못했다. 그래서 그 다음 날은 어떻게 됐냐구요? 떨어졌다. 그 다음 날은? 올라갔다. 언젠간 올라가겠지… 3만 원이 되겠지… 기다렸다.

쉬어가는 코너

그러나 밑으로 주르륵 떨어지기만 했다. 내가 욕심에 눈이 멀어 팔지 못한 20주(2만 5,000원)와 추가 매수한 100주(2만 8,000원)는 결국 반 토막이 되어서야 버려졌다. 주가는 내가 판 가격에서도 반 토막이 되어서야 바닥을 찍었다.